Astrologie
und
Medizin

heraugegeben von
Detlef Hover und Ulrike Voltmer
für den Deutschen Astrologenverband e.V

CHIRON VERLAG

Die Daten der hier vorgestellten Personen, sowohl die Namen als auch die genauen Geburtsdaten unterliegen dem Datenschutz und der ärztlichen Schweigepflicht

Alle Angaben in diesem Buch sind von Autor sorgfältig erwogen und geprüft worden, dennoch kann eine Gewährleistung jeglicher Art nicht übernommen werden. Eine Haftung für Personen-, Sach-, Vermögens- oder sonstige Schäden ist ausgeschlossen. Personen mit gesundheitlichen Beschwerden sollten alle therapeutischen Maßnahmen mit ihrem Arzt besprechen und auch gegebenenfalls die bei Heilmitteln anzuwendenden Gebrauchshinweise beachten.

ISBN 978-3-925100-39-0

3. Auflage 2013
Umschlag: Reinhardt Stiehle
© 1999 Chiron Verlag, Tübingen
Druck: SDL Druck, Berlin

Zu beziehen durch den Buchhandel oder direkt beim
Chiron Verlag, Postfach 1250, D-72002 Tübingen
www.chironverlag.com

Inhalt

Vorwort

Mit dem vorliegenden Band wird unter dem Titel *Astrologie konkret* eine Schriftenreihe eröffnet, welche vom Deutschen Astrologen-Verband (DAV) in Zusammenarbeit mit dem Chiron-Verlag herausgegeben wird. In diesem Sammelband schreiben verschiedene namhafte Astrologen und Astrologinnen zum Thema der Medizinischen Astrologie.

Der Zweck einer solchen themengebundenen Sammlung von Einzelbeiträgen liegt in der Vorstellung unterschiedlicher Zugangsweisen und Ansätze auf einem Gebiet. So finden sich in diesem Band durchaus auch gegensätzliche Meinungen. Dies kann sich in der verwendeten astrologischen Methode genauso äußern wie in verschiedenen Zuordnungen astrologischer Prinzipien zu körperlichen, diagnostischen oder therapeutischen Gegebenheiten. Doch solche Diskrepanzen sind erwünscht, denn sie zeigen die Vielfalt unterschiedlicher Sichtweisen auf dem Gebiet von Gesundheit und Astrologie. Eines ist jedoch allen Autoren gemeinsam: Sie sind von der grundsätzlichen Bedeutung der Astrologie für das menschliche Sein überzeugt, wenn sie meist auch nicht wissen, wie dieser kosmische Zusammenhang im Detail denkbar und formulierbar ist. Im medizinischen Bereich beschäftigen sich immer mehr Menschen mit alternativen Methoden. Von diesen ist der Schritt zur Astrologie nicht weit, haben Naturmedizin und Astrologie doch gemeinsame Urmütter und Urväter, seien es Paracelsus oder Hildegard von Bingen oder weiter zurück in der ägyptischen, babylonischen oder indischen und chinesischen Medizin und Astrologie.

Kosmische Einteilungen und Prinzipien gelten als Ordnungskriterien für irdische, körperliche, pflanzliche, mineralische oder organische Bereiche. Insofern sind Diagnose und Therapie, Medikation und Psychologie durch den astrologischen theoretischen Überbau miteinander verbunden. In diesem Buch geht es um die Frage des individuellen Abstimmens allen medizinisch-astrologischen Wissens und Handelns. Was bedeutet der kosmische Zusammenhang für die Anwendung am konkreten Fall? Die Astrologie stellt das Individuum in den Mittelpunkt. Es kristallisiert sich in all den vorliegenden medizinischen Überlegungen heraus, daß die Frage nach der Persönlichkeit des Kranken oder besser des Sich-nicht-gesund-Fühlenden im Zentrum aller Überlegungen steht. Diese konsequent individualistische Herangehensweise ist ein Zug der Astrologie. Insofern ist sie prädestiniert dafür, einen wichtigen Beitrag zu einer Medizin der Zukunft leisten zu können.

Daß sich in diesem Buch fachlich qualifizierte Menschen in ihren Bemühungen offenbaren, ihre Gedanken und Erfahrungen einmal niedergelegt haben, dies sei mit unserem Dank bedacht. Die Autoren haben unentgeltlich ihre Beiträge geleistet, sonst hätte dieses vielgestaltige Werk nicht zustandekommen können. Als Praktiker haben sie sich hingesetzt und haben geschrieben – dies ist nicht selbstverständlich, konnten wir als Herausgeber doch bemerken, daß die im Heilwesen tätigen Menschen keinesfalls besonders viel Zeit zum Schreiben besitzen. So liegen noch viel ungehobene Schätze in dem tätigen Wirken Einzelner. Wir können nur hoffen, mit diesem Werk auch anderen Mut gemacht zu haben, in Erfahrungsaustausch zu treten. Langfristig wird nur so das astro-medizinische Wissen wachsen können.

Die Herausgeber danken Herrn Reinhardt Stiehle, dem fachkundigen Verleger dieser Reihe, daß er unseren Plan Wirklichkeit werden ließ, dem Deutschen Astrologen-Verband ein Forum zur Darstellung seiner vielfältigen Kompetenzen zu geben.

Heidelberg, Februar 1999   *Detlef Hover und Ulrike Voltmer*

Astrobiographik
Grundlage der Astromedizin

Georg Maria Wilke

„Gesundheit und Krankheit sind nur Varianten der gleichen Lebensdynamik, ein ausgeglichener oder unausgeglichener, integrierter oder desintegrierter, differenzierter oder undifferenzierter Ausdruck archetypischer Formmuster", schreibt Edward C. Whitmont in PSYCHE UND SUBSTANZ. Dies weist uns auf die kosmischen und irdischen Analogien der urbildhaften kosmischen Kräfte hin, die sich in physischen und seelischen Veranlagungen in der Konstitution und Disposition im Menschen manifestieren, weil dieser als mikrokosmisches Wesen den makrokosmischen Urphänomenen der geistigen Welt entstammt und aus ihnen heraus geboren wurde. Dieser inkarnative Prozeß bildet eine Seite der Astrologie unter einem phänomenalen Gesichtspunkt gesehen.

Makrokosmische Prozesse entsprechen den mikrokosmischen Prozessen. Makrokosmos – Mikrokosmos und ihre wechselseitigen Beziehungen gilt es durch die Astrologie erfahrbar zu machen. Ebenso die sogenannten „archetypischen Formmuster" wie Edward C. Whitmont sie beschreibt, die wir bei jedem Lebensprozeß des Menschen erkennen, die sich im Geistig-Seelisch-Physischem des Menschen ausdrücken, urständen in den planetaren und zodiakalen Urbildern des Kosmos von dem wir als Mensch und ebenso die Erde ein Teil des Ganzen sind. Somit stellen diese Wechselbeziehungen Mensch, Erde und Kosmos eine sinnvolle und erkennbare Einheit in ihrer Verschiedenheit und Vielfalt dar.

Die Astrologie als Phänomenologie hilft, diese Zusammenhänge zu erfassen und in der konkreten Horoskopie für das Individuum als Basis für die Erkenntnisse seiner Inkarnation und Biographie mit den konkreten Zusammenhängen seiner Lebensentwicklung „lesbar" zu machen; metaphorisch gesprochen könnte man sagen: *Es gilt, die Sternenschrift zu lesen.*

Archetypische Formmuster erkennen wir im Kosmos in den Planetenkräften, in den Tierkreiskräften und in den Urphänomenen, die sich immer auch in der sichtbaren Welt, die von den Sinnen wahrzunehmen ist, und auf allen „Daseinsstufen" in konkreter Form, Bildung und Funktion, bis in die Substanzwelt hinein, manifestieren.

Es besteht beispielsweise ein enger Zusammenhang zwischen Blei-Kubus-Samen-Milz-Knochen-Blut-Wärme und dem Saturn, als Urbild des Ich. Dieses *ana*logische Wissen zeigt sich in allen *astro*logischen Denksystemen oder Weltbetrachtungen. Wäre dies nicht der Fall, würde man kein wahres geistiges und seelisches Bild erfassen können, das bis in die physiologischen Prozesse und Naturphänomene hinein verfolgt werden kann und somit bei den entsprechenden Krankheitsbildern keine Relevanz hätte. Da es aber so real erscheint und für die Astrologie erfaßbar und beschreibbar ist, kann die Astrologie ihre Erkenntnisse vom Menschen konkret in Biographiearbeit, Psychologie und Medizin sinnvoll einfließen lassen, ja sogar bis in die Heilmittel und Therapie durch ihr spezifisches Denken nachvollziehbar und praktisch anwendbar machen.

Der Mensch ist ein kosmisches und zugleich irdisches Wesen, hineingestellt in die Polarität des Physischen und des Geistigen, wobei das Seelische eine „Vermittlerrolle" einnimmt. Diese Tatsache ist von B. C. Lievegoed in seinem Buch DER MENSCH AN DER SCHWELLE sehr detailliert unter dem Gesichtspunkt des „Doppelten Planetenprozesses" dargestellt worden – bis in die medizinischen Zusammenhänge hinein. Ein sehr aufschlußreiches Buch für alle Astrologen.

Eine ganzheitliche Schau und Betrachtung des Menschen, also die kosmische und irdische Ebene, zeigt uns mit aller Deutlichkeit den menschlichen Körper als Aspekt der Seele und die Seele als Ausdruck der individuellen Art der Verkörperung. Da die Seele empfänglich ist für alle planetaren und zodiakalen Kräfte und ebenso an energetischen Vorgängen teilhat, steht der Körper in einer lebendigen Relation zu allen Substanzen und ist ein integrierter Bestandteil aller Erd- und Naturprozesse sowie der planetaren- und Tierkreiskräfte des Kosmos.

Die Astrologie hat die Aufgabe, diese Wechselbeziehungen sinnvoll zu lesen und sie anhand der Konstellationen der Planeten im Verhältnis zum Tierkreis zu erkennen.

Alle Prozesse unterliegen jeweils den beiden Parametern des Aufbauenden und Erhaltenden und dem Abbauenden und Zerstörenden. Diese Polarität, eine Urpolarität, kann durch die astrologischen Prinzipien erfaßt und dem Menschen in seiner biographischen Vielfalt dargestellt werden.

Das strukturelle Grundprinzip bildet das Geburtshoroskop mit seinen planetaren Konstellationen im Tierkreis.

Solange der Mensch in der irdischen Verkörperung lebt, steht er zwischen den anabolischen und katabolischen Aspekten des Lebens – es bleiben Krisen, Schmerzen, Konflikte und Krankheiten auf seinem Lebensweg, die abhängig von dem gewählten Lebenszusammenhang und für die jetzige Inkarnation wesentlich sind.

Edward C. Whitmont schreibt in PSYCHE UND SUBSTANZ:

„Die Neigung zu Krankheit scheint ein Aspekt der Erdendynamik zu sein, ebenso wie die Heilung. Sie sind zwei Seiten der gleichen Medaille. Nach dem Motto: Was die Wunde schlug, wird sie auch heilen".

Diesen irdischen Aspekt von Krankheit gilt es durch die Astrologie zu erweitern, denn der kosmisch-geistige Prozeß, dem alles untersteht, ist eine wesentliche Betrachtungsebene für den Menschen, denn in der geistigen Welt sucht sich das „ICH" diese irdische Seinsart nach seinen Möglichkeiten dem Karma entsprechend aus. Diese Vorgänge werden von Rudolf Steiner durch die Geisteswissenschaft in vielen seiner Werke dargestellt und sind in denselbigen zu studieren, wenn man diese Vorgänge beurteilen will. Im Geburtshoroskop drückt sich das Bild aus der geistigen Welt in den Sternenkonstellationen ab. Dazu sagt Rudolf Steiner folgendes in DIE GEISTIGE FÜHRUNG DES MENSCHEN UND DER MENSCHHEIT:

„Dem Stellen des Horoskops liegt die Wahrheit zum Grunde, daß der Kenner dieser Dinge die Kräfte lesen kann, nach denen sich der Mensch in das physische Dasein hereinfindet. Einem Menschen ist ein bestimmtes Horoskop zugeordnet, weil in demselben sich die Kräfte ausdrücken,

die ihn ins Dasein geführt haben....Es wird also der Mensch in das physische Dasein hineingestellt, und das Horoskop ist das, wonach er sich richtet, bevor er sich hineinbegibt in das irdische Dasein.... Was den Menschen hereintreibt in die physische Verkörperung, das sind die wirksamen Kräfte der Sternenwelt..."

Die Faszination, die von der Astrologie ausgeht, ist seit Jahrtausenden ungebrochen. Ihre Anfänge verlieren sich in prähistorischer Zeit. Das äußerliche Erfassen und Beobachten der Gestirne hatte schon sehr früh begonnen, und wir finden in allen alten Kulturen ein großartiges astronomisches Wissen und eine enge Beziehung zu den Astralreligionen. Von den Frühformen der Astrologie bis zur heutigen modernen und kritischen Astrologie mit ihren unterschiedlichen Schulen dokumentiert die Astrologie einen Entwicklungs- und Verwandlungsweg, der aber die grundsätzlichen Erkenntnisse ihres Welt- und Menschenverständnisses beibehält.

Zu allen Zeiten und jeder Kulturepoche war die Astrologie ein umstrittenes Gebiet und eine Herausforderung an den menschlichen Geist – sie wird es wohl auch in Zukunft bleiben. Es treffen immer Anhänger und Gegner aufeinander – es gibt immer erregte Diskussionen, in denen oft jedes Maß verlorengeht, aber in einer solchen verwirrenden Situation ist die kritische Besonnenheit die einzige Möglichkeit im Umgang mit diskrepanten Themen. Die persönliche Überzeugung und die eigene Weltanschauung zeigen sich aber deutlich in jeder praktizierten Astrologie.

Eine Astrologie ist immer so wahr wie die Weltanschauung, derer sich der Astrologe „bedient".

Ebenso wie man in der Medizin den Wandel der asklepischen priesterlichen Medizin zu einer hippokratischen Medizin nachvollziehen könnte, um die moderne Form der Medizin zu verstehen, sollte man die Übergänge von einer babylonischen zu einer griechischen und dann mittelalterlichen Astrologie bis hin zur Neuzeit differenziert ausarbeiten, damit die jeweilige Bewußtseinslage in den einzelnen Zeitabschnitten im Umgang mit der Astrologie gekennzeichnet werden kann. Auch die Medizin zeigt wie jede andere Wissenschaft, in den vergangenen Epochen und der gegenwärtigen, ein gewandeltes weltanschauliches Denksystem. Den entsprechenden Rahmen haben wir allerdings nicht und so geht es darum, in Kürze die wichtigsten und wesentlichsten Details einer Astrologie darzustellen, die eine konkrete Erweiterung im diagnostischen Bereich der Heilkunde – sprich Medizin – und der Psychologie sein kann.

Die Homöopathie weist darauf hin, daß jeder menschliche Zustand eine Analogie zu einem tierischen oder pflanzlichen Organismus oder einer mineralischen Substanz hat. Diese Vorstellung von der geistig-seelischen Beziehung aller Substanzen ist das Grundprinzip der Alchemie und der Astrologie, was sich im hermetischen Satz, der Beziehung zwischen Mikrokosmos und Makrokosmos, ausdrückt.

„*Similia similibus curentur*" – wie Samuel Hahnemann es formulierte – das Ähnliche werde durch das Ähnliche geheilt. Krankheit wird hierbei nicht durch ein Gegenmittel bekämpft, sondern durch die Arznei, die die entsprechenden Symptome hervorruft. In der Astrologie besitzen wir ein kosmisches Simile in den Substanzen, die den Planeten und dem Tierkreis zugeordnet sind. Hier erfahren wir den Ana-logos zwischen der Homöopathie und der Astrologie, der auch heutzutage von vielen Astromedizinern noch nicht richtig erforscht ist und nicht in einer Vielfalt von planetaren Konstellationen und ihrer Zuordnung zu den entsprechenden Homöopathika enden kann.

Der Mensch, die Erde und der Kosmos als belebte, beseelte und geistige Organismen stehen in tiefer Wechselbeziehung zueinander. Diese Gesetzmäßigkeiten, die eben nicht nur mit einer kausalen und formalen Logik zu erfassen sind, sind der zentrale Punkt der Auseinandersetzung der Astrologie.

Edward C. Whitmont, Arzt und Homöopath, postuliert die Existenz eines kosmischen Organismus, in dem der Mensch ein Organ bzw. eine Teilfunktion darstellt, die sich wiederum aus kleineren Organismen und Teilfunktionen zusammensetzt. Dies beschreibt er in dem lesenswerten Buch DIE ALCHEMIE DES HEILENS.

Wir können somit also schlußfolgern: Weist die Homöopathie auf eine Beziehung zwischen Mensch und Substanz hin, so befinden sich in der Astrologie Hinweise auf eine Relation zwischen Mensch und Kosmos. Alle Phänomene unserer Wirklichkeit lassen sich aus dieser Perspektive der Wechselbeziehung Mensch und Kosmos heraus phänomenalistisch beschreiben und begründen.

Jung weist auf die Existenz eines allen Menschen gemeinsamen kollektiven Unbewußten und das Wirken einer dem Ich übergeordneten psychischen Instanz, des lenkenden Selbst hin. Aber besonders interessant sind in diesem Zusammenhang die synchronistischen Phänomene. Mit der Synchronizität ist bei C. G. Jung das kausal unerklärliche zeitliche Zusammenstimmen von physischen Vorgängen, Ereignissen und psychischen Erlebnissen gemeint. Eine Tatsache, die der Astrologie nicht fremd ist.

Krankheit aus Sicht der Astrologie

Das Verhältnis dieser kosmischen Ordnung zu ihrem expliziten Ausdruck ist Gegenstand der modernen Astrologie. Im Laufe des Lebens wird das Individuum mit immer neuen Entwicklungsimpulsen konfrontiert, die zu Konflikten, schmerzlichen Erfahrungen und Krankheit führen können. Vor diesem Hintergrund der kosmischen Beziehungen des Menschen zum Sonnensystem und zur Welt muß der Krankheitsbegriff, den wir heute als normal betrachten, in einem anderen Licht gesehen werden.

Krankheit erscheint als ein Teil des menschlichen Individuationsprozesses, der darauf ausgerichtet ist, uns zu dem zu machen, was wir potentiell sind, zu dem, was wir durch unsere „Organe", die dieses Instrumentarium darstellen, realisieren.

Auch wenn das Ich mit seiner Lebenssituation zufrieden sein mag und sich in einem stabilen Gleichgewicht mit sich und der Welt befindet, kann der astrologische Kontext, in dem ein Individuum steht, als Ausdruck der impliziten Ordnung des geistigseelischen Wesens, auf eine Weiterentwicklung drängen: jeweils nach den Kriterien, die ein menschliches Wesen für seinen Lebenszusammenhang für notwendig hält, ob bewußt oder unbewußt daran partizipierend. Dies würde man mit den Begriffen Erlebensform und Erleidensform in der Astrologie beschreiben

14

können, ebenso gekennzeichnet als zu schwach oder zu stark ausgeprägte Charaktereigenschaften.

Dies zu erfassen und erfahrbar zu machen, ist die Aufgabe der biographischen und diagnostischen Astrologie – kurz der Astromedizin.

Krankheit ist etwas Individuelles, niemals losgelöst vom Individuum zu sehen, sie hat immer eine Entwicklung, die sich im biographischen Kontext der jeweiligen Persönlichkeit manifestiert. Krankheit ist nie etwas Artfremdes. Sie ist ein Zuviel oder Zuwenig – ein Plus oder Minus – ein Zu-Stark oder Zu-Schwach.

Gesundheit ist das Gleichgewicht zwischen aufbauenden und abbauenden Prozessen – eine Harmonie. Auf der zellulären Ebene wäre dies z. B. ein Gleichgewicht zwischen saurem und basischem Niveau der sogenannten chemischen Prozesse im menschlichen Körper.

Mit anderen Worten: Krankheit ist immer etwas Individuelles, und ich muß dazu das Individuum in seiner Ganzheit als Geist, Seele und Körper erkennen können – diagnoscere – die individuellen, einmaligen Kriterien der Persönlichkeit als Ganzes erfassen. Auf diesem Wege ist die Diagnose schon fast die Therapie (wenigstens die Anzeige für den therapeutischen Weg, den es für das „Heil" zu finden gilt).

Hans-Albrecht Zahn schreibt in seinem Artikel „Diagnosen, die krankmachen":

> *„Krankheit, Diagnose und Therapie sind Begriffe, die wir in verschiedenen Lebensbereichen zu verwenden pflegen. Das methodische Vorgehen ist dabei folgendes: Zunächst stellt man fest, daß ein Zustand, den man als normal betrachtet, nicht mehr gegeben ist. Ein Symptom wird festgestellt, dann versucht man, einen Grund, einen Bedingungsfaktor, der dem Symptom zugrunde liegt, herauszufinden, und schließlich sucht man diesen auslösenden Bedingungsfaktor zu ändern. Letzteres wäre dann die 'Therapie'. Dieses Vorgehen wird bei Maschinen, aber auch bei körperlichen und seelischen Krankheiten verwendet. Diese Art von Vorgehen basiert auf einer mechanistischen Krankheitsvorstellung, jedoch von völlig falschen Voraussetzungen aus, denn der Mensch ist ein ichbegabtes Wesen. Ein Ich ist nicht einfach von irgendwelchen äußeren*

Bedingungen abhängig, sondern es handelt von innen heraus. Das Ich
kann Entwicklungen und Veränderungen aus sich selbst hervorrufen.
Äußere Bedingungen können wohl die Handlungen eines Ich erleichtern
oder erschweren, aber sie sind nicht die Quelle der Handlungen. Der ei-
gentliche Quell seelischer Entwicklung ist immer das Ich."

Dieses spezifisch Individuelle, das Ich einer biographischen
Entwicklung zu erkennen, ist Aufgabe einer konkreten und modernen Astrologie.

Im Mittelpunkt des Tierkreises steht das Individuum, das Ich,
der geistige Wesenskern und der Tierkreis, und die Planeten zeigen das jeweilige Instrumentarium an, das Organon, dessen sich
der Einzelne in seiner Lebensentwicklung bedienen kann – als Potential in den Konstellationen der Planeten, durch die Aspekte im
Tierkreis, im Horoskop, in der größten Vielfältigkeit erscheinen.
Dies ist Ausdruck einer Sternenschrift in ihrer vollen Syntax, die
es zu lesen gilt, um somit im therapeutischen Bereich einen Weg
der „Hilfe" zu erfassen, die der einzelne Mensch ergreifen, oder
die der Therapeut dem Patienten nahebringen kann. Dies wäre
dann ein wahres Medikament = medicare mens.

Die sogenannte Tierkreistypologie, das sind die zwölf Ich-
Typen und die Planetentypologie, das sind die sieben Seelen- und
Organtypen in den komplexen Strukturen des Horoskops mit all
ihren Differenzierungen, geben dem Astrologen die Basis, um das
Individuelle zu erfassen, um es dann durch die biographischen
Parameter immer subtiler zu differenzieren, bis der einmalige Charakter der Persönlichkeit in seiner Disposition und Konstitution
mit seinen Krankheiten – seinen pathogenen Prozessen – erkannt
wird.

Das ist wahre Diagnose, die aufgrund der Erscheinungen im
Substantiellen durch die Homöopathie als Simile der kosmischen
Strukturen erkannt wird.

„Similia similibus curentur" ist gleichbedeutend dem hermetischen Satz „So wie unten, so auch oben" zu lesen.

Der Makrokosmos entspricht dem Mikrokosmos und führt uns
zu einer direkten therapeutischen Idee und somit zur Therapie.
Jedes gesunde Ich, das bestrebt ist, den stabilen Status zu erhalten,

um die leidvollen und kranken Veränderungen nicht in den Lebensprozeß zu integrieren, kann in eine Situation geraten, aus der es sich allein nicht mehr befreien kann. Diese so erlebte Hemmung, die in der Astrologie oft durch Saturn repräsentiert wird, kann in unterschiedlichen Bereichen zum Ausdruck kommen: Sie kann sich als körperliche, psychische oder psychosomatische Krankheit äußern.

Für eben diese „Lebensbereiche" besitzt die Astrologie die Tierkreisebene und die Planetenwelt in ihrer wechselseitigen Beziehung und hat unvorstellbar vielfältige Prozesse zur Verfügung, um die Disposition und Konstitution eines Menschen konkret durch die Stellung der Planeten im Tierkreis zum Zeitpunkt der Geburt zu erfassen, was sich durch die jeweilige Aspektierung und Ordnung im Geburtshoroskop darstellt.

Paracelsus formuliert noch viel krasser als Hippokrates:

„Ein Arzt, der nichts von der Astrologie weiß, ist eher ein Narr zu nennen, denn ein Arzt."

Dennoch weist die Aussage von Hippokrates in eine für uns Astrologiebetreibenden wesentliche Richtung. Hippokrates sagte: *„Unwissend ist der Arzt, der nichts von der Astrologie versteht."*

Doch zurück zu unserem eigentlichen Thema. Wenn wir Krankheit als eine Phase des Individuationsprozesses ansehen, was man besonders gut bei den sogenannten „Kinderkrankheiten" studieren kann, dann muß auch Heilung mehr bedeuten als nur ein bloßes Kurieren von Symptomen. Heilung soll darauf ausgerichtet sein, die durch das Horoskop gesichteten Hemmungen oder einseitigen Entwicklungen des betreffenden Menschen, des Patienten in diesem Falle, zu erkennen und somit Lösungsmöglichkeiten therapeutischer Art (Substanzen, Farbe, Ton, Bewegung etc.) anzubieten, damit er sich den neuen Impulsen öffnen und den notwendigen Entwicklungsschritt vollziehen kann.

Dieser Vorgang der Heilung, der auf eine Transformation der Persönlichkeit abzielt, ist die reale Basis für eine fortschrittliche Astrologie, die die Potentialität eines Menschen mit ihren Kriterien zu begreifen versucht.

Die Aufgabe des Arztes ist es aber, aus diesen diagnostischen Erkenntnissen dem Patienten Raum und Zeit durch die entsprechenden Medikamente und Therapien zu geben, damit der Heilungsprozeß, und somit der Umwandlungsprozeß stattfinden kann. Man sollte dabei aber als Astrologe immer im Bewußtsein haben, daß eine Horoskopanalyse eine medizinische Diagnose nicht ersetzen, sondern nur begleiten und Hinweise auf Schwachpunkte darstellen kann.

Die Astrologie, speziell die Astromedizin, hat hier die Aufgabe, im Bereich der Heilmittelfindung und therapeutischen Möglichkeiten eine Brücke zu bilden aufgrund des ganzheitlichen Bezuges der mikrokosmischen und makrokosmischen Wirklichkeit, in die ein jedes Lebewesen hineingestellt ist.

Krankheits-Biographie Friedrich Schillers

Anhand eines Beispiels aus der Biographieforschung soll im Folgenden die Komplexität der Krankheitsveranlagung an einer bekannten Persönlichkeit aus dem Kulturleben wie Friedrich Schiller ausgeführt und die Kriterien der planetaren Syntax an dessen Geburtshoroskop von Friedrich Schiller dargestellt werden.

Die Arbeitsgrundlage des Astrologen ist das Horoskop. Dieser Begriff ist abgeleitet von „Horoskopus". so heißt der am Osthorizont aufsteigende Tierkreisgrad, der die „Stunde anzeigt" – griech. hora = die Stunde; skopein = sehen, schauen.

Das Horoskop ist die graphisch dargestellte Konstellation der Gestirne unseres Sonnensystems für den Moment der Geburt eines Menschen; sie ist ein Abbild der realen planetaren Beziehungen zum Tierkreis.

Friedrich Schillers Geburtshoroskop wurde deshalb ausgewählt, weil wir über sein Krankheitsbild objektive Angaben in der Literatur finden. Diese Tatsache bietet einen guten Einstieg für Astrologen, die sich mit der Astromedizin auseinandersetzen.

Bei der Betrachtung des Geburtshoroskopes von Friedrich Schiller werde ich mich auf die *Opposition von Saturn und Mars beschränken* mit dem Bewußtsein, nur einen kleinen Teilaspekt in der

Biographie Schillers zu beschreiben. Eine größer angelegte biographische Studie über Friedrich Schiller ist derzeit in Vorbereitung.

Saturn/Mars-Opposition

Diese Opposition liegt auf der Fische/Jungfrau-Achse, einer sehr stark betonten Stoffwechselachse, wie die Astromedizin dies schon seit langer Zeit weiß. Saturn steht 9°31' in den Fischen und Mars 2°00' in der Jungfrau.

Friedrich Schiller, 10. 11. 1756, 23:00 LMT Marbach/Neckar

Für den Mars-Prozeß stehen folgende Kriterien zur Verfügung, die auf der Substanzebene durch das Metall Ferrum und vieler Ferrum Varianten repräsentiert werden. Diese sind in den physiologischen Prozessen im Bereich der Atmung und Wärmung zu finden. Ebenso erleben wir die Mars-Kräfte in der Blutbildung, dort vor allem im Hämoglobin und im Kreislaufsystem des Menschen.

Der Gallenprozeß und der Muskelprozeß stehen unter seiner Wirkung und manifestieren sich in der Farbstoffbildung und im Lichtschutz, führen uns also bis in die Melaninbildung. Die organischen Beziehungen des Mars finden wir im Kehlkopf und der Lunge, im Arteriensystem, man denke an Ares, im Leber-Gallen-Stoffwechsel, in der Muskulatur und im Haut-Sinnes-System. Man kann jetzt den Mars-Prozeß in zwei Richtungen, die polarer Natur sind, also ein „Zu-Stark oder Zu-Schwach" ausdrücken, verfolgen, denn Krankheit erscheint als gesteigerter oder abgeschwächter Prozeß. In diesem Falle als ein zu starker Mars-Prozeß oder zu schwacher Mars-Prozeß, den wir durch alle physiologischen und organischen Zusammenhänge am menschlichen Organismus studieren und erfahren können und mit den dazugehörigen Krankheitsbildern, auch den medizinischen Symptomen, benennen können.

Bei der planetaren Konstellation von Friedrich Schiller kann man durch die Opposition von Mars zu Saturn davon ausgehen, daß es sich um einen zu schwachen Mars-Prozeß handelt. Dies ist seit alters her eine immer wieder verifizierte Aussage der Astrologie über die jeweilige Aspektierung der Planeten. Durch die Saturn-Opposition wird also faktisch der Mars-Prozeß abgeschwächt und zeigt somit der Astromedizin den zu verfolgenden Weg. Praktisch bedeutet dies, daß wir die funktionellen Mars-Prozesse durch das Atmungssystem, den Blutkreislauf, das Leber-Galle-System bis hin zum Nerven-Sinnes-System, ja bis zur Haut verfolgen können und somit Aussagen über die Konstitution und Kranheitsveranlagung finden, die sich dann ebenso in der psychischen Verfassung des betreffenden Menschen aufzeigen lassen, den sogenannten cholagenen psychischen Störungen. Eine feine Vernetzung zwischen organischen Prozessen und psychischem Verhalten wird sichtbar.

Wir würden dann bei einem schwachen Eisenprozeß oder, astrologisch ausgedrückt, schwachen Mars-Prozeß, folgende Hinweise finden:

- Im Atmungssystem: Tendenz zu Fließschnupfen und Erkältungen, schwache Stimme oder Aphonie bis hin zu Sprachstörungen und Stottern, Infektanfälligkeit und Neigung zu Bronchitis und Tbc (Lungentuberkulose).
- Im Blutkreislauf: Kreislauflabilität, Varizen, Blutungstendenz, atonische Blutungen und Anämie.
- Im Nerven-Sinnes-System: Hypoxämie oder auch Formen von Lähmungen (Polio).
- Im Gliedmaßensystem: Schwache Muskulatur, Muskeldystrophie und Lähmungen.
- Im Hautsystem: Pigmentmangel (meist blasse sulfurische Erscheinung) und Mykosen.

Dieser schwache Marstypus leidet im Seelischen an Entscheidungsschwächen; er haftet am Alten, wirkt selbstunsicher und unselbständig, legt gewisse Ängste an den Tag und verliert sich oft mit seiner Kraftlosigkeit in ein Leben ohne Richtung und Ziel – er wird wehrlos und schutzbedürftig.

Meist leidet er an Verbitterung und Formen von cholagenen Depressionen. Dies ist ein kleiner Ausschnitt von der Seite des Mars, die wir in der Biographie Schillers an vielen Stellen bis hin zu einigen Krankheitsbildern erkennen können. Doch wir dürfen auf der anderen Seite die Kraft des Saturn – durch die Opposition gekennzeichnet – nicht vergessen.

Saturn-Kriterien

Deshalb folgen nun die Saturn-Kriterien, die sich auf substantieller metallischer Ebene als Plumbum, als das Bleiprizip, finden lassen. Die physiologischen Prozesse finden wir bei Saturn in den ersterbenden und begrenzenden Lebensprozessen, dem Kälte- und Mineralisierungsprinzip. Er hat seit jeher in der Astrologie mit der Reifung und dem Alter zu tun und beherrscht den Abbau und die Austrocknung auf allen physiologischen Ebenen. Er regiert die

Mineralisierung und den Knochenbau, die Sklerosetendenz, und bestimmt die Grenzfunktionen und die Strukturierung.

Die organischen Beziehungen finden wir im Gewebe und den Zellen, dem Nerven-Sinnes-System, der Knochenbildung, dort vor allem im Skelett und schließlich dem Milzsystem. Noch heute kennen wir in der Medizin den Begriff des Saturnalismus, wo sich ja seit alters her diese Beziehung des Metalls Blei zum Planeten Saturn verbirgt. (Es wäre sicherlich eine interessante Aufgabe, die Medizin nach sogenannten planetaren Benennungen von Krankheiten einmal zu durchforsten, um zu sehen wie unreflektiert sie heute teilweise diese Benennungen benutzt – z. B. Tremor mercurialis etc.)

Blei zeigt aus der Geologie und Chemie eine bekannte Verwandtschaft mit Kalk und ist Beherrscher und Ordner der Salzprozesse.

Wir haben es in Schillers Horoskop mit einem gesteigerten, also zu starken Bleiprozeß, astrologisch mit einem zu starken Saturn-Prozeß, zu tun und würden somit folgende Tendenzen betrachten können:

- Im Verdauungssystem: Magersucht, Magenulkus und Obstipationen (Bleikolik).
- Im Lebersystem: Zirrhosen, auch Gallensteine und Krämpfe.
- Im Nierensystem: Nephrosklerose.
- Im Lungensystem: Gehemmte Oxydation, Aphonie und Stimmritzenkrampf.
- Im Herz-Kreislauf-System: Spasmen, Hypertonus und Infarkt (Sklerose).
- Im Knochenbau oder auch Bewegungssystem erscheint Saturn als Osteoporose und im Muskeltonus immer wieder durch Krämpfe.

Die seelische Veranlagung, die dieser Saturn-Typ in einer gewissen Einseitigkeit zeigt, kann ein starres Denksystem sein, ein Prinzipienreiter, mit der Tendenz zu Starrsinn. Man nennt den Saturn-

Typen auch den Historiker, der aus der Erinnerung, der Vergangenheit lebt.

Egozentrik und Abkapselung mit gewissen Hemmungen wird man ebenso vorfinden. Weltschmerz und Beziehung zu Süchten kennzeichnen oft das Leben. Schiller war ein starker Tabakraucher und Punschtrinker. Oft leben diese Menschen in erdrückender Pflichterfüllung und Sparsamkeit. Sie setzen sich ein bis zur Selbstzerstörung. Ebenso erleben wir Formen von Depressionen, die aber nach den Kriterien der Planetenkräfte genauer und differenzierter darzustellen sind.

Wenden wir diese sogenannten Prinzipien bei der Betrachtung des Horoskops von Schiller an, dann erkennen wir diesen Aspekt: Saturn Opposition Mars – und dies ist nur eine der möglichen Perspektiven der planetaren Konstellationen, durch die die biographischen und medizinischen Studien des Lebens von Friedrich Schiller durch das Horoskop konkret erfahrbar wird.

Biographische Notizen

Zur Konstitution und Krankheit bei Friedrich Schiller, geboren am 10. November 1759, verstorben am 9. Mai 1805 in Weimar. Friedrich Schiller war ein schwächliches Kind, schlank, mit rötlichen Haaren, hoher Stirn, zarter, fast pastöser Haut mit vielen Sommersprossen und empfindlichen, zwinkernden Augen. Häufig erkrankte er an Fieber und Fieberkrämpfen. Man erlebte ihn im Erwachsenenalter mit starker Melancholie und Neigung zu Depressionen mit Selbstmordabsichten.

Mit 24 Jahren erlitt er eine schwere malariaartige Erkrankung, die Prof. Dr. Hans Bankl in seinem Buch WORAN SIE WIRKLICH STARBEN als Malariakrankheit beschreibt. Bei den genauen Beschreibungen der Jahreszahlen hätte man hier allen Grund die rhythmischen Prozesse der Planeten, in diesem Fall also Jupiter mit seinem annähernden 12-Jahresrhythmus, und die Transite genauer zu untersuchen. Ebenso sei auf den 2-jährigen Rhythmus von Mars hingewiesen. Mit 32 erlitt Friedrich Schiller eine schwere Erkrankung – rechtsseitige Lungen- und Rippenfellentzündung, wahrscheinlich mit Abszeßbildung im Rippenfellbereich, die ihn in

Todesnähe führte. Ein Rückfall folgte auf eine scheinbar kurze Genesungszeit.

Schwere Kolikanfälle brachten ihn abermals in Lebensgefahr. Der Rippenfellabszeß brach durch das Zwerchfell in die Bauchhöhle. Daraus entstand eine chronische Bauchfellentzündung mit allen Folgen, die bei der Sektion (siehe Sektionsprotokoll unten) festgestellt wurden. Seither verließen ihn die Spannungen in der Brust und die immer wieder auftretenden Krämpfe im Leib nicht mehr, bis zu seinem Tode.

Mit 40 Jahren Cholera, die ja eine Lokalinfektion des Dünndarms mit toxischer Auswirkung ist. Mars stand zu diesem Zeitpunkt im Geburtshoroskop auf 2° Jungfrau, nach Ebertins anatomischer Zuordnung betrifft dies den Dünndarm.

Neigung zu fieberhaften Erkrankungen bis zum 16. Lebensjahr. Malaria mit 24 Jahren. Bei der Malaria greifen kränkende Kräfte tief in den menschlichen Organismus, bis ins Blut ein und führen zur Auflösung der roten Blutkörperchen. Dem zyklischen Ablauf dieses Krankheitsgeschehens entsprechend, tritt als Antwort auf das Eindringen dieser Kräfte periodisch hohes Fieber auf.

Die schwere Erkrankung im 32. Lebensjahr. Das Rippenfell, die Lunge und das Herz sind die Organe, die jetzt von den krankmachenden Prozessen ergriffen werden. Hohes Fieber, Husten, eitriger Auswurf und Blutspucken. Die schleichende Abszedierung (Empyem) im Zwerchfell-Rippenbereich rechts, entwickelt sich mit erneuten Fieberschüben in mehrfach lebensbedrohlichen Attacken und dringt durch das Zwerchfell in den Bauchraum. Eine chronisch-entzündliche und vernarbend, sklerotisierende Erkrankung.

Chronische Entzündung mit Sklerotisierung – und Vernarbungstendenz. Dieses Bild zeigt sich auch bei einer chronischen Bleivergiftung – siehe dazu die Materia Medica oder im Repertorium der Homöopathie unter Plumbum. Diese ausführliche Beschreibung der Krankheiten von Friedrich Schiller finden wir in dem oben erwähnten Buch von Prof. Dr. Hans Bankl und in einem Artikel im MERKURSTAB geschrieben von Dr. Hans Werner „Die Biographie Friedrich Schillers – Eine Studie zum Saturn-Blei-Prozeß".

Am 29. April 1805 trat heftiges Fieber durch eine Infektion auf. Friedrich Schiller stirbt am 9. Mai 1805.

Zur Abrundung dieser kleinen biographischen Betrachtung aus astrologisch-medizinischer Perspektive sei das Sektionsprotokoll angeführt.

Das Sektionsprotokoll
von Dr. Huschke vom 19. Mai 1805 in Weimar:

Die Rippenknorpel waren durchgängig und sehr verknöchert. Die rechte Lunge war mit der Pleura von hinten nach vorne und selbst mit dem Herzbeutel so ligamentartig verwachsen, daß es kaum mit dem Messer gut zu trennen war. Diese Lunge war faul und brandig, breiartig und ganz desorganisiert.

Die linke Lunge war besser, marmoriert mit Eiterpunkten.

Das Herz stellte einen leeren Beutel vor und hatte sehr viele Runzeln, war häutig, ohne Muskelsubstanz. Diesen häutigen Sack konnte man in kleine Stücke zerflocken.

Die Leber natürlich, nur die Ränder brandig.

Die Gallenblase war noch einmal so groß als in natürlichem Zustande uns strotzend vor Galle.

Die Milz um 2/3 größer als sonst. Der vordere konkave Rand der Leber mit allen naheliegenden Teilen bis zum Rückgrat verwachsen.

Die rechte und linke Niere in ihrer Substanz aufgelöst und völlig verwachsen.

Auf der rechten Seite alle Därme mit dem Peritoneum verwachsen.

Urinblase und Magen waren allein natürlich.

Bei diesen Umständen muß man sich wundern, wie der arme Mann so lang hat leben können.

Weimar, 19. Mai 1805

Als Abschluß dieses Beitrages sei noch einmal auf Paracelsus hingewiesen, der sicherlich auch heute noch durch seine Schriften die suchenden und forschenden Astromediziner inspirieren kann. Er schreibt in LABYRINTHUS in der Sudhoff-Ausgabe 11, 175 folgendes:

„Nun merket von einem andern Buch der Arznei, welches Buch das Firmament ist. Gleicherweise wie in einem Buch mit Buchstaben eure ganze Doktorei kann gesetzt werden, so daß jeglicher durch Lesen dieselbige erfahren kann, so ist auch im Firmament ein solches Buch, das da lehrt die Kräfte und Lehren zu erkennen. Und der dies Buch nicht erfährt, der kann kein Arzt sein noch geheißen werden. Denn der Arzt wird gezwungen, wie einer ein Buch auf dem Papier liest, so die Sterne des Firmaments zusammen zu buchstabieren und die Sentenz daraus zu nehmen.....Das Buch betrügt niemanden, es hats kein falscher Schreiber geschrieben; der hats geschrieben, der keines Papiers bedarf, uns daraus zu lehren."

Literatur

Bankl, Hans. *Woran sie wirklich starben, Krankheiten und Tod historischer Persönlichkeiten*, Wien, München, Bern 1992[3].

Lievegoed, Bernard C. *Der Mensch an der Schwelle*, Stuttgart, 1994[4].

Paracelsus, *Labyrinthus*, Sudhoff-Ausgabe 11, 175.

Steiner, Rudolf. *Die geistige Führung des Menschen und der Menschheit*, (GA 15), Dornach 1974.

Dr. Werner, Hans. „Die Biographie Friedrich Schillers – Eine Studie zum Saturn-Blei-Prozeß" in: MERKURSTAB IV/1982.

Whitmont, Edward C. *Psyche und Substanz* , Göttingen 1992[2].

Whitmont, Edward C. *Die Alchemie des Heilens*, Göttingen 1993.

Möglichkeiten und Grenzen der medizinischen Astrologie

Ulrike Voltmer

Die Sektion „Medizin und Astrologie" ist ein lockerer Zusammenschluß von ca. 45 interessierten Menschen, von denen über die Hälfte in medizinischen Berufen stehen. Es gibt keine festen Mitgliedschaften in der Sektion; der Deutsche Astrologen-Verband stellt lediglich eine gewisse Organisationsstruktur bereit, die ermöglicht, daß Interessierte untereinander zusammenfinden können und von einzelnen Initiativen erfahren, die sich auf dem Gebiet Medizin und Astrologie entwickeln. Darüber hinaus liegt es in den Händen der Interessenten, untereinander Arbeitszusammenhänge aufzubauen.

Unsere Sektion wurde anläßlich der Europäischen Astrologie-Tage 1995 in Essen ins Leben gerufen, die unter dem Motto „Gesundheit und Heilung" standen. Einige Autoren in dieser Schrift referierten schon damals zu den diversen Themen um Fragen einer medizinischen Astrologie.

Auffallend ist, daß die im Gesundheitswesen praktisch tätigen Mitglieder unserer Sektion, die vielfach zum Teil über profunde Kenntnisse der Astrologie verfügen, berichten, die Astrologie nicht direkt in ihre Arbeit einzubeziehen. Diagnostische und therapeutische Fragen klären sie mit den Patienten meist ohne Hinzuziehung von deren Kosmogramm ab. Dies ist nicht nur deshalb der Fall, weil sich etwa die Patienten nicht für astrologische Zusammenhänge interessierten, sondern auch, weil sich die tätigen Ärzte und Heilpraktiker nicht imstande sehen, aus den astrologischen Konstellationen direkt diagnostische Rückschlüsse und therapeutische Maßnahmen ableiten zu können.

Die Astrologie wird eher für das Verstehen der Persönlichkeit des Kranken genutzt, nicht für direkte medizinische Maßnahmen. So schreibt etwa der Arzt Oliver Amling: *„Ich versuche momentan die Astrologie zu benutzen, um Patienten, deren Wesen ich für eine ganzheitliche*

Betrachtung und Behandlung erfassen möchte, besser kennenzulernen, insbesondere wenn ich unter Zeitnot stehe oder der Patient von sich aus sehr verschlossen und wenig mitteilsam ist."

Steht Krankheit im Horoskop?

Auf die schriftliche Frage an die Sektions-Mitglieder, ob sie glaubten, daß Krankheit im Horoskop stehe, gab es eine erstaunliche Einmütigkeit und eine breite Zustimmung gegenüber meiner Stellungnahme in dieser Frage, die wie folgt formuliert war:

Die Radix zeigt ein Bild, in welcher Weise ich mich in Beziehung zur Umwelt setze. Dabei sind weder die Erbanlage noch die Umwelt als solche konkret astrologisch erkennbar. Zu erkennen ist eine Art Motivationsanlage. Krankheit hat mit genetischer Disposition viel zu tun. Insofern ist auf astrologischem Weg allein nicht erkennbar, welche Themenstellungen im Horoskop möglicherweise über „Krankheit" (was ist das?) gelebt werden. Kennt man allerdings die Krankheitssymptome eines Horoskopeigners, kann man anhand der Radix (plus der Prognosetechniken) erkennen, mit welchen Radixkonstellationen (und damit auch Problemstellungen) diese Symptome zu tun haben und kann versuchen, die tiefere geistig-seelische Bedeutung der Krankheit zu durchleuchten, kann eventuell gemeinsam mit dem Kranken Lösungsmöglichkeiten im Umgang mit den betreffenden Problemen finden.

Wo körperliche Leiden zu groß sind (diese müssen nicht immer seelisch bedingt sein, haben aber seelische Konsequenzen), kann man ohne 'Medizin' meist nicht heilen. Kann man aber – ohne Aufarbeitung der Bedeutung der Krankheit für den Betreffenden – mit 'Medizin' allein nachhaltig helfen?" Auszuschließen ist dies nicht. Wie aber müßte diese 'Medizin' beschaffen sein?

Hinzuzufügen wäre als Frage, ob die Art 'Medizin', die dem Kranken helfen könnte, mit Hilfe des Kosmogramms leichter zu finden ist. Aus den Reaktionen in der Sektion ging hervor, daß nicht Klarheit darüber besteht, was überhaupt an astrologischen Bezügen aufdeckbar sein kann?

Viele bestätigten, daß man nicht sehen kann, ob eine Person krank ist oder wird, und daß man die Art der Krankheit nicht unbedingt erkennen kann. Kennt man jedoch die Symptome, kann man als medizinisch gebildete/r Astrologe/in die astrologischen

Hinweise erkennen und etwas über den Krankheitsverlauf aussagen. Welche Konstellationen sich somatisieren, scheint nicht eindeutig zu sein. Denn auf welcher Ebene ein Mensch seine Konstellationen lebt, steht nicht im Horoskop.

Wenn ein Mensch allerdings mit seinen Beschwerden zum Arzt, Heilpraktiker oder Psychologen geht, dann kann man wohl unterstellen, daß der oder die Betreffende sich als 'nicht gesund' oder 'krank' erlebt, daß somit eine gewisse astrologische Anlage als krankmachend gelebt wird. Doch welche? Daß dies nicht immer die disharmonischen Konstellationen einer Radix sind, lehrt uns nicht selten die Erfahrung, es können auch die Trigone sein.

Astrologisch-medizinische Fragen

Bei einem Treffen der Sektion 1997 in Heidelberg anläßlich des Astrologie-Kongresses fanden sich neun Mitglieder der Sektion zusammen. Dort haben wir gemeinsam über die Fragen nachgedacht, die wir im Bereich der astrologischen Medizin zunächst zu klären hätten. Wir erstellten eine Themen- oder Fragenliste, die die folgenden Bereiche ansprach:

1. das Menschenbild, das hinter der Medizin und der Astrologie steht,
2. damit in Zusammenhang stehend der Wissenschaftsbezug, gerade auch der Medizin,
3. die Bedeutung von Leben, Seele oder 'feinstofflichem' Körper, denn ein rein physikalistisches Modell ist nicht ausreichend,
4. die Strömungen und verschiedenen Auffassungen in der Astro-Medizin,
5. die Frage nach der Disposition,
6. die Krankheitsauslöser und die Frage danach, welche Rolle astrologische Faktoren spielen,
7. die Anwendung von Astrologie; ermöglicht sie einen Weg zur Krankheitsvermeidung, Diagnostik und Therapie?
8. die Rolle der Vererbung – Könnten astrologische Stammbäume Aufschlüsse zur Vererbung geben?
9. die Nutzung fernöstlichen Wissens.

Nach einer kleinen Umfrage in der Sektion zu den verschiedenen Themenstellungen fanden zwei davon besonderen Anklang, es ist die Frage nach den Krankheitsauslösern und in diesem Zusammenhang nach der Rolle der astrologischen Faktoren. Die Frage nach der Anwendung von Astrologie bei Krankheitsvermeidung, Diagnostik und Therapie stand an zweiter Stelle. Etwas geringeres Interesse wurde an dem Thema „Strömungen in der Astro-Medizin" bekundet.

Ein Mitglied der Sektion, das anonym bleiben wollte, meinte, daß die Frage nach dem Menschenbild eigentlich die entscheidende sei. Denn die Astrologie schließe eigentlich ein mechanistisches Menschenbild von vornherein aus und dies müsse deutlich hervorgehoben werden. Das astrologische Menschenbild erkenne der Krankheit eine Bedeutung zu, Krankheit müsse somit innerhalb einer Biographie immer als sinntragend angesehen werden.

Demgemäß kann die Bedeutung einer Krankheit aus dem Horoskop erkannt werden. Die Vorstellung, jede Krankheit erwachse aus seelisch unverarbeiteten Konflikten, wird in der Sektion nicht geteilt. Krankheit wird manchmal auch die Funktion haben können, eine bestimmte Lebensdynamik oder Themenstellung in Gang setzen zu können. Die Rolle einer Krankheit kann vielfältig sein. Die Frage danach, wo und warum Krankheit auftritt, ist nicht einfach zu klären. Jede dogmatische Einstellung dieser Frage gegenüber verengt den Blick, denn es ist nicht überall zu beobachten und glaubhaft zu machen, daß der körperlich 'Gesunde' etwa besonders kreativ und reif seine Konstellationen lebe.Mir hätte es am Herzen gelegen, zunächst eine Begriffsklärung über 'Krankheit' und 'heilen' anzusteuern, denn diese beiden zentralen Begriffe – so sagte ich mir – werden im esoterischen Umfeld und medizinischen Kontext unterschiedlich verstanden. Doch erstaunlicherweise machten mir gerade die Mediziner in der Sektion klar, daß keiner von ihnen der Vorstellung des Körpers als einer Maschine anhinge, das könne man als Mindestkonsens voraussetzen und allein aus der Tatsache ableiten, daß jemand in der *Sektion Medizin und Astrologie* mitarbeite. Daß Krankheit in einem tiefen Zusammenhang zur Biographie stehe, darüber müsse man nicht streiten, das mache gerade unsere Gemeinsamkeit aus. Stillschweigend war bereits dieser Konsens da, noch bevor ich dieses Thema ausgesprochen hatte. Es geht in unserer Sektion also um detaillierteres Wissen.

In welchem Zusammenhang steht die Auslösung einer Krankheit zur Astrologie?

Die Heilpraktikerin Frau Elfriede Stiegler (München), Autorin mehrerer Fachartikel und durch ihre Praxis erfahrene Kennerin der klassischen Homöopathie, war es, die auf diese Frage reagierte und sehr deutlich darauf hinwies, daß zwischen der Disposition eines Menschen, chronischen und aktuellen Krankheiten zu unterschieden sei. Sehr genau formulierte Frau Stiegler auch, wo die Frage der Krankheitsauslösung an die Grenzen der Astrologie stoßen muß:

„Wie schon des Öfteren erwähnt, praktiziere ich die Homöopathie seit zehn Jahren getrennt von der Astrologie. Die Heilmittel versuche ich nach sichtbaren Krankheitszeichen der Patienten zu finden – siehe Hahnemann. Astrologische Aussagen verwende ich, um beim Patienten Verständnis für das Krankheitsgeschehen in zeitlicher und psychologischer Hinsicht herzustellen. Durch Einsicht in das 'Warum' wird bekanntlich Heilung gefördert. Durch ein – wenn auch eingeschränktes – 'Wielange' spreche ich die Fähigkeit an, geduldig zu sein.

Zur Frage der Disposition mache ich mir viele Gedanken über die Miasmen Hahnemanns. ... Miasma heißt soviel wie: Prädisposition, bestehenden krankmachenden Einflüssen zu unterliegen; ererbte Empfänglichkeit; bereits vorhandene Störung der Lebenskraft; Ausdünstung aus Schlamm und verwesender Materie, die Krankheit verursacht. Damit sind neben Krankheiten von Generationen und Sippen wohl auch Zeitalter und Epochen gemeint, die länger als unsere Zeitrechnung zurückliegen.

Zum Thema Krankheitsauslöser denke ich auch an den Genius epidemicus. *Zitat Ravi Roy:* 'Es scheint, als ob alle Menschen gleichzeitig in einen bestimmten seelischen Zustand geraten würden, der sie für kollektive Ansteckung empfänglich macht. Wenn die Epidemie ausbricht, kristallisiert sich nach und nach aufgrund der in Erscheinung tretenden Symptome ein Mittel heraus, welches auf den größten Teil der in einem ähnlichen (psychischen) Klima lebenden Erkrankten zutrifft. Die Geschichte der Homöopathie kennt*

31

Epidemien, wo an einem Ort fast alle Menschen ein und dasselbe Mittel be-
nutzen und geheilt wurden. In solch einem Fall wird dieses betreffende Mittel
Genius epidemicus *genannt.' Dazu beobachte ich ständig, möchte aber*
noch keine Rückschlüsse auf Transite ziehen, da die örtlichen Gegebenheiten
eine große Rolle spielen."

Frau Stiegler äußerte zudem auch ihre Bedenken am praktischen Arbeiten mit Repertorien der Astrohomöopathie. Zur Begründung verwies sie auf das ORGANON von Hahnemann (vor
allem Paragraph 6). *„Nach wie vor bin ich der Meinung, daß die Auswahl*
und Verordnung der homöopathischen Arznei anhand der direkt wahrge-
nommenen Symptome geschehen sollte und nicht über Abstraktionen. ...Die
Potenz der Mittel läßt sich nicht am Grundhoroskop ablesen, das hängt vom
jeweiligen Bewußtseinsstand, Reifegrad und Zustand des Patienten ab."

Zur näheren Erläuterung sei Paragraph 6 des ORGANON von
Hahnemann zitiert: *„Der vorurteilslose Beobachter – die Nichtigkeit über-*
sinnlicher Ergrübelungen kennend, die sich in der Erfahrung nicht nachweisen
lassen – nimmt, auch wenn er der Scharfsinnigste ist, an jeder einzelnen Krank-
heit nichts als äußerlich durch die Sinne erkennbare Veränderungen im Befinden
des Leibes und der Seele, Krankheitszeichen, Zufälle, Symptome wahr, das ist,
Abweichungen vom gesunden ehemaligen Zustande des jetzt Kranken, die dieser
selbst fühlt, die die Umstehenden an ihm wahrnehmen, und die der Arzt an ihm
beobachtet. Alle diese wahrnehmbaren Zeichen repräsentieren die Krankheit in
ihrem ganzen Umfange, das ist, sie bilden zusammen die wahre und einzige
denkbare Gestalt der Krankheit."

Hat sich die Astrologie also auf eine Rolle als Instrument zur
Bewußtwerdung oder Selbsterkenntnis zu beschränken? Kann sie
höchstenfalls nur einen Hintergrund von Diagnose und Therapie
abgeben, etwas über die Bedeutung der Krankheit aussagen, aber
niemals konkrete Hinweise liefern?

Zu fragen ist allerdings auch, was es nützt, die astrologischen Faktoren aufzudecken, die den Ausbruch einer Krankheit begleiten. Hier
mag wiederum die Suche nach der Bedeutung einer Krankheit die
leitende Idee sein. Vielleicht könnte über die auslösenden Konstellationen ein Weg gefunden werden, die betreffenden Konstellationen
anders auszuleben oder besser zu verstehen; vielleicht führen sie aber
auch zu therapeutischen Maßnahmen. Eventuell könnte von einer

erkenntnismäßigen Aufhellung des Krankheitszusammenhangs auch ein heilender Effekt ausgehen.

Die Beschäftigung mit Astrologie fördert auf jeden Fall die Einsicht, daß das Leben im Fluss bleiben muß, daß nichts statisch ist, daß Wandel und Transformation notwendige Bestandteile des Lebens sind. Mit der Eigendynamik des persönlichen Lebens umzugehen, ist vielleicht die beste präventive Maßnahme im Hinblick auf eine gesunde Lebensführung. Was dies aber im Detail bedeutet, dazu bedarf es noch vieler Gedanken, Beobachtungen und Erfahrungen, die wir versuchen in unserer Sektion zusammenzutragen.

Astrologie, Chakras und Heilung

Detlef Hover

Eine weniger bekannte Definition von Astrologie lautet „Astrologie ist die Lehre von den Dreiecken und Vierecken". Sie stammt von der englischen Vertreterin der esoterischen Astrologie, Alice Ann Bailey. Die Dreiecke und Vierecke von denen sie spricht, sind die drei Kreuze und vier Elemente der Astrologie. Ihre Definition ist esoterisch ausgerichtet und betont die geistige Orientierung der Astrologie.

Die esoterische Sichtweise kann man auch als „Denken in Prinzipien" bezeichnen. Für die Astrologie sind die Dreiecke und Vierecke wesentliche Grundprinzipien, also Axiome, Ideen bzw. Grundgedanken, die der astrologischen Erkenntnis vorausgehen. Sie können zwar durch die Erfahrung nicht bewiesen werden, müssen jedoch durch diese bestätigt werden. Solche Prinzipien sind in der Astrologie und der gesamten Esoterik geläufig, und werden dort durch verschiedene Symbolsysteme ausgedrückt. Im Folgenden wird auf zwei wesentliche Prinzipien der Astrologie kurz eingegangen, nämlich auf das *Prinzip der Einheit* sowie das *Analogieprinzip*.

Das Prinzip der Einheit kann folgendermaßen formuliert werden: „Es gibt nur ein Leben". Wer religiös denkt, könnte diesen letzten Grund auch als 'Gott' bezeichnen. Wer mit dieser Formulierung wenig anfangen kann, der möge sich auf folgendes Gedankenbild einlassen:

Stellen wir uns eine Zelle des Körpers vor, welche eine Einheit für sich bildet. Sie ist zugleich auch Teil einer noch größeren Einheit, etwa Teil eines Organs. Nehmen wir nun an, daß dieses Organ (etwa Herz, Milz oder Leber) wiederum eine Einheit bildet. Die Organe sind aber ihrerseits ebenfalls Teile einer noch größeren Einheit, etwa dem Menschen. Auch der Mensch als ein Individuum bildet eine Einheit. Diese ist jedoch erneut nur Teil einer größeren Einheit, die wir Menschheit nennen können. Die Menschheit bildet ebenso eine Einheit, steht aber in einer noch größeren Einheit mit den anderen Naturreichen auf der Erde, nämlich den Pflanzen, den Tieren und Mineralien. Die Erde wiederum ist eine weitere Einheit, im Grunde sehr verwandt mit einer Zelle oder einem Atom. Diese Einheit ‚Erde' ist Teil einer noch größeren Einheit, des Sonnensystems. Auch das Sonnensystem kann man sich als Teil einer noch größeren Einheit denken. Wenn man diesen Gedankengang fortsetzt, und die letzte Einheit über alle Grenzen hinauswachsen läßt, so kommt man zu einem Begriff wie „Sein", „Gott" oder „Leben".

Auch in philosophischen Konzepten der Astrologen wird diese Einheit benannt und aufgezeigt. Man denke etwa an Thomas Ring, der das Sonnensystem als einen Organismus ansah. Mit dem Begriff des Organismus verwandt und verbunden sind Begriffe wie „Leben", „Organisation", „Bewegung", „Struktur" usw. Sich das Sonnensystem als einen lebendigen Organismus, als ein Lebewesen vorzustellen, ist eine vielleicht ungewöhnliche Betrachtungsweise. Dafür würde aber z. B. sprechen, daß im Sonnensystem Prozesse der Selbstregulation ablaufen. Im weitesten Sinne wird die Vorstellung der Einheit in der Astrologie durch den Begriff des 'Kosmos' ausgedrückt. Fragen wir uns nun, durch welche Symbole sich astrologisch die Einheit ausdrücken läßt, so fallen uns (mindestens) zwei ein, der Punkt und der Kreis.

Als einfaches Symbol der Einheit können wir den Punkt ansehen. Das Zahlensystem der Indianer Nordamerikas basierte auf Punkten, so wurde die Zahl eins mit einem Punkt abgekürzt, die Zahl zwei mit zwei Punkten usw. In diesem Zusammenhang bildet der Punkt die Einheit des Zahlensystems. Durch den Punkt wird ein Etwas in Raum und Zeit markiert.

Ein anderes Symbol für die Einheit ist der Kreis. Dieser umfaßt und verbindet alles, was in ihm ist. Läßt man nun seine Grenzen sich ins Unendliche ausdehnen, so beinhaltet er dann das gesamte Sein.

Punkt und Kreis symbolisieren verschiedene Aspekte der Einheit. Im Sonnensymbol kommen beide Teile zusammen: in der Mitte der Punkt, außen der Kreisbogen. Der Punkt in der Mitte steht für den Aspekt der Einheit, den man „Individualität" oder „Wesenskern" nennen kann. Der Mensch als Individuum bildet eine Einheit, welche er mit „Ich" benennt. Diese individuelle menschliche Einheit ist Teil einer größeren Einheit, die man 'All-einheit' nennen kann, was durch den Kreis ausgedrückt wird. Der Punkt steht somit für die mikrokosmische Einheit, der Kreis für die makrokosmische.

Mikrokosmos und Makrokosmos

Zwischen diesen beiden Bestandteilen des Modells läßt sich eine Beziehung herstellen, was durch das *Analogieprinzip* der Astrologie möglich ist. Dieses wurde verschiedentlich mit den Worten „Wie unten, so oben; wie im Kleinen, so im Großen" ausgedrückt. Der Punkt in der Mitte, der die menschliche Einheit symbolisiert, steht in Analogie zur großen Einheit oder zur All-Einheit. In der Sprache der modernen Astrologie findet man auch die Formulierung: „Der Mikrokosmos ist ein Abbild des Makrokosmos..

Was das Analogieprinzip angeht, so gibt es z. B. in den verschiedenen Religionen zahlreiche Parallelen. Man könnte etwa das Judentum zitieren, da es im Alten Testament heißt: „Gott schuf den Menschen nach seinem Bild". Auch im Christentum finden wir diesen Gedanken, z. B. in dem Satz von Jesus Christus ausgedrückt „Der Vater und ich sind eins". In der hinduistischen Philosophie begegnet uns ebenfalls das Analogieprinzip, indem von der grundsätzlichen Identität von Atma (Mikrokosmos, Selbst) und Brahma (Markrokosmos, Gott) ausgegangen wird. Selbst in der modernen Naturwissenschaft lassen sich Parallelen finden.

Mithilfe des Einheits- und Analogieprinzips lassen sich die folgenden Grundgedanken eines astrologischen Weltbildes formulieren: Das Sonnensystem ist ein lebendiges Wesen, ein Organismus. Der Mensch als Teil dieses riesigen Lebenwesens ist eine mikrokosmische Einheit und steht in einem Abbildverhältnis dazu. Er drückt alle Kräfte, Energien und Qualitäten des Makrokosmos aus.

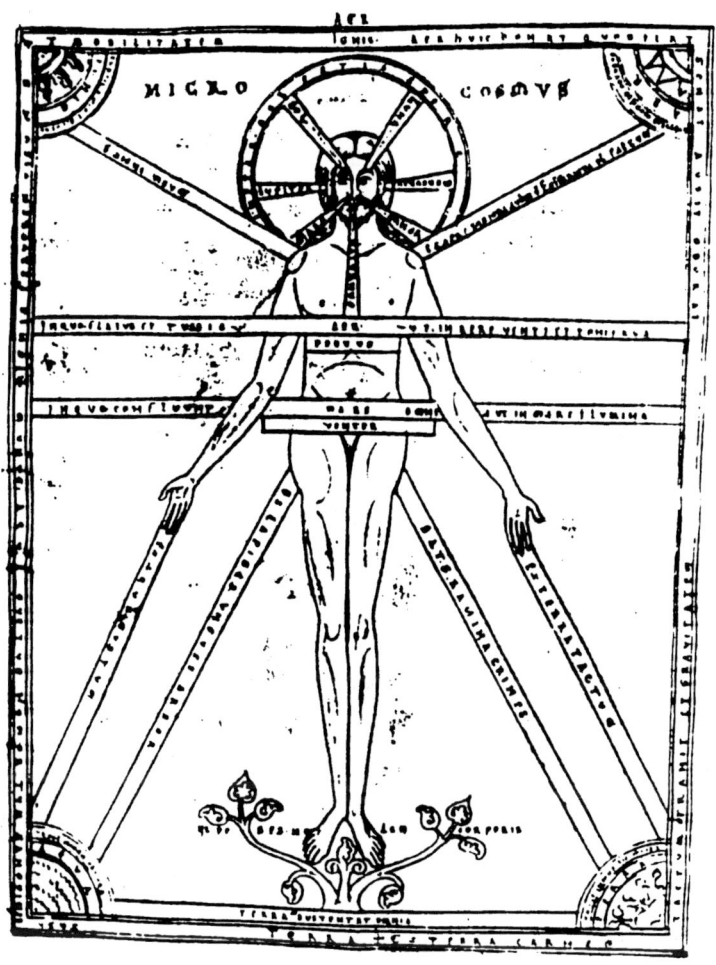

Abb. 1: Die verschiedenen Ebenen der menschlichen Existenz

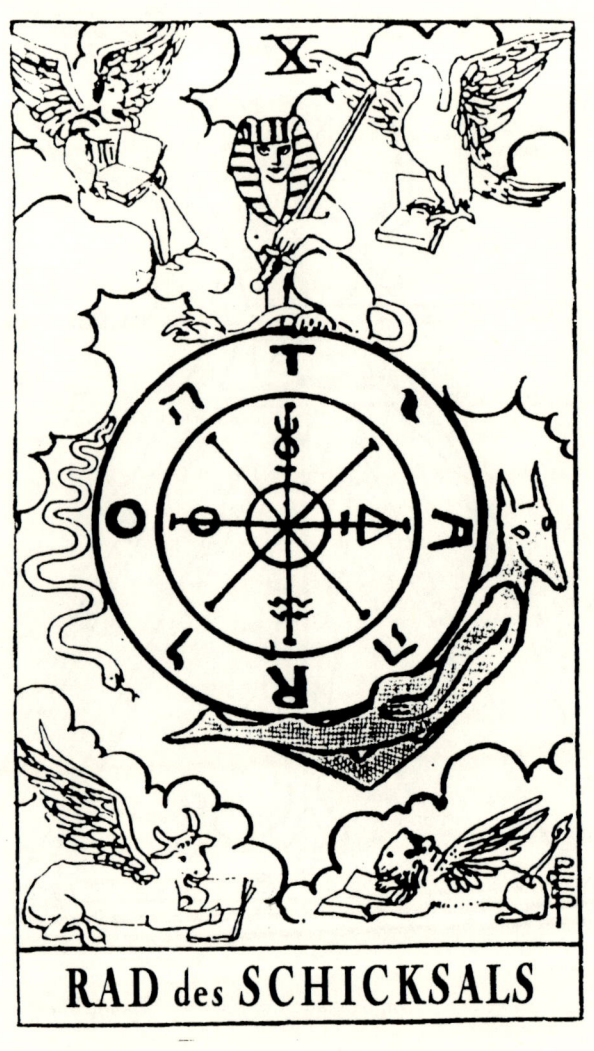

Abb. 2: Das Schicksalsrad und die Symbolik
der Dreiheit und Vierheit

Dieser Ansatz wird meines Erachtens durch Abbildung 1 ausgedrückt, welche auf den ersten Blick nicht astrologisch aussieht. Es gibt eine ganze Reihe von Zeichnungen aus dem Mittelalter, in denen im wahrsten Sinne des Wortes ein Welt- bzw. Menschenbild dargestellt wird.

Als ein wesentliches Bestimmungsstück eines astrologischen Weltbildes wurde ausgeführt, daß der Mensch – nach dem Analogieprinzip – ein Abbild des Makrokosmos ist. Wenn wir uns Abbildung 1 in dieser Hinsicht anschauen, finden wir einige astrologische Hinweise dafür. In den vier Ecken sieht man Kugeln, die uns vielleicht an die Tarotkarte „Das Schicksalsrad" (siehe Abb. 2) und „Die Welt" erinnern lassen. Im Mittelalter wurden verschiedene Gemälde geschaffen, die in den vier Ecken die fixen Zeichen Stier, Löwe, Skorpion und Wassermann darstellten. Diese kann man als die vier Eckpunkte der Welt betrachten, welche den vier Elementen entsprechen. Daraus könnte man die Aussage ableiten, daß der Mensch in einer vierdimensionalen Welt lebt, die uns begrenzt und bestimmt.

Der Mensch jedoch, der in dieser Welt lebt, ist graphisch anders aufgebaut, denn er hat „drei Dimensionen", was durch die beiden horizontalen Achsen ausgedrückt wird. Die untere Achse begrenzt nach unten die Beine und Füße, mit denen wir Menschen auf dem Boden stehen. Dies symbolisiert unsere Verwurzelung mit der Erde, unserer materiellen Herkunft. Auch in der Zeichnung sind übrigens Wurzeln angedeutet. Über der oberen Horizontallinie sehen wir den Kopf des Menschen, der sich zum Himmel empor richtet. Dieser Pol strebt zum Geistigen hin, welches ein anderes „Stockwerk unserer Existenz" darstellt. Durch die Schwerkraft sind wir also mit dem Erdmittelpunkt verwurzelt, zugleich strebt unsere senkrechte Achse – welche die Wachstumskraft symbolisiert – zum höchsten Punkt des Himmels hinauf.

Graf Dürckheim hat ein Buch mit dem Titel ÜBER DEN DOPPELTEN URSPRUNG DES MENSCHEN geschrieben, in dem dieser Gedanke ausgedrückt wird. Wir sind alle Wesen, die von einer weltlichen Mutter geboren wurden, und einem Baum vergleichbar wachsen wir von unten nach oben empor. Dabei unterliegen wir der Evolution und den Naturgesetzen der Erde. Zum anderen ist der Mensch aber auch geistigen Ursprungs. Dies berichten die Religionen und wurde von uns eben mit dem Analogiegedanken „Gott schuf den Menschen nach seinem Bilde" ausgedrückt. Demnach ist Gott (oder der Geist oder das Sein) unser himmlischer Vater. Somit haben wir zwei sehr unterschiedliche existentielle Pole in uns: einmal unsere natürliche materielle Existenz, zum anderen unseren geistigen Ursprung. Die schamanistische Philosophie führt als Ursprungsquellen des Menschen Großvater Sonne und Großmutter Erde an. Eine Zuordnung dieser Polarität zu den drei Kreuzen ist einfach: Der materielle Pol des Menschen entspricht dem fixen Kreuz, der geistige Pol dem kardinalen Kreuz.

Weiter sehen wir in der Mitte der Darstellung eine Zone, in der beide Pole zusammenkommen, das Helle und das Dunkle, Himmel und Erde, Tag und Nacht. Identifiziert man diesen Teil der Abbildung mit der seelischen Ebene des Menschen, so läßt sich daraus folgendes ableiten: In der Seele trifft sich hell und dunkel, das Bewußte und das Unbewußte. Diese Zone hat die Aufgabe, beide Pole der Existenz (Geist und Körper) zu verbinden. In dem Maße, wie dies gelingt, leben wir in einem Zustand der inneren Harmonie. Gelingt diese Aufgabe jedoch weniger gut, befinden wir uns in einem Zustand der Spaltung (Polarität). Die Aufgabe der Seele, diese Verbindung herzustellen, ist komplex und schwierig. In der Sprache der astrologischen Symbolik könnte man an eine Opposition denken.

Das Menschenbild, das in der Zeichnung dargestellt wurde, läßt sich auch mit Begriffen der modernen psychologischen Umgangssprache ausdrücken: Der Mensch setzt sich aus Kopf, Bauch und Herz zusammen. Bisweilen findet hier auch eine Reduzierung auf die beiden Pole Kopf und Bauch statt, wodurch der Mensch als 'herzloses Wesen' dasteht.

Der Bauch will essen und braucht Nahrung. Er hat mit der Ausscheidung zu tun. Im unteren Teil des Bauches befinden sich die Fortpflanzungsorgane, welche auf den kreatürlichen Anteil des Menschen hinweisen. Der Kopf wiederum funktioniert nach dem Motto „Der Mensch lebt nicht vom Brot allein". Er strebt nach Erkenntnis und Wahrheit, was manchmal sogar gegen die eigenen natürlichen Bedürfnisse gerichtet sein kann. Dies ist z. B. dann der Fall, wenn ein Mensch die Wahrheit ausspricht (bzw. das, was er dafür hält) und dadurch sein Leben riskiert; die Weltgeschichte kennt hierfür zahlreiche Beispiele. Das Herz wiederum hat eine andere Motivation, und stellt verglichen mit Kopf und Bauch eine eigene dritte Ebene dar. Diese hat mit Emotionen und der Liebe sowie dem Herstellen von Verbindungen zu tun. Begriffe wie 'Herzlichkeit', 'Warmherzigkeit', 'jemanden herzen' drücken dies aus. Dieser seelische Pol des Menschen, der sich im Herz manifestiert, entspricht astrologisch gesprochen dem veränderlichen Kreuz.

Die sieben Chakras

Mit diesen Ausführungen haben wir eine Kurzfassung der Chakralehre, welche jedoch auf drei primäre Zentren reduziert ist.

Kopf	Geist	kardinal
Herz	Seele	veränderlich
Bauch	Körper	fix

Das Chakramodell basiert jedoch auf sieben Chakras, wie in Abbildung 3 zu sehen ist. Auch dieses Bild ist mittelalterlichen Ursprungs, und stellt wiederum den Menschen in das Zentrum der Welt. Der Mensch als Abbild des Makrokosmos trägt in sich physische und psychische Entsprechungen zu den Planetenkräften. Zieht man eine senkrechte Achse vom Wurzelchakra bis zum Scheitelpunkt, so markieren deren Schnittpunkte mit den konzentrischen Kreisen die Lagerung der Chakras im Körper. Die klassische Astrologie kennt sieben Planeten – sieben Chakras gibt es. Daher liegt die Analogie auf der Hand, daß die Chakras die planetarischen Ressonanzorgane des Menschen sind. Dies drückt auch die Zeichnung von Johann Georg Gichtel aus dem Jahre 1736 in Abbildung 4 auf Seite 43 aus.

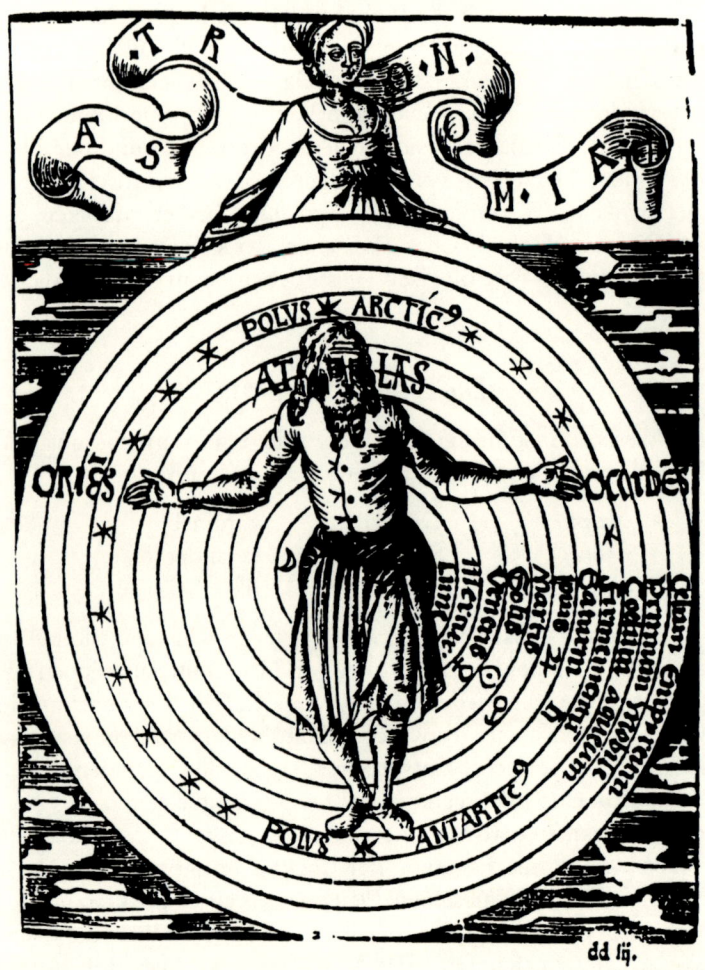

Abb. 3: Der Mensch im Mittelpunkt

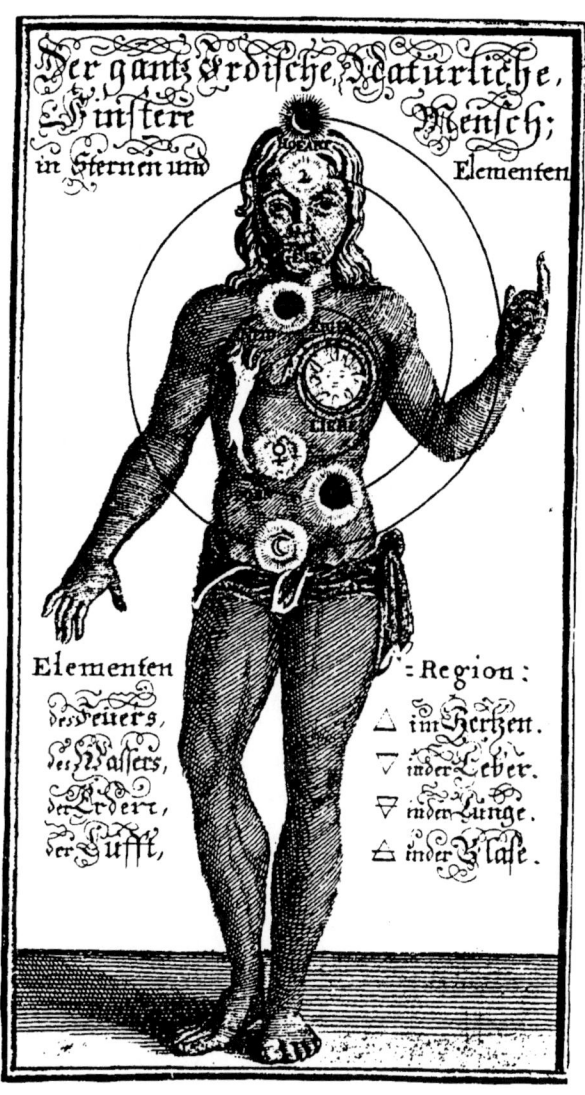

Abb. 4: Planeten und Chakras

Die Planeten sind spiralförmig angeordnet und auf den menschlichen Körper bezogen. Das Zentrum, um das die Planeten kreisen, ist in der Herzgegend zu finden, da, wo das sogenannte Herzchakra liegt.

Der Begriff *Chakra* kommt aus der indischen Sprache und heißt 'Rad'. Oft werden die Chakras auch 'Lotosblüten' genannt, es treten aber auch noch verschiedene andere Bezeichnungen auf. Bei uns war die Chakralehre über viele Jahrhunderte weitgehend in Vergessenheit geraten. Hier und da findet man dennoch den einen oder anderen Hinweis dafür, daß die Chakralehre in unseren Breiten nicht ganz verlorengegangen ist. Ein weiteres Beispiel dafür ist die angeführte Zeichnung. Auch die Darstellung nach Robert Fludd in Abbildung 5 greift die Chakralehre auf, und stellt sie in eine Beziehung zur Astrologie.

Hierbei treten zahlreiche Parallelen zu den vorigen Abbildungen auf. So ist z.B. im Schrittbereich ein Kreis eingetragen, der von verschiedenen größeren Kreisen konzentrisch umgeben wird. Auf einem davon ist die Sonne zu sehen, und rechts das Herz.

Dieser Kreis geht durch die Brust hindurch. Damit wird ein Zusammenhang zwischen dem Herz(chakra) und dem Planeten Sonne hergestellt. Auch verschiedene andere mittelalterliche Bilder lassen erkennen, daß die Astrologie in dieser Zeit die Chakras noch gekannt hat. Sehr bekannt und verbreitet ist z. B. eine Abbildung von Gichtel aus dem Mittelalter. Hier wird der Körper des Menschen mit allen sieben Chakras dargestellt, und diesen werden die sieben klassischen Planeten zugeordnet.

Daß das Wissen um die Chakras hier bei uns in Vergessenheit geraten und stellenweise auch verheimlicht und unterdrückt wurde, kann folgenden Hintergrund haben: Nach der Yoga-Lehre ist mit jedem Chakra eine bestimmte Energie und Kraft verbunden, die im Yoga 'Siddhi' heißt, was man in der Terminologie der Bibel als 'Wunderkräfte' übersetzen kann. In dem Maße, wie der Mensch seine Chakras entwickelt, entfaltet er damit auch die entsprechenden Kräfte. Dies kann dazu führen, daß der eine oder andere Mensch animiert wird, sich mit den Chakras zu befassen, um dadurch in sich 'magische Kräfte' zu erzeugen, was dann durchaus schädlich sein kann. Dies mag dazu geführt haben, daß

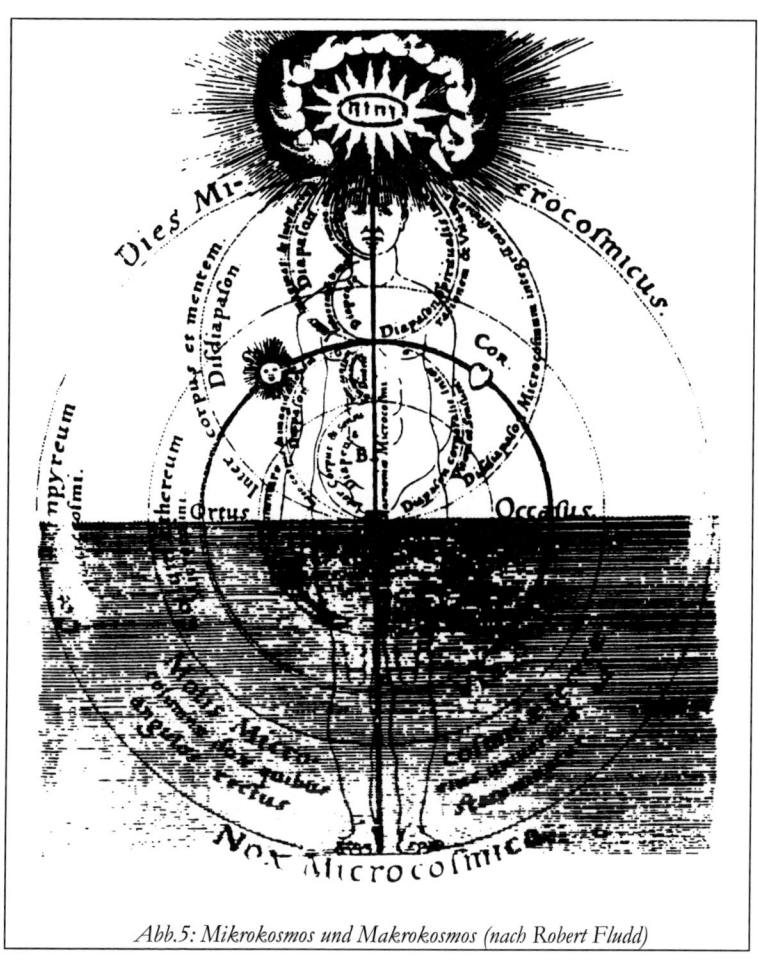

Abb.5: Mikrokosmos und Makrokosmos (nach Robert Fludd)

die Chakra-Lehre in einer sehr versteckten Form überliefert wurde.

In der westlichen Tradition gibt es einige weitere diskrete Hinweise auf die Chakralehre, wie z.B. in den mittelalterlichen Heiligenbildern. Hier wird häufig das Herz besonders betont dargestellt, oder auch der Heiligenschein, der den Kopf umgibt. Meist wird das Kopfzentrum dem Kopf zugeordnet, welcher einen Planetenring hat, was dann sehr bildhaft an einen Heiligenschein erinnert. Auch in der Bibel finden sich Hinweise auf die Chakras, so weist beispielsweise das Pfingstwunder auf die entwickelten Kopfzentren hin.

Ein deutlicher astrologischer Hinweis die Chakra-Lehre ist der Hermes- oder Äskulapstab. Hermes, Äskulap, Asklepios oder Merkur verkörpern dieselbe Gottheit, bzw. das gleiche astrologische Prinzip. Der Äskulapstab ist das klassische Symbol der Heilkunst, und stellt einen Stab dar, um den sich rechts und links eine Schlange windet. An manchen Stellen kreuzen sich alle drei Linien, dies sind die Lokalisationspunkte der Chakras.

Es stellt sich die Frage, warum die Medizin und Pharmazie ein solches Symbol heranzieht, obwohl viele Menschen eher Aversionen gegenüber der Schlange haben. Der Hinweis auf das Schlangengift als Heilmittel erscheint nicht ausreichend. Es sollte an dieser Stelle vielleicht erwähnt werden, daß die indische Chakra-Lehre davon ausgeht, daß im untersten Chakra eine bestimmte Energieform vorhanden ist, die auch Kundalini-Energie, bzw. das 'Schlangenfeuer' genannt wird. Im geistigen Erwachen des Menschen steigt diese nach oben, so wie sich eine Schlange nach oben windet. Dabei stehen ihr drei Kanäle zur Verfügung. Somit kann die Schlange in eine symbolische Beziehung zu den Chakras gebracht werden, und der Hermes-Stab wird zu einer bildhaften Darstellung der Chakra-Anatomie.

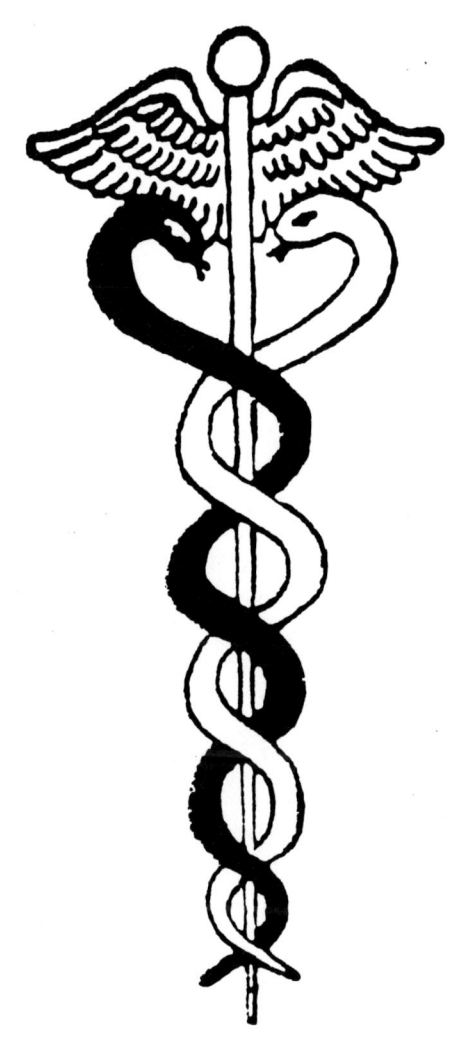

Abb. 6: Der Hermesstab als Symbol für die Chakraphysiologie

Der Ätherkörper des Menschen

Wenn wir uns tiefer in die Chakra-Lehre einarbeiten möchten, müssen wir uns mit dem Begriff des Ätherkörpers befassen. Nach esoterischer Vorstellung hat der Mensch nicht nur einen Körper, sondern insgesamt sieben weitere, wovon einer der 'Ätherkörper' genannt wird. Dieser schließt sich dem physischen Körper direkt an und hellsichtige Menschen sehen ihn als Aura, als eine Art farbiges Lichtgebilde, das den physischen Körper meist überragt, vergleichbar etwa einer brennenden Kerze, die um sich herum ein buntes Lichtfeld bildet oder auch dem Lichthof des Mondes.

Der Ätherkörper wird zudem „Lichtkörper", „Energiekörper" oder „Vitalkörper" genannt, und ist verantwortlich für unsere Gesundheit. Er ist in verschiedenen spirituellen Heilweisen bekannt, etwa der Akupunktur oder dem Tai Chi. Diese gehen davon aus, daß im feinstofflichen Körper des Menschen bestimmte Energiebahnen vorhanden sind. So wie der grobstoffliche Körper Adern hat, welche das Blut transportieren, oder Nerven, die Nervenimpulse weiterleiten, wird die feinstoffliche Energie (Prana, Äther oder auch Od genannt) durch die 'Nadis' weitergegeben. Diese kann man sich wie Straßen vorstellen, auf denen die Lebensenergie transportiert wird. An manchen Stellen des Körpers treffen sich mehrere solcher Straßen, so daß Plätze entstehen, welche den Chakras entsprechen.

An der Beschaffenheit des Ätherkörpers können hellsichtige Menschen einiges über die Gesundheit der entsprechenden Person herausfinden. Wenn der Mensch gesund ist, ist die Aura leuchtend und rein, sieht kräftig aus und umschließt den ganzen Körper. Wenn der Mensch krank ist, ist die Aura meist wesentlich schwächer, hat eventuell Schlieren oder weist an manchen Stellen des Körpers regelrechte Löcher auf. Auch kann es sein, daß manche Körperorgane nicht von der Aura umhüllt sind. Mithin haben wir in den Chakras bzw. dem Ätherkörper auch ein Diagnose-Instrument. Die Chakras selbst werden von einem hellsichtigen Menschen als Energiewirbel wahrgenommen. Diese können unterschiedlich groß sein, je nach dem Entwicklungsstand des Menschen.

Abb. 7: Lokalisierung der Chakras

Die Chakras selbst haben unterschiedliche Funktionen, welche im Folgenden etwas genauer vorgestellt werden sollen. Meist wird von sieben Hauptchakras ausgegangen, darüber hinaus gibt es auch noch zahlreiche Nebenchakras, etwa in den Händen und an den Fußsohlen. Die sieben Hauptchakras sind in der senkrechten Achse des Körpers angeordnet, welche Himmel und Erde miteinander verbindet. Astrologisch entspricht dies dem Meridian, der Wachstumsachse, die von unten nach oben, vom Unbewußten zum Bewußten strebt.

Es sollen nun die Namen der Chakras kurz aufgezählt und deren Lokation angegeben werden. Das unterste Chakra, am Steißbein, dem Ende der Wirbelsäule gelegen, ist das sogenannte *Wurzelchakra*. Das zweite Chakra von unten, ein wenig unterhalb des Bauchnabels gelegen, heißt das *Sakralchakra* oder auch das *Sexualitäts-Chakra*. Das dritte Chakra ist in der Magengegend angesiedelt, und wird das Leibzentrum oder auch das *Nabelzentrum* genannt. Das vierte Chakra befindet sich in der Mitte des Brustbeins, also in der Herzgegend und heißt daher auch *Herzzentrum*. Das fünfte Zentrum ist am Kehlkopf gelegen, und wird das Halszentrum genannt. Das sechste Zentrum ist das dritte Auge oder *Stirnzentrum* und befindet sich an der Nasenwurzel. Ganz oben am höchsten Punkt des Körpers liegt das *Scheitel- bzw. Kopf-zentrum*, welches auch der „Tausendblättrige Lotos" genannt wird.

Die folgende Tabelle ordnet den Chakras die sieben klassischen Planeten zu, wobei wir ein Modell von Alice Bailey zugrunde legen.

Zentren	Planet
Scheitel	Saturn
Stirn	Jupiter
Hals	Merkur
Herz	Sonne
Leib	Venus
Nabel	Mond
Wurzel	Mars

Das unterste Zentrum entspricht Mars, und hat zu tun mit Durchsetzungskraft oder im weiteren Sinne dem „Willen zum Sein". Der Selbsterhaltungstrieb wurzelt hier. Es gibt aus den ostasiatischen Heilweisen, wie Akupunktur, Akupressur usw. Hinweise darauf, daß der Mensch in der Gegend des Wurzelzentrums eine Art „Notfallpunkt" hat. Wenn ein Mensch ohnmächtig ist, im Koma liegt oder schon scheintot ist, kann man ihn unter Umständen dadurch reanimieren, indem man diese Stelle massiv stimuliert.

Das zweite Chakra, das Sakral-Chakra wird mit der Sexualität in Verbindung gebracht. In dieser Gegend, ein paar Zentimeter unterhalb des Bauchnabels, ist ja auch der Ort, wo im weiblichen

Körper die Empfängnis stattfindet, und wir Menschen „unser erstes Heim genommen haben". Der Mond ist in der Astrologie das empfängliche Prinzip, er hat kein eigenes Licht, spiegelt aber das Licht der Sonne wieder. Der Mond nimmt auf, er ist sensitiv und hat ein Bedürfnis nach Kontakt und Verbindung.

Beim dritten Chakra in der Magengegend sehen wir die Venus: „Liebe geht durch den Magen". Liebe kann, wenn sie nicht gelebt wird, im Magen Veränderungen vollführen, etwa daß man aus Liebeskummer viel ißt (sogenannter 'Frustfraß'), oder manch einer mag gar nichts mehr essen, wenn er emotional nicht gut drauf ist. Essen ist ein sehr starker Indikator für unsere Befindlichkeit: Wenn wir uns krank fühlen, wenn die Venus nicht in Harmonie ist, ist auch oft die Ernährung oder die Lust am Essen gestört.

Das vierte Chakra von unten, das Herzzentrum, entspricht der Sonne. Die Analogie von Sonne und Herz ist klassisch und auch dem astrologisch unbedarften Bürger bekannt. Vor einigen Jahren gab es einen Schlager, in dem die Formulierung vorkam, man solle „Sonne im Herzen" haben. Dieses Bild läßt sich vielen Menschen vermitteln. Wie wäre es, wenn der Sänger gesungen hätte „Hab Sonne in den Füßen" oder „Hab Sonne im Hals"? „Sonne im Herzen" ist ein Archetyp, den wir Menschen aus unserem kollektiven Unbewußten heraus verstehen können, ohne dafür eine rationale Begründung haben zu müssen.

Eine andere Kraft, die man mit dem Herzzentrum verbindet, wird in einem Kindergebet angesprochen. Diese hebt darauf ab, daß im Herzen Christus wohnt. Nach dieser Vorstellung ist das Herz also der Sitz des Christus(prinzips). Dieser Gedanke wird im Buddhismus sinngemäß geteilt, dort heißt es, daß das Herz der Sitz des Buddhi-Prinzips ist.

Wenn wir uns fragen würden, wo wir uns Christus im Körper vorstellen, wird sicherlich kaum einer sagen, im Kopf oder in den Füßen. Wohl aber wird man das Herz nennen, da dieses unser emotionaler Mittelpunkt ist. Das Herz hat also mit Emotionen zu tun wie auch das Zentrum darunter. Das Leibzentrum aber, das der Venus entspricht, hat mit den persönlichen Bedürfnissen zu tun. Venus will gesättigt werden, und wenn mein Bauch gefüllt ist, so nützt das der Umwelt erst einmal nichts, wohl aber mir. Im

Herzen haben wir hingegen Qualitäten, die wir weitergeben. Vom Herzen aus sind wir in der Lage, uns mit der Umwelt liebevoll zu verbinden, sind wir herzlich bzw. warmherzig. Natürlich können wir aber auch beschließen, uns vor der Umwelt zu versperren, dann haben wir ein 'Herz aus Stein'.

Wenn der Mensch über das Herzzentrum hinauswächst, dann kann er zu den höchsten geistigen Zentren aufsteigen. Im Kehlkopfbereich regiert der Merkur, der verbunden ist mit dem Wort. Dieses Zentrum entspricht der schöpferischen Intelligenz.

Das Zentrum darüber, dem Jupiter entsprechend, ist das „dritte Auge". Es stellt eine Art „Summe des seelischen Befindens" dar. Wenn wir wissen wollen, wie sich jemand gerade fühlt, so schauen wir ihm in die Augen. Wir betrachten also die Augen, um die Gesamtbefindlichkeit eines Menschen zu spüren. Daher wird das „dritte Auge" auch als Sitz der integrierten Persönlichkeit betrachtet.

Ganz oben, am höchsten Punkt des Körpers, ist das Scheitelzentrum lokalisiert. Dieses Zentrum wird dem Saturn zugeordnet, der uns einerseits abgrenzt, uns aber auch andererseits mit dem Kosmischen verbindet. Hier nimmt Saturn seine Funktion als 'Hüter der Schwelle' ein. Man kann sich dieses oberste Chakra wie eine kosmische Antenne vorstellen, über die der Mensch mit dem gesamten Universum oder Kosmos verbunden ist.

Das war eine Kurzbeschreibung der sieben Chakras, welche darüber hinaus natürlich noch andere astrologische Analogien haben.

Gesundheit und Heilung

Nun sollen einige Gedanken zu den Themen Krankheit, Gesundheit und Heilung in die Betrachtung einbezogen werden. Wenn wir den Begriff der Chakras mit Gesundheit und Krankheit verbinden wollen, so können wir folgende Definition aufstellen: Gesundheit heißt Harmonie der Chakras. Da wo die Energien der Chakras nicht in Harmonie miteinander sind, leben wir in einem Zustand der Spaltung (Polarisierung) und Krankheit. Stellen wir uns diesen Gedanken beispielhaft in Form einer astrologischen Opposition vor, und nehmen an, daß in einem Horoskop z. B. oben der Saturn und unten Mars steht, welche eine Opposition bilden. Häufig wird diese Konstellation dazu führen, daß Saturn im Horoskop dominiert und den Mars unterdrückt (verdrängt). Der Mensch wird dann eher saturnisch geprägt sein, und nach den Prinzipien „Pflicht, Beherrschung, Konzentration" leben. Das Marsische, also das, was spontan, aggressiv oder impulsiv ist, paßt von daher nicht gut in das Programm dieses Horoskopeigners hinein, was dann wiederum ergeben kann, daß das Mars-Prinzip wenig gelebt wird und sich daher im Lauf der Zeit gegen den Menschen selbst richtet. Dies kann etwa in Form seelischer Probleme geschehen, oder wenn sich der Konflikt weiter zuspitzt, auch in Form körperlicher Krankheiten. Zwischen den betroffenen Planeten herrscht ein Zustand der Disharmonie und mangelnden Balance. Wenn der Horoskopeigner in einen Zustand größerer Einheit kommen will, so ist es wichtig, alle Kräfte zu integrieren. Dies gilt auf der Ebene der Planeten wie auf der Ebene der Chakras. Gesundheit heißt in diesem Zusammenhang also, eine Einheit aller Chakras zu leben. Daher ist es notwendig, nicht nur im Kopf, der Brust oder im Bauch zu sein, sondern alle Ebenen gemeinsam zu leben und zu verbinden. Je nach Konstitution mag es sicherlich im Einzelfall unterschiedliche Schwerpunkte geben, jedoch sind alle „drei Stockwerke" wichtig.

Was nun die medizinische und therapeutische Astrologie angeht, so kann man den Eindruck haben, daß auf diesem Gebiet in den letzten Jahren einiges geschehen ist. In diesem Jahrhundert hat sich die psychologische Astrologie besonders entwickelt, wodurch unsere Fähigkeit, Horoskope psychologisch anspruchsvoll zu deuten, wesentlich besser geworden ist. Was die medizinische Astrologie betrifft, so ist deren augenblicklicher Stand wohl noch nicht ganz so weit, obwohl viele fruchtbare Ansätze vorhanden sind. Es ist gut vorstellbar, daß in den nächsten Jahren die medizinische Astrologie eine ähnliche Entwicklung durchmachen wird, wie die psychologische Astrologie in den letzten Jahren und Jahrzehnten.

Wenn man einen Zusammenhang zwischen der körperlichen und seelischen Gesundheit des Menschen herstellt, so liegt die Frage auf der Hand, mit welchen Techniken und Methoden man positiv bzw. harmonisierend auf die Chakras einwirken kann. Die hierzu gerechneten Verfahren werden meist unter den Oberbegriffen „Chakraarbeit" und „ätherische Heilweisen" zusammengefaßt.

Vom körperlichen Standpunkt aus betrachtet, gehören hierzu wohl die Mehrzahl der „alternativen Therapieformen", welche direkt oder indirekt die Chakras beeinflussen. Dies würde einerseits deren Wirksamkeit erklären, andererseits auch, wieso diese Methoden wissenschaftlich nicht bewiesen sind, da die (Natur)wissenschaft die Chakras nicht kennt. An erster Stelle wären vielleicht die allgemeinen Regeln für eine gesunde Lebensweise zu nennen. Hierzu gehören eine gesunde, auf hochwertigen Produkten aufbauende Ernährung, Bewegung und Kontakt mit den Naturelementen wie Sonne und Luft (Atmung!), wodurch der Ätherkörper gekräftigt wird. Der übermäßige Konsum der alltäglichen „Genußmittel" wie z.B. Nikotin, Alkohol und Kaffee schwächt hingegen den Ätherkörper, was man oft als mangelnde Abwehrkraft erlebt.

Daß Akupunktur und Akupressur direkt den Ätherkörper bzw. die Meridiane anspricht, wurde bereits erwähnt. Dies gilt auch z.B. für die Bach-Blüten-Therapie, welche eng mit der Homöopathie verwandt ist. Das kann schon allein daran erkannt werden, daß Edward Bach, der Begründer dieses Verfahrens von sieben Grundformen der Angst ausgegangen ist, welche den sieben Chakras entsprechen. Auch die Farb- und Klangtherapie beeinflußt die Chakras, da es spezifische Zusammenhänge zwischen den Farben bzw. Tönen und den Chakras gibt. In der Edelsteintherapie gibt es einen Zusammenhang zwischen bestimmten Edelsteinen und den Chakras. Darüber hinaus sind besondere Verfahren bekannt, wie man z.B. durch entsprechende Plazierung auf dem Körper, einzelne Chakras ansprechen kann. Die ostasiatische Technik Tai-Chi, welche verkürzend auch als eine 'Kampfsportart' bezeichnet wird, trägt die Beziehung zur Lebensenergie bereits im Namen, da „Chi" als „Lebensenergie", bzw. „Äther" übersetzt werden könnte. Die hier angeführten Verfahren könnten noch erheblich verlängert werden, stellvertretend seien noch Reiki, Ayurvedische Heilweisen, Aurasoma und Orgontherapie genannt.

Vom psychologischen Standpunkt aus ist es wichtig zu wissen, daß Streß (hier als „chronische Überforderung" verstanden) den

Ätherkörper und damit die Abwehrkräfte schwächt, wodurch der Organismus empfänglich wird für Erkrankungen aller Art. Daher sind die verschiedenen Formen von Entspannungsmethoden auch als Wege anzusehen, den Ätherkörper zu kräftigen und zu harmonisieren. Auch der Abbau psychischer Konflikte und Problemfelder wirkt in die gleiche Richtung, da diese – was die Psychosomatik seit 100 Jahren belegt – den Körper krankmachen können. Hierzu gibt es zahlreiche Techniken, welche in den verschiedenen Formen der Psychotherapie bekannt sind. Last but not least sei auf die Meditation hingewiesen, welche eine sehr hochwertige Form der Chakraarbeit darstellt. Die meisten hinduistischen bzw. buddhistischen Meditationsarten arbeiten mit diesem Konzept, jedoch auch die christliche Herzmeditation läßt sich als Chakrameditation auffassen.

Die Chakras der Erde

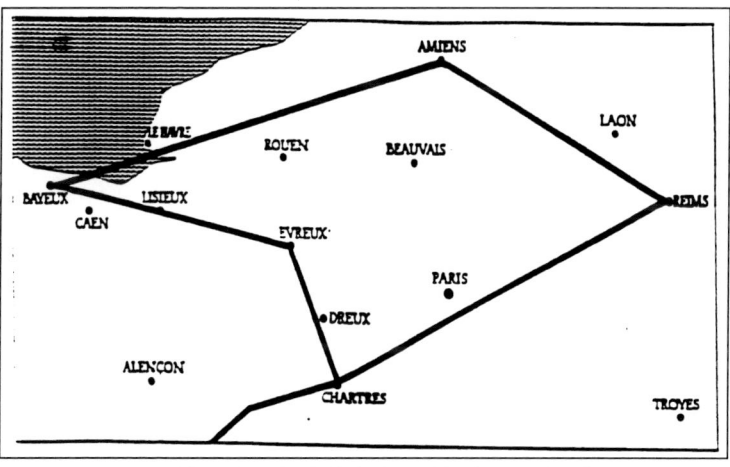

Abb.7: Gotische Kathedralen im Norden Frankreichs

Ausgehend vom Analogie-Prinzip, wurde der Gedanke entwickelt, daß der Mensch als Abbild des Himmels sieben Chakras als planetarische Resonanz-Organe in sich trägt. Es ist genauso berechtigt anzunehmen, daß die Planeten die Chakras des Sonnensystems sind. Zum Abschluß soll nun auf den Gedanken eingegangen werden, daß auch die Erde Chakras hat. Hierzu ein Schaubild über verschiedene Erdzentren und Erdchakras, welches aus dem Buch UNTER HEXERN UND ZAUBERERN (Basel, 1982) von Pierre Derlon stammt, der in den 70er Jahren das geheime Wissen der Zigeuner vermittelte.

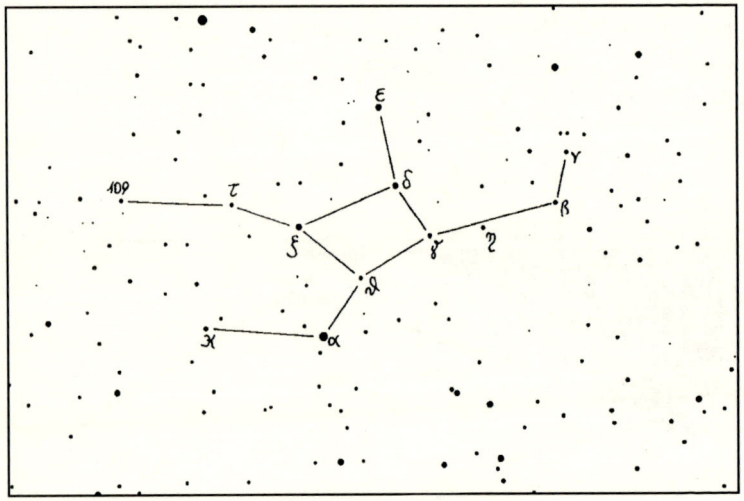

Abb. 8: Das Sternbild Jungfrau

Derlon kam selbst aus einer ganz anderen Tradition und ist „per Zufall" mit der Spiritualität der Zigeuner in Kontakt gekommen. Auf der abgebildeten Karte des Nordwesten Frankreichs sind verschiedene Städte zu sehen, die alle gemeinsam haben, daß es dort große und wunderschöne gotische Kirchen gibt, die der Jungfrau Maria geweiht sind. Verbindet man die Lage dieser Städte miteinander, so entsteht ein optisches Gebilde, welches dem Sternbild Jungfrau (siehe Abb. 8) entspricht. Wenn man das Sternbild Jungfrau am nächtlichen Himmel anschaut, so sieht man ebenfalls eine solche Konfiguration. Ein Besuch dieser Energieorte lohnt sich, zumal es in allen diesen Kathedralen eine Fülle an astrologischer Symbolik zu entdecken gibt.

Damit schließt sich dieser Text. „Wie oben, so unten", so lautet das eingangs dargestellte Analogie-Prinzip. Demnach hat der Himmel (unser Sonnensystem) seine Chakras in Form der Planeten; der Mensch hat seine Chakras als Energiezentren des Ätherleibes; die Erde hat ihre Kraftorte und heiligen Plätze. Diese Größe des astrologischen Denkens ist es, was Astrologie so faszinierend machen kann. Ihre Prinzipien gelten auf allen Ebenen des Seins, vom Mikrokosmos bis zum Makrokosmos, vom Atom bis zum Sonnensystem.

Astrologie als therapeutisches und diagnostisches Hilfsmittel

Astrid Zekul

Seit dem Erscheinen des Buches KRANKHEIT ALS WEG von Dahlke und Dethlefsen hat die Erkenntnis, daß Krankheit nicht unbedingt nur einen Störfaktor darstellen muß, sondern auch Entwicklungschancen in sich birgt, eine breitere Öffentlichkeit erreicht. Besonders aus astrologischer Sicht erscheint es mitunter schon erstaunlich, wie deutlich sich ein im Horoskop angelegtes Schicksalsthema auch körperlich manifestieren kann.

In diesem Beitrag kommt es mir jedoch nicht darauf an, eine Liste von astrologischen Entsprechungen für einzelne Krankheiten zu geben. Vielmehr möchte ich versuchen, den Leser etwas für die Herangehensweise zu sensibilisieren, mit der man astrologische Diagnostik und Therapie betreiben kann.

Ganzheitlich betrachtet ist Krankheit immer ein Regulativ, ein Mittel, das der Organismus anwendet, um ein gestörtes Gleichgewicht wiederherzustellen. Das muß nicht unbedingt einen „tieferen Sinn" (im Jupiter-Sinne) machen, sondern eine Krankheit kann z. B. auch einfach Folge einer einseitigen Belastung (z. B. „Tennisarm") oder einer Mangelerscheinung (z. B. durch Fehlernährung) sein. In einem solchen Falle braucht man sicher keine tiefgründigen Betrachtungen über den Sinngehalt der resultierenden Krankheit anzustellen. Wohl aber kann es sich empfehlen, das Radix und die gegenwärtigen Konstellationen auf die besten Heilungschancen hin zu untersuchen oder, um einen günstigen Termin für einen Therapiebeginn herauszufinden. Eventuell wäre auch eine Warnung angebracht, scheinbar geringfügige Störungen zu leicht zu nehmen – etwa, wenn gerade ein Saturn-Transit vorliegt oder eine entsprechende Krankheitsdisposition im Radix zu erkennen ist. Hier eröffnet sich ein breites Spektrum für den beratenden Astrologen, um präventiv oder prophylaktisch tätig zu werden.

Dr. Peter Niehenke, hat einmal eine Formulierung verwendet, die sehr gut zu unserer Themenstellung paßt. Er sagte, es käme darauf an, herauszufinden, was eine Konstellation „eigentlich will". Was „eigentlich gemeint" sei, wenn sich ein Horoskopeigner mit einem bestimmten Problem konfrontiert sieht? Demgemäß lautet meine Fragestellung *nicht* (wie in der gängigen Psychosomatik-Populärliteratur üblich) „was drückt diese oder jene Krankheit aus?" sondern: „was bezweckt diese oder jene Krankheit? Welche Störung im Gesamtorganismus soll durch die Krankheit reguliert werden?"

Mit diesem Ansatz eröffnen sich nicht nur diagnostische, sondern zugleich auch vielfältige therapeutische Möglichkeiten. Die Aufgabenstellung für den beratenden Astrologen lautet nun, gemeinsam mit dem Klienten herauszufinden, ob es vielleicht auch andere Möglichkeiten gibt, das zugrundeliegende Sinnthema zu leben und wenn ja, welche.

Krankheitsdispositionen im Radix: anlagebedingte „Schwachstellen"

Kommt ein Klient mit einer gesundheitlichen Frage in die astrologische Praxis, so betrachten wir zunächst einmal das Radix auf eventuelle Krankheitsdispositionen hin: Wo liegen gesundheitliche Schwachstellen? Sind bestimmte Organe besonders gefährdet? Ist eine bereits ärztlicherseits diagnostizierte Krankheit eventuell Ausdruck eines ganz anderen, tiefer liegenden Problems?

Im Sinne der klassischen Astrologie finden wir gesundheitliche Schwachstellen immer da, wo Horoskopfaktoren z. B. durch Spannungsaspekte „verletzt" sind, insbesondere die Hauptlebenssymbole Sonne, Mond und Aszendent. Oder das Krankheitsgeschehen geht von Planeten aus, die in den klassischen „Unglückshäusern" 6, 8 und 12 stehen oder diese regieren. Ein stark besetztes 6. Feld zeigt ja an, daß das Thema Gesundheit – Krankheit eine wichtige Rolle im Leben des Horoskopeigners spielt. Transite oder Direktionen solcher Planeten dienen dann oftmals als Auslöser für das Krankheitsgeschehen und bestimmen dessen Verlauf.

Es müssen nicht immer nur die klassischen „Übeltäter" Saturn und Mars oder die Transsaturnier sein, die Schwierigkeiten bereiten. Auch eine vergleichsweise „harmlose" Konstellation wie eine Sonne/Venus-Spannung oder ein unaspektierter, aber stark oder ungünstig gestellter Planet, kann zu erheblichen gesundheitlichen Problemen führen. Venus Quadrat Sonne kann beispielsweise Eßstörungen oder Probleme infolge von Fehlernährung bedeuten, die sich dann in der Folge etwa als Nierenfunktionsstörung auswirken. (Jeweilige Zeichen- und Felderposition beachten).

In der Praxis erweisen sich die klassischen Organentsprechungen der Planetenprinzipien als durchaus brauchbar; mit den Tierkreisentsprechungen habe ich allerdings eher negative Erfahrungen gemacht. Für Näheres dazu verweise ich auf die entsprechende Literatur (z. B. Fankhauser, HOROSKOPIE oder Klein/Dahlke, DAS SENKRECHTE WELTBILD).

Eindeutige Zuordnungen gibt es hier natürlich ebensowenig wie es etwa „eindeutige Ereigniskonstellationen" gibt. Entscheidend ist der funktionelle Zusammenhang im Rahmen des raumzeitlichen Gesamtorganismus. Man kann z. B. die Funktionen der Organe aus unterschiedlicher Sicht betrachten und dementsprechend unterschiedlichen Planetenprinzipien zuordnen: So hat etwa die Haut als Schutzhülle betrachtet, eine andere, nämlich saturnische, Funktion, während sie venusisch betrachtet, als Spiegel für Sympathie- und Antipathiereaktionen steht. Demzufolge wird auch eine Hauterkrankung anders zu deuten und zu therapieren sein, wenn im Radixhoroskop etwa eine Saturn/Venus-Spannung vorliegt, als bei Vorliegen etwa einer Pluto-Position in Jungfrau im 6. Feld. In letzterem Falle wird man einen Reinigungsprozeß dahinter vermuten: Der Körper versucht, über die Haut Toxine auszuscheiden und eventuell auch, etwas ansonsten Verborgenes „sichtbar zu machen" (angereihte Aspekte beachten).

Im ersteren Falle kann man eher davon ausgehen, daß der Horoskopeigner auf etwas „allergisch reagiert", seine Antipathie gegenüber etwas auf diese Weise ausdrücken will – eventuell auch, daß er sich selbst „unsympathisch" darstellen will, um so seinem Bedürfnis nach mehr Distanz zu seiner Umwelt besser nachkommen zu können.

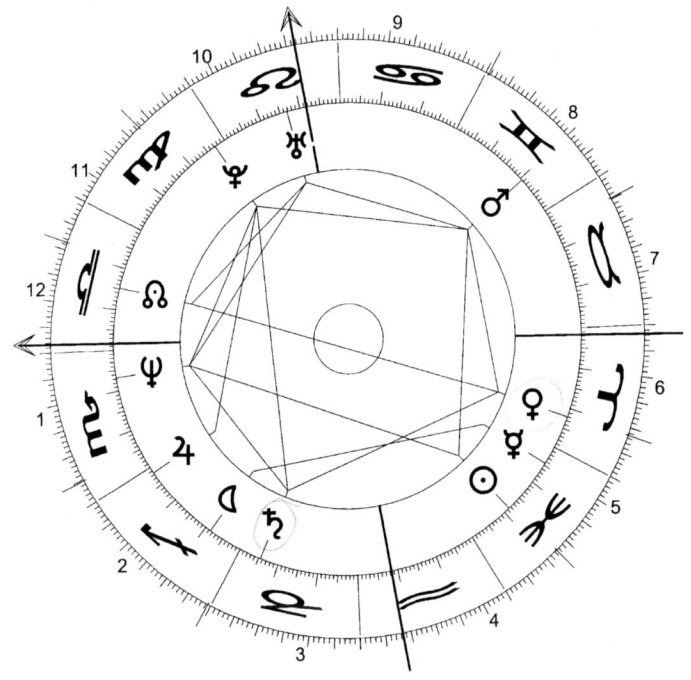

Fallbeispiel

Ich möchte dieses Beispiel ein wenig näher ausführen, um an ihm die Vorgehensweise astrologischer Diagnostik zu demonstrieren: Allgemein formuliert würde man ein Saturn/Venus-Quadrat etwa als Konflikt zwischen Kontaktbedürfnis einerseits und Bedürfnis nach Abgrenzung andererseits interpretieren. Auf körperlicher Ebene denkt man den Organentsprechungen und Planetenprinzipien gemäß zunächst einmal etwa an „Nierensteine" (Venus = Nieren, Saturn = Verhärtung, Steinbildung). Sicherlich besteht bei Vorliegen eines solchen Aspektes auch diese Disposition. Welche ist aber im Einzelfall die wahrscheinlichere? Die bereits erwähnte

Hautkrankheit oder die Nierensteine? Oder was könnte es sonst noch sein?

Hier kommt nun das interpretatorische Geschick des Astrologen zum Tragen. Um das Thema näher einzukreisen, müssen wir das ganze Radix betrachten: Welcher Planet ist dominant? Welcher Aspektpartner ist stärker gestellt? Welches sind die Dispositoren und wo stehen sie? Regiert einer der Aspektpartner oder sein Dispositor das 6., 8. oder 12. Haus?

Angenommen Jupiter stünde am Radixaszendenten oder MC: Dann tritt die Tendenz, den Stoffwechsel insgesamt stärker zu „betätigen" bei dieser Konstellation deutlicher hervor als bei anderen Radixplazierungen. Damit verbunden ist auch die Tendenz, Störungen im Gesamtorganismus über eine verstärkte Stoffwechseltätigkeit auszugleichen oder zu beheben. Auch die Nierenfunktion ist davon betroffen, denn Jupiter steht für Stoffwechsel-, Verbrennungsprozesse, allgemein; die Leber, das klassische Jupiterorgan, ist nur die vordergründigste Entsprechung dafür. Im Falle einer durch Saturn „gebremsten" Nierenfunktion kann dies zu gesundheitlichen Problemen führen, denn „Venus kann nicht so, wie Jupiter gern möchte". Dann liegt die Analogie „Saturn Quadrat Venus = Nierensteine" tatsächlich nahe. Steht nun etwa Saturn auch noch im Steinbock und Venus im Widder, dann kann man davon ausgehen, daß eine Tendenz zu chronischen, langandauernden Störungen in allen organischen Venus-Entsprechungen vorliegt, nicht nur im Sinne von Nierensteinen, sondern auch von entzündlichen Prozessen, sowohl der Haut als auch der Nieren sowie anderer Venus-Organe (z. B. weibliche Geschlechtsorgane).

In der Folge ist damit auch eine Disposition zu Erkrankungen wie Rheuma oder Gicht gegeben (Anlagerung von Gewebsschlacken infolge gestörter Nierenfunktion).

In diesem unserem Beispiel müssen wir auch noch die Position von Mars (Dispositor von Venus) beachten: Steht er beispielsweise in den Zwillingen im 8. Haus mit einem Sextil zur Venus, so ergibt sich die Möglichkeit einer Symptomverschiebung auf die Bereiche Nervensystem, Lungen, Bronchien. Ein solcher angereihter harmonischer Aspekt kann zwar als Ausgleich dienen, kann aber auch als „Fluchtweg mißbraucht" werden.[1]

Neben den durch die Planetenpositionen und Felderbesetzung angezeigten „Schwachstellen" spielt natürlich auch die Elementeverteilung eine Rolle, sowohl für die Diagnose, als auch – und besonders – für die Therapie. Einseitige Betonungen oder das Fehlen bestimmter Elemente im Horoskop stellen ebenfalls gesundheitliche Risikofaktoren dar, denn der betreffende Horoskopeigner hat dadurch ein engeres Spektrum an Reaktionsweisen zur Verfügung, als jemand mit einer ausgewogenen Elementeverteilung.

Ein stark erdbetonter Horoskopeigner tendiert beispielsweise eher dazu, chronische Leiden zu entwickeln, einfach, weil er mehr Zeit zum „Verdauen" eines Themas braucht, als etwa ein „Luftwesen".

Auch die Tendenz, Energien zu stauen, ist bei Erde natürlich stärker gegeben, als etwa bei Feuer.

Ein feuerbetonter Klient wird dafür eher zu Stoffwechselstörungen und heftigen, fieberhaften Reaktionen neigen. Wasser- und Luftzeichen gelten nicht ganz zu Unrecht als krankheitsanfälliger als die Erd- und Feuerzeichen. Das liegt an ihrer leicht reagiblen Natur – sie reagieren leichter auf äußere Einflüsse, sind daher auch infektionsanfälliger.

Besonders „Wasserkrankheiten" sind häufig psychosomatischer Natur und auch über die Psyche heilbar. Und so vielgestaltig und tiefgründig wie das Wasser, so können auch die Krankheitssymptome wasserbetonter Menschen sein, was die Diagnose natürlich erschwert. Gerade hier kann die Astrologie eventuell der Schlüssel zur Ursachenfindung und schließlichen der Beendigung einer langen „Krankheitskarriere" sein. Als kleiner Trost sei jedoch auch gesagt, daß wasserbetonte Horoskopeigner auch die höchste Regenerationsfähigkeit aufweisen!

Bei Luftzeichen finden wir charakteristischerweise die Tendenz zu nervösen Störungen, Erkrankungen der Atemwege, Streßreaktionen und häufig einen wechselhaften Krankheitsverlauf.

Trotz der erwähnten relativ leichten Krankheitsanfälligkeit, sind gesundheitliche Störungen bei stark luftbetonten Horoskopeignern häufig „oberflächlicher" Natur, sie sind als Warnsignale des Organismus aufzufassen, bestimmte Verhaltensweisen zu ändern. Gefährlich werden sie erst dann, wenn sie über längere Zeit-räume hinweg ignoriert werden. Dazu tendieren Luftzeichen aber stärker, als die übrigen: warum sich mit einer Krankheit auseinan-dersetzen, wenn es doch Kopfschmerztabletten gibt?

Da Wasser- und Luftzeichen insgesamt eher konfliktscheu sind, sind bei ihnen auch Flucht- oder Verdrängungstendenzen relativ stark ausgeprägt. Inwieweit es aber angebracht ist, ihnen diese Schutzmechanismen zu nehmen, ist eine andere Frage und soll später nochmals kurz aufgegriffen werden.

In meiner Praxis hat sich auch die Hubersche Methode des Vergleichs der Elementeverteilung mit den entsprechenden Fel-derbesetzungen ausgezeichnet bewährt. Wenn etwa ein Defizit an Luft von der Zeichenbesetzung her vorliegt, aber die „Lufthäuser" 3, 7 und 11 stark besetzt sind, so hat der Horoskop-eigener Schwierigkeiten, die durch die Felderbesetzung angezeigten Le-bensthemen adäquat zu leben, auch wenn sonst keine dafür hin-derlichen Aspekte vorliegen. Auch ein solches Ungleichgewicht kann zum krankmachenden Faktor werden.

Bei einer Auszählung der Elementebetonung sind die Persön-lichkeitsplaneten stets stärker zu bewerten, als die übrigen. Im Ge-gensatz zur Lehre der Huber-Schule bewerte ich auch hier Saturn nur schwach. Mein eigener Punkteschlüssel sieht so aus: SO = 5 P, MO und AS = je 4 P, ME, VE, MA, MC = je 3 P, JU und SA = je 2 P, UR, NE, PL = je 1 P.

Noch ein Wort zu Saturn: Als Krankheitsverursacher spielt er sicherlich eine wichtige Rolle. Er sorgt, ähnlich wie Pluto, dafür, daß man sich mit bestimmten Themen auseinandersetzen *muß.*

Er hat aber auch seine guten Seiten: eine Saturn-Stellung im 6. Haus gilt zwar traditionellerweise als ungünstig für die Gesund-heit, die Erfahrungen aus meiner Praxis zeigen jedoch eher das Gegenteil: Bei Horoskopeignern mit Saturn in 6 fiel mir auf, daß kein einziger von ihnen schwerwiegende Krankheitsverläufe ent-wickelt hatte – auch bei ernsthaften Erkrankungen nicht! Ein sol-cher Horoskopeigner geht im allgemeinen diszipliniert mit seiner Erkrankung um und hält z. B. diätische Maßnahmen ein. Er flüch-tet weder vor der Krankheit, noch bewertet er sie über, sondern er setzt sich sachlich mit diesem Teil seines Lebens auseinander.

Dementsprechend günstig ist dann meist auch der Krankheitsverlauf.

Therapeutische Ansätze

Neben dem grundsätzlichen Ansatz, das der körperlichen Krankheit zugrundeliegende Problem auf eine andere Ebene zu verschieben, dort zu erkennen und vielleicht zu lösen, gibt es auch „Helfer" beim Heilungsprozeß. Unter den Planeten sind hier vor allem Sonne, Merkur und Jupiter zu nennen, in zweiter Linie auch der Mond, als Symbol für die Regenerationsfähigkeit des Organismus.

Sonne, als Symbol für den Lebenswillen schlechthin, ermöglicht es, selbst eine unheilbare Krankheit noch „gesund" erleben zu können. Eine günstige Sonne-Position ist so etwas wie eine Garantie dafür, daß der Horoskopeigner auch aus eigener Kraft heraus den für ihn richtigen Weg zum Umgang mit seiner Krankheit finden wird.

In ähnlicher Weise wirkt auch Jupiter. Ein harmonischer Sonne/Jupiter-Aspekt ist wohl das beste, was einem die „Planetengötter" im Hinblick auf Heilungschancen mit auf den Weg geben können. Der Lebens- und Entwicklungswille, der durch einen solchen Aspekt angezeigt ist, läßt den Horoskopeigner auch aus den scheinbar schwierigsten Situationen immer noch das für ihn beste herausholen. Allerdings sei auch nicht verschwiegen, daß sich jemand in seiner Rolle als tapferer Kämpfer gegen einen scheinbar unbesiegbaren Feind so wohl fühlen kann, daß die Heilungschancen für ihn zumindest so lange schlecht stehen, wie er den Sinn seines Lebens im Kampf gegen seine Krankheit sieht (z. B. bei einer Jupiterstellung im 8. Haus im Sextil zu einer Feld-6-Sonne). Übertreibung ist nun einmal die größte Schwäche Jupiters! Hier wäre es Aufgabe des Astrologen, mögliche andere Wege der Sinnfindung zu zeigen – die in oben genanntem Falle vermutlich auch etwas mit dem Thema „Kampf *für* die Gesundheit" (anstatt „um") zu tun hätten.

Ich habe übrigens erstaunlich viele Todesfälle unter Jupiter-Transiten oder Direktionen beobachten können, auch haben mir

Kollegen von ähnlichen Erfahrungen berichtet. Betrachtet man den physischen Tod als Abschluß und Vollendung eines (sinn-) erfüllten Lebens, so kann man auch einen Todesfall durchaus im Jupiter-Sinne interpretieren. Ein solcher Transit ist dann sicher hilfreich, um ein Leben würdig und in Frieden zu beenden. Eine entsprechende Jupiter-Position im Radix ermöglicht es dem Horoskopeigner, auch in den schwierigsten Lebenssituationen noch einen Sinn zu sehen – und somit auch in einer medizinischen Todesprognose noch eine Chance zum „Heilwerden" zu finden und sie auch zu nutzen.

Merkur, der klassische Heilgott mit dem Aeskulapstab, nimmt durch seine verbindende, vermittelnde und bewußtmachende Funktion immer eine wichtige Rolle in Heilungsprozessen ein. Ein möglichst stark und harmonisch aspektierter Merkur ist hier natürlich besonders förderlich.

Empfängt Merkur hingegen Spannungsaspekte (insbesondere von Pluto), so tut man gut daran, seine Aufmerksamkeit von den eigenen körperlichen Symptomen möglichst abzulenken, ihn sozusagen „anderweitig zu beschäftigen", indem man ihm auf der Sachebene alle die Informationen zukommen läßt, die dem Horoskopeigner gestatten, ein distanzierteres Verhältnis zu seiner Krankheit zu gewinnen und diese in der richtigen Relation zu sehen. *Verschweigen* sollte man allerdings einem solchen Merkur nichts. Merkur braucht Informationen, braucht das klare Licht eines unterscheidungsfähigen Bewußtseins, um seine Funktion im Heilungsprozeß konstruktiv erfüllen zu können (Jungfrau-Prinzip). Und er braucht auch kritische Distanz zum Gegenstand seiner Erkenntnis – selbst dann, wenn Merkur in den zeichen Krebs oder Fische steht. Allerdings sollten diese Informationen in einer Form gegeben werden, die geeignet ist, Ängste abzubauen und Heilungschancen aufzuzeigen. Sie sollten zudem neutral und umfassend sein.

Hier liegt nun in der Praxis ein Problem. Es ist heutzutage schwierig geworden ist, im merkurialen Sinne, an „reine", ideologisch unverfälschte, Information überhaupt heranzukommen – etwa im Streit zwischen Schul- und Alternativmedizin. So kann der Berater hier lediglich auf unterschiedliche Standpunkte aufmerksam machen, sollte sich aber selbst davor hüten, etwa einseitige Informationen zu liefern. Bei den oben erwähnten Merkur-Positionen in den Wasserzeichen, wird der Kontakt zwischen Therapeuten und Patienten zu einem wichtigen Faktor im Heilungsprozeß, und Ängste oder Fehlinformationen des Therapeuten übertragen sich leicht auf den Patienten, besonders, wenn zusätzlich noch weitere Aspekte in diese Richtung weisen: ewa angereihte Mond- oder Neptun-Aspekte oder eine entsprechende Mond-, Neptun- oder Pluto-Position (leichte Beeinflußbarkeit, Abhängigkeiten).

Auch die Rolle des Mondes im Heilungsprozeß ist heute leider etwas problematisch. Mond, das Symbol für die an sich heilenden und regenerativen Kräfte der Psyche, des Unbewußten, Instinkthaft-Vegetativen, kann diese seine positiven Seiten in der heutigen Leistungsgesellschaft leider nur sehr unvollkommen entfalten, weil es dazu der Möglichkeit bedarf, seinen eigenen psychologischen und biologischen Rhythmen zu folgen. Heutzutage und hierzulande hat aber kaum noch jemand diese Möglichkeit, so daß der Versuch, dem Mond-Prinzip gemäß zu leben, eher zu erhöhter Krankheitsanfälligkeit als zur Gesundheit führt. Als passives, reaktives Prinzip ist Mond sowohl auf Außenreize angewiesen, als ihnen auch ausgeliefert. Hier hängt es stärker von der Zeichen- und Felderposition ab, als von der Aspektierung, wie gut oder schlecht jemand damit zurechtkommt: Ein Widder-Mond z. B. wird sich gut in einer Leistungsgesellschaft zurechtfinden, und ein Wassermann-Mond wird bei Hektik und Reizüberflutung geradezu aufblühen – ein Krebs- oder Fische-Mond eher krank werden oder vielleicht zu Drogen Zuflucht nehmen.

In der Beratungssituation geht es häufig darum, dem Horoskopeigner Mut zu machen, zu seinen lunaren Qualitäten zu stehen oder überhaupt erst bewußt „Ja!" sagen zu können. Das gilt übrigens nicht nur für Männer – auch viele Frauen entwickeln angesichts des Druckes ihrer Umwelt heutzutage häufig Minderwertigkeits- oder Schuldgefühle, wenn sie sich z. B. in einer Rolle als „Nur"-Mutter wohl fühlen. Ein Horoskopeigner mit einer starken Mond-Betonung im Radix kann eine enorme psychische und physische Regenerationsfähigkeit entwickeln – wenn man ihn nur läßt!

Bei mondbetonten Klienten empfiehlt sich häufig die Anwendung von Naturheilverfahren sowie – und vor allem – die Schaffung eines Umfeldes, welches ihm gestattet, seiner Mond-Position gemäß zu leben, d.h. „sich gehenzulassen" und seinem eigenen Gespür zu folgen.

Man beachte bei der Empfehlung bestimmter Heilverfahren stets auch die Elementeverteilung im Radix: Erdbetonte Persönlichkeiten reagieren gut auf körperliche Therapien, wie z. B. Massage, empfinden aber körperliche Eingriffe stärker als „Eingriff in ihre Persönlichkeit" als etwa Luft- oder Wassertypen. Bei stark erdbetonten Klienten sollte man nie vergessen, daß für sie ein Lebensthema unter Umständen auch körperlich „spürbar" werden muß, um es wirklich erfahren und integrieren zu können. Man sollte generell vorsichtig damit sein, jemandem eine Krankheit zu nehmen, die er vielleicht (noch) „braucht" – zumindest sollte man ihm vorher Alternativen zur Bewältigung des Themas aufgezeigt haben. Bei „Erdwesen" sollten diese Alternativen wenigstens zum Teil auch körperliche Komponenten enthalten.

Analog dazu sollte man einem „Feuerwesen" die Chance lassen, seinem Temperament entsprechend heftige, fieber- und krisenhafte Krankheitsverläufe aus eigener Kraft durchzustehen und sie nicht voreilig etwa medikamentös zu unterdrücken versuchen. Wenn für Erde ein körperlicher Eingriff, wie etwa eine Operation, einen Eingriff in die Persönlichkeit darstellt, so gilt analoges für Feuer bezüglich der Stoffwechselreaktionen. Eine falsche Medikation kann hier leicht den gesamten Metabolismus in Unordnung bringen, denn ein „feuriger" Organismus wehrt sich auch heftig gegen medikamentöse Eingriffe.

Glücklicherweise scheidet er auch Toxine jeglicher Art meist schnell wieder aus. Vor überschießenden Reaktionen ist allerdings zu warnen, etwa bei vorhandenen Jupiter/Pluto-Aspekten. Hier kann die Reaktion leicht selbstzerstörerisch werden. Für feuerbetonte Patienten empfehlen sich insgesamt Wärme- und Kälteanwendungen (z.B. Wickel), sowie Regulierung der Leberfunktion etwa durch geeignete Ernährung etc. (Jupiter-Position beachten!).

Psychologisch wäre alles angebracht, was die Willenskräfte in positiver Weise zu mobilisieren vermag. Wasser reagiert natürlich ausgezeichnet auf Psychotherapie. Aufgrund der schon erwähnten hohen Regenerationsfähigkeit sind wasserbetonte Personen vor allen anderen in der Lage, selbst aussichtslos scheinende Krankheiten zu überwinden. So wie man einem Feuertypus seine Heilkrisen, so sollte man einem Wassertypus seine Gefühlskrisen lassen. Er muß sich gefühlsmäßig erleben können, auch im tiefsten Leiden, um aus eigener Kraft einen Ausweg daraus zu finden. Man versuche also nicht, ihm seine Depressionen „auszureden" oder gar medikamentös zu dämpfen. Was er braucht, sind vor allem Ruhe und eine gefühlsmäßig harmonische Atmosphäre, um sich auf sich selbst und seine Gefühle einlassen zu können. Wegen seiner leichten Beeinflußbarkeit reagiert der Wassertypus natürlich besonders stark auf die Reaktionen seiner Umgebung, und der Heilerfolg steht und fällt häufig mit der Stimmungslage seines Therapeuten.

Luftbetonte Horoskopeigner sprechen – vielleicht aufgrund ihrer stärkeren Tendenz, vom Körper „abzukoppeln" – gut auf medikamentöse Therapien an. Auch wenn die Beseitigung eines Symptoms noch nicht gleichbedeutend mit Heilung ist, kann es doch für einen Lufttyp das primäre Interesse sein und es kann auch funktionieren! Sofern er genügend anderes hat, auf das er sein Augenmerk lenken kann, wird er die Krankheit darüber quasi „vergessen" und dadurch seinem Organismus die Chance geben, sich selbst zu heilen. Der Lufttypus braucht eine gewisse Distanz zu seinem Körper, um gesund bleiben zu können. Er muß „über den Dingen stehen" können. Ihm behilflich zu sein, diese durch die Krankheit vielleicht verlorengegangene Distanz zu sich selber und zum Krankheitsgeschehen wiederzugewinnen, ist daher vielleicht der wichtigste therapeutische Ansatz bei stark luftbetonten Klienten.

Ferner empfiehlt sich alles, was mit „Bewegung" sowohl im körperlichen, als auch im geistigen und psychologischen Sinne zu tun hat, zum Beispiel die „Bewegung" in die Krankheitssymptomatik hinein – und wieder hinaus in die Freiheit! „Eingesperrt" zu sein, macht ein „Luftwesen" krank. Fühlt sich ein luftbetonter Horoskopeigner infolge der Krankheit in seinem (geistigen, körperlichen, oder auch psychischem) Spielraum eingeschränkt, so

69

resigniert er schnell. Man sollte einen Lufttypus auch nicht à tout prix etwa von seinen (scheinbaren) „Verdrängungen" zu befreien versuchen: vielleicht braucht er sie ja! Strebt der astrologische Berater so etwas (aus guten Gründen) an, so sollte er versuchen, es dem Klienten „schmackhaft zu machen," indem er seine Neugier oder sein Kontaktbedürfnis weckt. Ein wichtiger therapeutischer Faktor ist hier, ähnlich wie bei Wasser, der Kontakt zum Therapeuten oder eventuell einer Therapiegruppe – bei Luft allerdings auf geistiger Ebene: der „Draht muß stimmen", man muß miteinander reden können.

Bei allem hier gesagten gilt als **Grundregel: immer das ganze Horoskop betrachten!** Starke Einseitigkeiten sind selten, so daß das hier gesagte niemals pauschalisiert werden darf, sondern nur Hinweischarakter hat!

Weitere therapeutisch nützliche Konstellationen sind natürlich solche, die vorhandene Spannungsaspekte ausgleichen – obwohl hier, wie schon im ersten Beispiel erwähnt, auch die Gefahr droht, diese Aspekte als „Fluchthelfer" zu mißbrauchen. Hier wäre es ebenfalls Aufgabe des Astrologen, auf diese Gefahr – falls eine solche sich im Verhalten des Klienten zeigt – aufmerksam zu machen.

Der „richtige Zeitpunkt" für Krankheit und Heilung

Es ist, astrologisch betrachtet, natürlich kein Zufall, wann ein im Radix angezeigtes Problem sich auch körperlich in Form von Krankheit manifestiert. Jeder hat Krankheitsdispositionen in seinem Radix, aber nicht jeder lebt sie auch körperlich aus. Der erfahrene Astrologe merkt relativ leicht, wer „seine Krankheit noch vor sich hat" und wer sie vielleicht nicht (mehr) „braucht".

Hier eröffnet sich ein weites Feld der Prophylaxe. Aus Direktionen, Transiten, Solaren und Lunaren läßt sich sehr differenziert feststellen, welches im Radix angelegte Thema wann und in welcher Weise „dran" ist.

Zeigt sich z.B. unter Langzeit-Transiten zu Konfliktstellen im Radix auch ein entsprechendes gesundheitlich kritisches Solar oder eine Direktion, so kann man mit hoher Wahrscheinlichkeit davon ausgehen, daß der betreffende Horoskopeigner neben anderen, durch den Transit angezeigten, auch noch gesundheitliche Schwierigkeiten haben wird. Wie massiv sich diese dann äußern, hängt nicht nur von Lebenssituation und Bewußtseinsniveau des Klienten ab, sondern auch davon, wie er ähnliche Themen in der Vergangenheit bewältigt hat (siehe Robert Hand, DAS BUCH DER TRANSITE). Der 7-er Rhythmus ist nur ein Beispiel für viele solcher Zyklen. Man befrage also den Klienten nach seinen Erfahrungen unter früheren Transiten der entsprechenden Planeten.

Hat er diese gut bewältigt, obwohl der Planet im Radix einen Konflikt anzeigt, so ist mit hoher Wahrscheinlichkeit zu erwarten, daß er auch jetzt adäquat mit dem entsprechenden Thema umzugehen weiß – er hat das sozusagen „im Griff."

Konnte er die damalige Situation nur schwer oder gar nicht überwinden, so ist zu erwarten, daß sich ein analoges Thema diesmal eher verschärft äußert.

Die Wahl des richtigen Zeitpunktes für therapeutische Maßnahmen richtet sich nach den gleichen Überlegungen: Wo sind fördernde Faktoren vorhanden, und wann werden diese aktiviert? Ein Jupiter-Transit über die Hauptlebenssymbole oder durch das 6. Feld ist z. B. ein solch fördernder Faktor – vorausgesetzt, der Radix-Jupiter steht nicht im Spannungsaspekt zu einem der transitierten Planeten.

Ein Feld-6-Solar ist auch ein förderlicher Faktor, besagt es doch, daß die Auseinandersetzung mit der Krankheit ein wichtiges Thema in dem betreffenden Lebensjahr sein wird. Dieses Thema gilt es nun so konstruktiv wie möglich zu nutzen – wie und in welcher Weise das zu geschehen hat, darüber gibt auch das Solar Aufschluß, zusammen mit Transiten und Direktionen.

Bei der Planung einer Therapie empfiehlt es sich auf alle Fälle, auch ein Lunar (ein auf die Wiederkehr der Mondposition im Radix gestelltes Horoskop) für den Monat des Therapiebeginns zu Rate zu ziehen, denn der Mondrhythmus hat erfahrungsgemäß starken Einfluß auf das Heilgeschehen. Die populären Mondphasenregeln haben sich in meiner Praxis jedoch nicht sonderlich gut bewährt. Dagegen hat sich aber die Zuhilfenahme des sekundären Mondes für einen Therapiebeginn als erfolgreich erwiesen: Steht dieser günstig, wähle ich einen ebenfalls möglichst günstigen Lunarmonat und in diesem das Datum, an dem der Mond über den sekundären Mond geht, für den Therapiebeginn aus. Empfängt der sekundäre Mond Spannungsaspekte, so sollte man keine allzu großen Hoffnungen in diese Therapie setzen. (Ausnahme: Wiederholungsaspekte aus dem Radix! Dann hat der sekundäre Mond ja auch Aspekte zum Radixmond und es muß ein Radixthema zu **diesem** Zeitpunkt bewältigt werden: inwieweit das gelingt, bleibt offen – aber die Konfrontation mit dem Thema ist jedenfalls angezeigt.

Ich konnte in diesem Beitrag die Fragestellung leider nur anreißen – ich hoffe aber, den Leser ein bißchen für die Komplexität der Thematik sensibilisiert zu haben. Vielleicht ist auch deutlich geworden, daß ich gegen Schemata zumindest dann bin, wenn sie undifferenziert verwendet werden. Die Astrologie aber gestattet sehr feine Differenzierungen, und es wäre schade, ein solch sensibles Instrument nicht auch in all seiner Präzision zu nutzen!

Anmerkung

[1] Eine Klientin mit dieser Konstellation im Radix entwickelte bisher weder Nierensteine noch eine Hauterkrankung, wohl aber allergische Reaktionen im Bronchialbereich (Heuschnupfen, Asthmaanfälle). Sie hat allerdings keinen dominanten Jupiter im Radix, sondern Sonne und Merkur in den Fischen im 4. bzw. 5. Haus und Neptun im 1. Haus und Uranus (Krampfneigung!) am MC. Die Allergiedisposition wie auch die Tendenz, Konflikten auszuweichen, ist hier auch und vor allem durch die starke Neptun-Betonung gegeben. Venus an Spitze 6 stellt gemeinsam mit Dispositor Mars tatsächlich eine gesundheitliche Gefährdung dar. (Daten: 2. 3. 1959, ca. 22:10 MEZ, Berlin. Wäre diese Klientin etwa am gleichen Tag um ca. 7:45 MEZ geboren, so würde sich das Saturn/Venus-Thema zwar deutlicher, aber eventuell weniger im Sinne einer körperlichen Gesundheitsgefährdung äußern: denn dann stünde Saturn am MC und Venus am AS.

Die Hauptgefährdung läge dann woanders: nämlich in der Pluto/Jupiter-Spannung von 6 nach 8 und sie wäre erheblich höher, als die durch Venus-Saturn angezeigte Disposition, denn Pluto stünde dann nicht nur im 6. Haus, sondern wäre auch, zusammen mit Jupiter, Regent des klassischen „Todeshauses" 8: Hier hätten wir eine Disposition zu ernsthaften, (selbst) zerstörerischen Stoffwechselstörungen vor uns, eine Tendenz zu zerstörerischen Wachstumsprozessen, d.h. eine Krebsdisposition.

Gelänge es einem solchen Horoskopeigner nicht, das Jupiter-in-8-Thema konstruktiv umzusetzen, so könnte diese Konstellation tatsächlich lebensgefährlich für ihn werden. SA-90-VE könnte, unter entsprechenden Transiten oder Direktionen, sehr wohl als „Einstieg" in das viel gefährlichere Jupiter/Pluto-Thema dienen. (z. B. bei einer beruflichen oder partnerschaftlichen Krise).

Literatur

Detlefsen, Thorwald und Rüdiger Dahlke. *Krankheit als Weg.* München, 1983.

Fankhauser, Alfred. *Horoskopie.* Zürich 1939.

Hand, Robert. *Buch der Transite.* München 1990[4].

Klein Nicolaus und Rüdiger Dahlke. *Das Senkrechte Weltbild.* München, 1993[4].

Astrologie und Irisdiagnose[*]

Dr. Francisco Tomás Verdú Vicente

Astro-Iridologie ist die Disziplin, welche die Augendiagnostik mit der Astrologie in Verbindung bringt. Die Iridologie basiert, wie wir wissen, auf dem Studium der Veränderungen (Flecken, Lakunen, Ringe etc.) in der Regenbogenhaut und deren Beziehung zu den Organen bzw. Körperteilen. Aus der Iris ersehen wir den jeweiligen Zustand der einzelnen Zonen des menschlichen Körpers.

Der Vorteil der Irisdiagnose besteht darin, daß Krankheiten frühzeitig erkannt und vorausgesagt werden, Zeit gewonnen und die vorbeugenden Massnahmen eingeleitet werden können. Abbildung 1 zeigt uns die Zuordung der Körperteile zu den einzelnen Abschnitten der Iris.

Aus den Irisveränderungen bzw. ihrer Lokalisierung schliesst man auf den entsprechenden Körperteil. Ein grosser brauner Fleck auf dem Sektor der Iris, der der Leber zugeordnet wird, kann schwere Leberstörungen bedeuten. Es ist dies nicht der Ort, um ausführlich auf das Thema Iridologie einzugehen, sondern es soll lediglich auf einfache Weise die Beziehung zwischen der menschlichen Iris und dem hier dargestellten Tierkreis gezeigt werden.

Die vorliegende Abhandlung basiert auf von mir veröffentlichten Arbeiten zu der Relation zwischen der klassischen Iridologie und dem klassischen Schema der Astrologie[1] und auf dem von mir hierzu veröffentlichten Poster.[2]

---

[*] Aus dem Spanischen übertragen von Sigrid Hillemann.

Linke
Iris

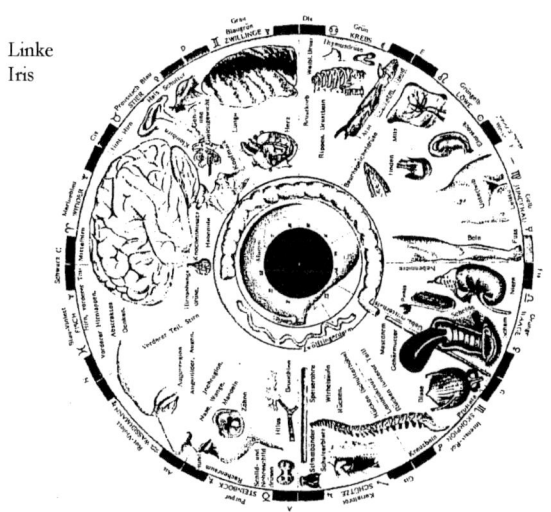

Rechte
Iris

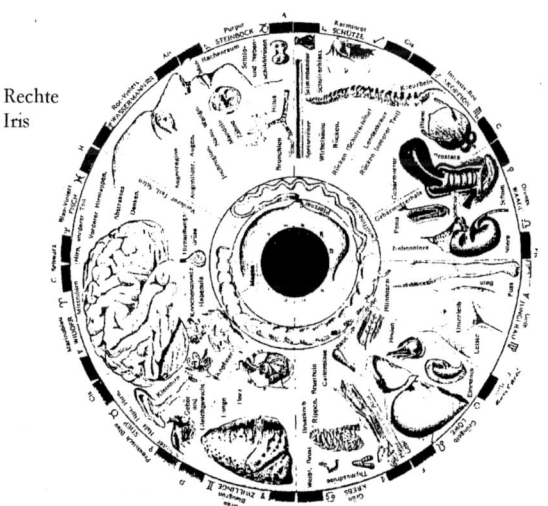

Abbildung 1: Relation Iris und Astrologie

75

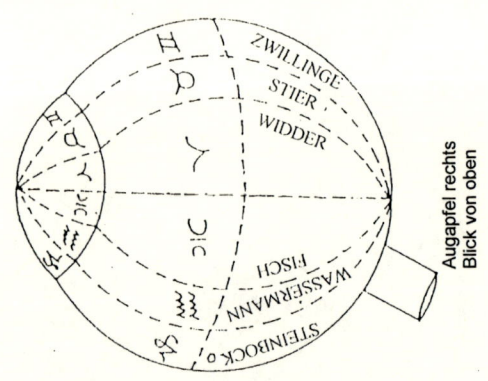

Augapfel rechts
Blick von oben

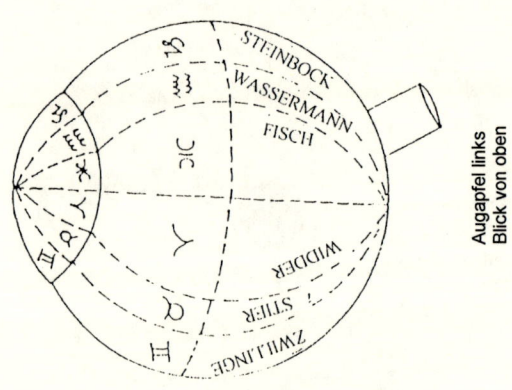

Augapfel links
Blick von oben

Abbildung 2: Augapfel und Tierkreis

76

Worin besteht diese Relation?

Die von mir beschriebene Beziehung zwischen der menschlichen Iris und dem Tierkreis beruht in erster Linie auf der auf dem Analogie-Grundsatz basierenden Idee der Übereinstimmung zwischen dem Einzelnen und dem Ganzen. Dieser Grundsatz hat eine gewisse Verbindung zum hermetischen Prinzip, *„Wonach das Obere dem Unteren und das Untere dem Oberen entspricht, zu wirken die Wunder eines Dinges"* (Hermes Trismegistos). Deshalb kann von dem Tierkreis der klassischen Astrologie (geozentrisch) ausgegangen werden – es ist offensichtlich, daß das Individuum bei seiner Geburt das Zentrum seines Universums ist –, welcher die vier Jahreszeiten jeweils in drei Sektoren (Tierkreiszeichen) unterteilt. Ist dieser Kreis festgelegt, dann ist seine Beziehung zur menschlichen Iris so herzustellen, daß die Lungen im Zwillingszeichen erscheinen, die Nieren in der Waage, die Gebärmutter, die Prostata (Drüsenhypertrophie) und die Blase im Skorpion, usw. Das heißt, es müsste eine weitgehende Übereinstimmung mit dem von der traditionellen Astrologie vertretenen Modell bestehen.

Bei meinen Ansatz, den Tierkreis und die menschliche Iris zueinander in Beziehung zu setzen, habe ich das in Abbildung 1 dargestellte Schema erarbeitet:

Die Tagundnachtgleiche des Frühjahres stimmt mit dem oberen Pol der Iris überein. In der linken Iris – Spiegelbild der rechten – läuft der Tierkreis im entgegengesetzten Sinn. Das bedeutet also, die beiden Lungen müssen dem Zwillingszeichen zugeordnet sein, die beiden Nieren der Waage, die Brüste dem Zeichen Krebs, etc., so wie es die Theorien der traditionellen medizinischen Astrologie lehren. Die Irisdiagnose nimmt eine Schlüsselstellung in der Forschung der Astro-Medizin ein und kann als Regelsprache dienen. Die Darstellung des menschlichen Körpers in der Iris ist, bedingt durch die Kreisform derselben, eine perfekte geometrische Struktur, eine Monade oder ein Mandala, welche logischerweise mit dem Tierkreis als einem Mandala, mit dem chromatischen Mandala des zwölfteiligen Farbkreises und dem musikalischen Mandala der zwölfstufigen Tonleiter übereinstimmt.

Die klassische Iridologie der deutschen Schule sowie die Iridologie seit ihren Anfängen (Peczely, Lindlahr) bis in die Gegenwart hinein (Jaroszyc, Eduardo Alfonso, V.L. Ferrándiz, Bidaurrázaga, Jensen, Schumann) legen alle ein Modell zugrunde, das dem von mir vorgeschlagenen fast gleich ist.

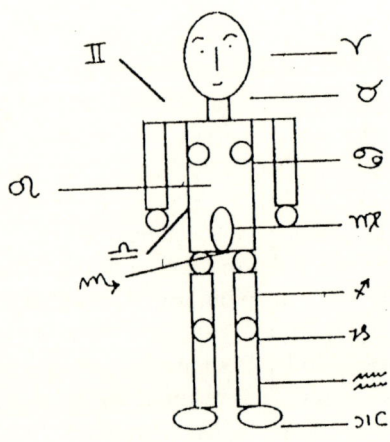

Abbildung 3: Traditionelles astrologisches Modell

In diesem Zusammenhang sei noch angefügt, daß dieses traditionelle, teilweise gültige Modell nicht das einzige ist, sondern daß es andere gibt (wie zum Beispiel das von mir vorgestellte), die es ergänzen und sogar verbessern können. So äussert sich André Barbault zu dem traditionellen Schema wie folgt:

> *„Im Altertum wurde das Abbild eines himmlischen Menschen verwendet, der mit dem Kopf am Widder-Symbol und mit den Füßen am Fischzeichen eines kosmischen Rades befestigt ist"*, und er fährt fort: *„was keineswegs eine gleichmäßige Verteilung bedeutet"[9].*

Andererseits erscheint es doch etwas übertrieben, den Beinen vier Tierkreiszeichen (ein Drittel) zuzuordenen, und das besonders dann, wenn die in Struktur und Volumen ähnlichen Arme nur einem einzigen Zeichen zugeordnet werden, das nach dem traditionellen System der Zwillingsfigur und nach meiner Ausarbeitung dem Krebs entspricht.

Dr. Adolfo Weiss hat bereits bezüglich der Vorgehensweise in der medizinischen Astrologie ausgeführt:

„Sie beruht einerseits auf der Möglichkeit, astrologisch die nach anderen Methoden festgestellten konstitutionellen Merkmale zu überprüfen. Stimmen diese beiden Ergebnisse überein, so wird dadurch andererseits der Sicherheitsfaktor erhöht"[4].

Meinerseits bin ich davon überzeugt, daß die Augendiagnose als Teil der genannten „anderen Methoden" einen entscheidenden Einfluss auf die medizinische Astrologie hat.

In meinem farbigen Astro-Iridiologie Poster gibt es eine graphische Darstellung, in welcher die menschlichen Körperteile als Synthese in der rechten Iris erscheinen, wobei die linke Iris in entgegengesetzter Abrollung, also der rechten Iris überlagert gesehen wird, so als ob man von der Rückseite sehen würde. Auf diese Weise stimmen die beiden Lungen in den Zwillingen, die beiden Nieren in der Waage, etc., überein. In der rechten Iris ergibt sich überraschenderweise die traditionelle Zuordnung der Tierkreiszeichen (in entgegengesetzter Richtung zum Uhrzeigersinn). Der menschliche Körper kann also in Verbindung zu den zwölf Tierkreiszeichen, den zwölf Grundfarben des Spektrums und den zwölf Noten der Tonleiter betrachtet werden:

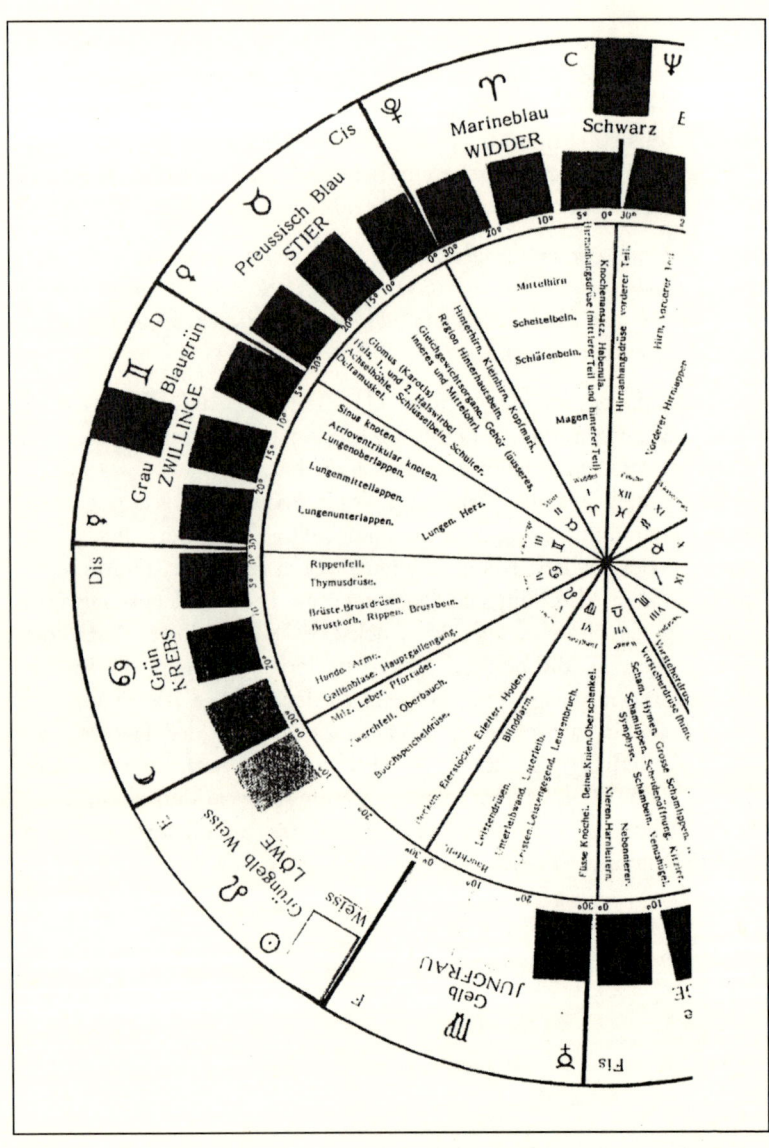

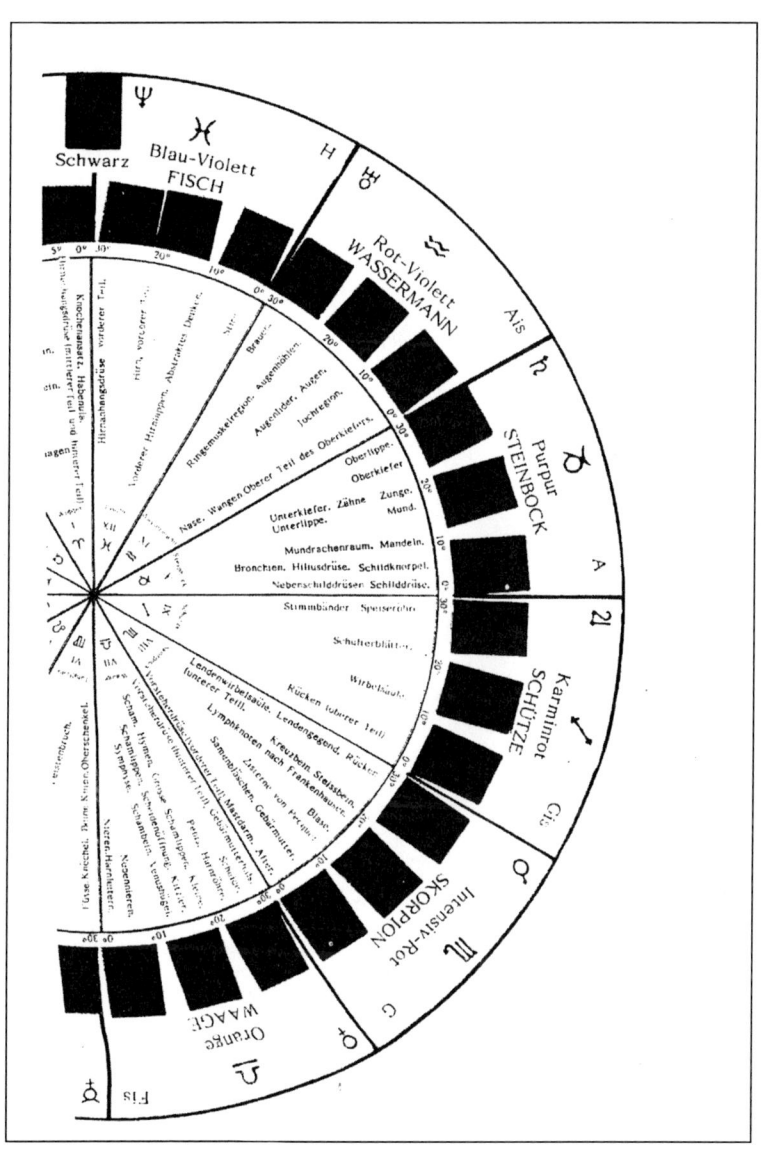

Abbildung 4: Menschliche Körperteile als Symthese in der rechten Iris

Widder

von 0° bis 5°:	Hirnanhang: Hypophysis (mittlerer und hinterer Teil). Mittellappen, Neurohypophyse
von 0° bis 20°:	Zirbeldrüse (Epiphyse), Habenula.
von 0° bis 30°:	Mittelhirn. Scheitelbein, Schläfenbein, Magen (Magen und Magengrund).

Stier

von 0° bis 10°:	Hinterhirn, Kleinhirn, Kopfmark, Region Hinterhauptsbein.
von 10° bis 15°:	Gleichgewichtsorgane, Gehör (äußeres und inneres Ohr, Mittelohr).
von 17,5° bis 20°	Glomus (Karotis).
von 10° bis 20°:	Hals, 1. und 2. Halswirbel.
von 20° bis 30°:	Achselhöhle, Schlüsselbein, Schulter, Deltamuskel.

Zwillinge

von 2,5° bis 5°:	Sinusknoten.
von 5° bis 15°:	Atrioventrikularknoten.
von 0° bis 10°:	Lungenoberlappen.
von 10° bis 20°:	Lungenmittellappen.
von 20° bis 30°:	Lungenunterlappen.
von 0° bis 30°:	Lungen, Herz.

Krebs

von 0° bis 5°:	Rippenfell.
von 2,5° bis 7,5°:	Thymusdrüse.
von 12,5° bis 17,5°:	Brust, Brustdrüse.
von 5° bis 20°:	Brustkorb, Rippen, Brustbein.
von 20° bis 27,5°:	Hand, Ellbogen, Arm.
von 25° bis 30°:	Gallenblase, Hauptgallengang.

Löwe

von 0° bis 12,5°:	Leber, Milz, Pfortader.
von 12,5° bis 20°:	Zwerchfell, Oberbauch.
von 20° bis 30°:	Eierstöcke, Eileiter, Hoden.
von 0° bis 30°:	Bauchspeicheldrüse.

Jungfrau
von 0° bis 7,5°:	Blinddarm.
von 0° bis 15°:	Unterleibwand, Unterleib.
von 10° bis 12,5°:	Leistendrüsen.
von 10° bis 20°:	Leiste, Leistengegend, Leistenbruch.
von 0° bis 20°:	Bauchfell.
von 20° bis 30°:	Fuß, Knöchel, Bein, Knie, Oberschenkel.

Waage
von 0° bis 10°:	Niere, Harnleiter.
von 5° bis 10°:	Nebennieren.
von 10° bis 20°:	Scham, Hymen, große Schamlippen kleine Schamlippen, Scheidenöffnung Klitoris, Symphyse, Schambein, Venushügel.
von 20° bis 27,5°:	Scheide.
von 10° bis 27,5°:	Penis, Harnröhre.
von 27,5° bis 30°:	Gebärmutterhals, Vorsteherdrüse

Skorpion
von 0° bis 5°:	Vorsteherdrüse (Drüsenhypertrophie)
von 0° bis 10°:	Gebärmutter, Samenbläschen.
von 2,5° bis 7,5°:	Mastdarm, After, Hämorrhoiden.
von 10° bis 12,5°:	Harnröhre.
von 12,5° bis 17,5°:	Blase.
von 15° bis 20°:	Steissbein, Kreuzbein, Lymphknoten nach Frankenhäuser.
von 20° bis 30°:	Lendenwirbelsäule, Lendengegend, Rücken (unterer Teil).

Schütze
von 15° bis 25°:	Schulterblatt.
von 25° bis 30°:	Stimmbänder, Speiseröhre.
von 0° bis 30°:	Wirbelsäule, Rücken (oberer Teil).

Steinbock
von 0° bis 5°:	Schilddrüse, Nebenschilddrüse.
von 0° bis 7,5°:	Schildknorpel.

von 15° bis 20°:	Mundrachenraum, Mandeln.
von 20° bis 25°:	Unterkiefer, Zähne (Unterkiefer), Unterlippe.
von 25° bis 30°:	Unterer Teil des Oberkiefers, Zähne (Oberkiefer), Oberlippe.
von 15° bis 30°:	Mund.
von 15° bis 25°:	Zunge, Rachen.
von 0° bis 30°:	Bronchien, Hiliusdrüse.

Wassermann

von 0° bis 17,5°:	Nase, Wange, Oberer Teil des Oberkiefers.
von 0° bis 25°	Jochregion.
von 20° bis 27,5°:	Ringemuskelregion, Augenhöhlen Augenlider, Augen.
von 27,5° bis 30°:	Brauen.
von 25° bis 30°:	Schläfe.

Fische

| von 25° bis 30°: | Hirnanhangsdrüse (vorderer Teil), Adenohypophyse. |
| von 0° bis 30°: | Stirn, Hirn, vorderer Teil, vorderer Hirnlappen, Abstraktes Denken. |

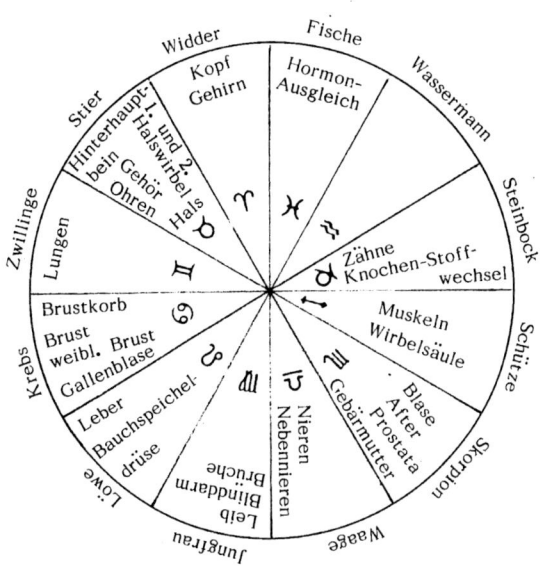

Abbilsung 5: Organe nach Iridologie und Astrologie in einem Kreis

In Abbildung 5 sind die Organe sowohl nach der traditionellen Astrologie als auch nach der Iridologie in einem einzigen Kreis angeordnet:

Beschreibung der Methode

Zwei anscheinend so unterschiedliche Kraftzentren (Monaden) wie der Tierkreis und die menschliche Iris wurden in Beziehung zueinander gestellt. Das heißt, das Gesetz welches die Tierkreiszeichen der Ekliptik und das Gesetz welches die Zuordnung der einzelnen Körperteile zu bestimmten Sektoren der Iris bestimmt sind identisch. Folglich unterliegen der Tierkreis und die menschliche Iris der gleichen Gesetzmäßigkeit.

Daß dem so ist, wird durch die Überlieferung der Tradition bestätigt. Die Zuordnung der Körperteile zu den verschiedenen

Tierkreiszeichen, mit der Zuordnung der genannten Körperteile in der Iris stimmen größtenteils überein. Die rechte und die linke Iris sind als identisch anzusehen, d.h. die Beziehung zwischen dem Tierkreis und der Iris gelten sowohl für die eine als auch für die andere, da beide fast gleich, wenn auch symmetrisch sind. Der auf die rechte Iris übertragene Tierkreis läuft dem Uhrzeigersinn entgegengesetzt, während der gleiche Tierkreis auf der linken Iris im Uhrzeigersinn abläuft. Dort, wo zwei Organe zusammentreffen, wie zum Beispiel Leber und Milz im Löwen, werden beide dem gleichen Zeichen zugeordnet.

Es wurde eine iridologische Karte angelegt, wobei die Topographie der linken und rechten Iris übereinander gelegt wurde. Als Basis wird von der rechten Iris ausgegangen. Null Grad Widder (Tagundnachtgleiche im Frühjahr) und der obere Punkt der Vertikalachse des Iris stimmen überein.

Die Folgerungen, die sich aus der Verbindung der Astrologie mit der Iridologie ergeben, zentrieren sich auf zwei Absätze:

1. Die Beziehung zwischen den Tierkreiszeichen und den verschiedenen Körperteilen in der Überlieferung durch die traditionelle Astrologie ist in einigen Fällen zwar zutreffend, in vielen anderen jedoch falsch.

2. Die Beziehung zwischen den verschiedenen Sektoren der Iris und den einzelnen Teilen des menschlichen Körpers, wie sie von bestimmten Tendenzen innerhalb der Iridologie beschrieben wird, ist zum größten Teil korrekt, aber in einigen Fällen falsch.

Durch die Synthese der beiden Wissenschaften ist es also möglich, Irrtümer richtigzustellen. Danach ergibt sich zum Beispiel, daß das Herz nicht dem Löwen, sondern den Zwillingen entspricht, usw.

Die Erstellung der Diagnose

Bei der Augendiagnose geht man davon aus, daß es Veränderungen gibt, die durch ihr Auftreten in einem bestimmten Sektor anzeigen, daß dieser (zum Beispiel ein Organ) betroffen ist. Dies kann jedoch nicht in allen Fällen bestätigt werden, weil sich manchmal ein dunkler Fleck (Pigment) oder eine Lagune in dem einem bestimmten Organ zugeordneten Irisfeld zeigen, ohne daß bereits ein klares Krankheitsbild diagnostiziert werden kann. Bei einer großen Zahl von Krankheitsfällen besteht allerdings eine Verbindung zwischen den in der Iris vorhandenen Flecken (oder Zeichen) und dem Krankheitsbild des Patienten.

Bei den in der Iris auftretenden Veränderungen handelt es sich in erster Linie um Flecken (Lipofuscin, Urosein), Krypten (Risse im Irisgewebe) und Fettansammlungen (weiße bzw. gelbliche Verfärbungen).

Meinerseits habe ich seit Jahren unter Zugrundelegung der von mir erarbeiteten Iris-Tierkreis-Relation feststellen können, daß die erwähnten Veränderungen mit Planetenanhäufungen zum Zeitpunkt der Geburt der betreffenden Person übereinstimmen.

Krankheitsfälle

Drei Fälle möchte ich hier vorstellen, die für mich aufgrund der daraus gewonnenen Erkenntnisse von außerordentlicher Bedeutung sind.

Fall 1: Patient, 65 Jahre alt, Leberkrebs

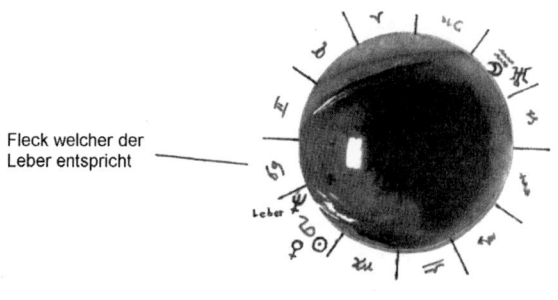

Fleck welcher der Leber entspricht

Rechte Iris

Abbildung 6: Rechte Iris Fall 1

87

Wie man feststellen kann, treffen in dem der Leber zugeordneten Löwezeichen ein Flecken und mehrere Planeten auf der Achse Löwe-Wassermann zusammen. Im Krankenhaus hatte man zunächst Lungenkrebs diagnostiziert, bis sich dann der von mir diagnostizierte Leberkrebs bestätigte. Anzufügen ist noch, daß der Patient verstarb, als Saturn im Transit durch das Tierkreiszeichen Löwe bzw. die konfliktive Zone lief.

Wie wir sehen können, ist bei der Erstellung der Irisdiagnose eine Prognose äußerst schwierig. Stellt man jedoch eine Verbindung zum Tierkreis her, so ist diese Prognose sehr wohl möglich. Sie basiert auf den günstigen oder problematischen Transiten oder Progressionen und darauf, ob sie in den pathologischen Sektoren der Iris und in konfliktträchtigen Zonen des Geburtshoroskops oder auch in beiden zugleich stattfinden.

Fall 2: Geburtsdatum: 15 November 1962, um 0 Uhr 45 Min., A.M., H. O., Galicien (Spanien).

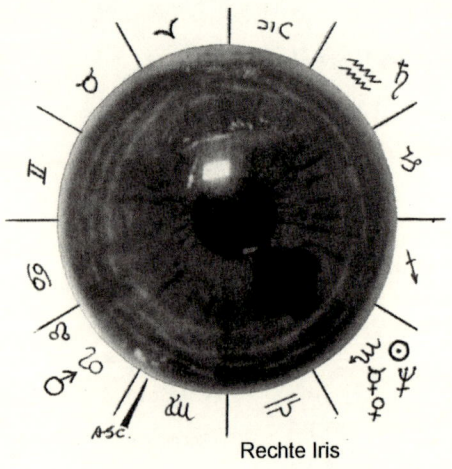

Rechte Iris

Abbildung 7: Rechte Iris Fall 2

88

Kurze Anamnese: Mit sieben Jahren, Mandeloperation; März 1979: eingeleitete Schwangerschaftsunterbrechung.

März/April 1982: Schwangerschaftsunterbrechung mit Gebärmutterperforation. Entfernung der Gebärmutter. Blinddarmoperation.

Bild der rechten Iris: Der Sexualbereich ist stark befallen. Scheide-Gebärmutter. Stark ausgeprägte Nervositätsringe, im sympathischen Bereich vorherrschend.

Astro-Iridographie: Große und wichtige Anhäufung von Planeten in dem Bereich mit dem großen braunen Fleck in der Iris. Die ungünstige Konstellation wird durch Mars im Löwen (90°, Quadratur) verstärkt. Mars wird symbolisch mit Chirugie, Blutungen, Zerstörung (in diesem Fall ungünstig), gleichgesetzt. Mars ist der Regent der Geburtssonne der Patientin, er steht in Opposition zu Saturn im Wassermann, welcher wiederum die Radixsonne im 90°-Winkel stark aspektiert.

Der Flecken im Skorpionbereich stimmt mit mehreren Planeten überein, die sich im Quadrat zu Saturn und Mars befinden. Die Tatsache, daß diese Flecken (im Gebärmutterbereich) bereits vor den beiden Aborten in der Iris der Patientin vorhanden waren, veranlaßte mich zur Erforschung der Beziehung zwischen genetischen Faktoren (viele Irisflecken stehen mit dem genetischen Material in Verbindung) und der Umwelt. Dieser Fall ist von großem Interesse, da die in der Gebärmutter entstandene Pathologie ganz geprägt ist durch die Genetik, wie der intensive Flecken im Gebärmuttersektor klar belegt, sowie durch die Umwelt, was die beiden Abbrüche anzeigen, die in Funktion zu den äußeren Gegebenheiten stehen (Partnerbeziehung, Schwangerschaften und die Ärzte bzw Chirurgen bei der Schwangerschaftsunterbrechung und der Gebärmutterentfernung). Andererseits ist auch die Stellung von mehreren Planeten im Skorpion zu beachten (in der Iris der Gebärmutter zugeordnet). Dieser Umstand ließ mich an eine Beziehung zwischen dem Genotyp (von der Genetik bestimmte Faktoren) und der Peristase (umweltbedingte Faktoren) denken. Beide zusammen – der Genotyp und die Peristase – bilden den Phänotyp.

Ich beschloss, mich mit diesem Thema näher zu beschäftigen und erinnerte mich an die Erfahrungen von Dr. Kallmann vom Psychiatrischen Institut in New York, der über 30 Jahre hinweg ca. 27.000 Fälle von eineiigen Zwillingen untersucht hatte. Eine seiner Aussagen dazu ist:

„Jedes Lebewesen trägt eine Uhr in sich, die im Augenblick seiner Geburt eingestellt wird und die vor allen Dingen die Krankheiten und Unfälle vorbestimmt"[5].

Watson und Crick, die Entdecker der DNA-Spirale, haben folgendes geschrieben:

„Der genetische Code verhält sich wie eine gestanzte Programmkarte und es ist uns vorbestimmt, daß jede Information dieses Codes dank dem DNA zum programmierten Zeitpunkt realisiert wird"[6].

Überraschend ist die Feststellung, daß möglicherweise die Umwelt von der in der im DNA enthaltenen Information abhängig ist, wie zum Beispiel die Tatsache, daß zwei eineiige Zwillinge am gleichen Tag (getrennt) einen Verkehrsunfall erleiden (in einem nicht von ihnen gesteuerten Fahrzeug). Das brachte mich zu der Überlegung: „gleichartige Genetik – gleichartige Peristase". Auch wenn sich diese Vermutung nur in einigen wenigen Fällen bestätigt, so ist es doch ausreichend, um uns an die vielen Möglichkeiten denken zu lassen, die bezüglich des Determinismus bestehen. Denn wie C. G. Jung bereits ausführte, wäre das Erscheinen einer einzigen Seejungfrau für die Bestätigung ihrer Existenz ausreichend, und es bedürfte keiner statistischen Studie.

Ich bin also der Meinung, daß es verschiedene Möglichkeiten bezüglich der Relationen zwischen dem Genotyp (der Genetik) und den Umwelteinflüssen (Peristase) gibt:

1. Hypothese soziologischer Schulen, die den Standpunkt vertreten, daß die grundsätzliche Bestimmung des Individuums auf der Peristase basiert, also von der Umwelt (Erziehung etc.) ausgeht.

$$\frac{\text{Peristase}}{\text{Genotyp}} > 1$$

2. Hypothese der Genetiker (wie Watson und Crick), die vertreten, daß fast alles in der genetischen Struktur vorgegeben ist.

$$\frac{\text{Peristase}}{\text{Genotyp}} < 1$$

3. Hypothese, nach der ungefähr je 50% von der Genetik und von der Umwelt bestimmt werden.

$$\text{Peristase} + \text{Genotyp} = 1 = \text{Phänotyp}$$

4. Meine persönliche Hypothese geht davon aus, daß wahrscheinlich die Erbfaktoren (genetisches Material) das gleiche Programm enthalten wie die Umwelteinflüsse. Also Genetik = Peristase. Das bedeutet, daß es eine Übereinstimmung gibt zwischen dem Kontakt der genetischen Veranlagung und den Umwelteinflüssen.[7]

$$\frac{\text{Peristase}}{\text{Genotyp}} = 1$$

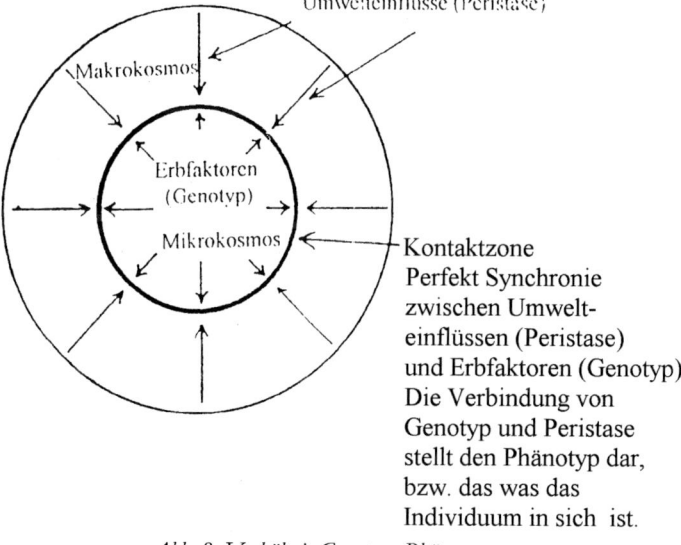

Abb. 8: Verhältnis Genotyp - Phänotyp

Nach dieser Hypothese, die ich bereits bei mehreren Gelegenheiten vorgetragen habe, handelt es sich also nicht um einen Teileinfluß durch das Milieu, vielmehr haben der genetische Code und die Umwelt das gleiche Programm. Die Information wäre also zu 100% in der Erbanlage und zu 100% in der Umwelt vorhanden (Veranlagung und Umwelt hätten die gleiche Information bzw. das gleiche Programm). Wie ich bereits weiter oben ausgeführt habe, kann die Information des Universums, als Ganzheit betrachtet, in jedem Teil dieses Universums enthalten sein. Das Sonnensystem stellt durch die Positionen der Planeten im Tierkreis zum Zeitpunkt der Geburt einen dieser Teile dar, in dem die Information bezüglich der Peristase enthalten ist. Für diese Übereinstimmung zwischen dem Teil und dem Ganzen möchte ich als Beispiel den menschlichen Körper nennen. Jeder Zellkern enthält die gleiche genetische Information wie die Gonaden der Keimzellen (die Gonaden enthalten die Information des Organismus als Ganzheit, und jede Zelle ist ein Teil davon).

Zu dieser Schlußfolgerung kam ich aufgrund der Verbindung zwischen der Astrologie und der menschlichen Iris. Und das war der Anlaß dazu, daß ich mich erneut mit der Synchronizitätsidee von C. G. Jung und mit dem Paradoxon Einstein-Podolsky-Rosen und anderen biologischen Hypothesen beschäftigt habe.

Ich muß in diesem Zusammenhang erneut betonen, daß es sich bei der besagten Verbindung Tierkreis und menschliche Iris um eine auf dem Analogiegrundsatz beruhende Relation handelt, das heißt, einen Grundsatz, nach dem ein Teil identisch mit dem Ganzen bzw. sein Spiegelbild ist. Das wiederum würde bedeuten, daß jedes Teil des Universums identisch mit der Gesamtheit seiner anderen Teile bzw. deren Spiegelbild ist. Diese Überlegung basiert auf dem „Hologramm-Prinzip" aus der Philosophie der Wissenschaft.[8] In einem Hologramm erscheint auf dem verwendeten Film das Gesamtbild in jedem einzelnen der kleinen Raster, die die Gesamtheit des Films ausmachen.

Nach diesem Modell werden in der Beziehung Tierkreis-Iris zwei Formen – die des Tierkreises und der Iris – miteinander verglichen. Diese Relation könnte falsch sein und es hätte keinen Sinn, weiter über dieses Thema zu sprechen. Wenn sie richtig ist, wie ich selbst feststellen durfte, dann ist sie in sich richtig, das heißt, die Koinzidenz existiert. Ich meinerseits habe mich darauf beschränkt, die erwähnte Verbindung zwischen menschlicher Iris und Tierkreis nach bestem Wissen herzustellen und versuche derzeit mit Fällen aus der täglichen Praxis statistisch zu überprüfen, ob dieser Bezug immer zutrifft, und den Grund für eine eventuell nicht vorhandene Übereinstimmung zu finden.

Auf jeden Fall zeigt uns die Relation bzw. Identität von Modellen die Präponderanz der Verbindung zwischen Formen (etwas Qualitatives) über das rein Quantitative (Statistik) an. Wer von der Richtigkeit der Beziehung Tierkreis und menschliche Iris ausgeht und sie benutzt, kann sich von Anfang an davon überzeugen.

Bezüglich der Bedeutung der Form möchte ich auf Platon Bezug nehmen, für den die Seele die Form bedeutet. Diese Idee wurde von den Arabern aufgegriffen und übernommen. Bei meiner Arbeit geht es darum, auf der Grundlage der Form die Struktur des Tierkreises auf verschiedene Diziplinen zu übertragen: das Verhältnis des Tierkreises zur Farbe[9], zur Musik,[10] zum Hexaemeron bzw. den sechs Richtungen im Raum.[11] Darüber hinaus untersuche ich zur Reduzierung der zwölf Tierkreis-Archetypen deren Essenz bzw. deren Ursprung.[12]

Die Form ist ausschlaggebend; sie scheint ohne die Materie zu wirken. Die Biokatalysatoren (Hormone, Vitamine) werden über die Form wirksam. Das Sonnenlicht bewirkt als Katalysator (informiert), daß die Pflanzen Glukose aus dem Kohlenstoff und Wasser bilden.

Die Überlegung, das Ganze zu dem Teil in Beziehung zu setzen, ist nicht auf die Astrologie beschränkt. Die Wissenschaft hat sich dieser Vorstellung bereits einige Male bedient, und Haeckel (1834-1919) zeigte mit ihrer Hilfe die Beziehung zwischen der Ontogenese (Entwicklung des Lebewesens) und der Phylogenese (Entwicklung der Spezies) auf. Er formulierte das bekannte biogenetische Grundgesetz, wonach die Individualentwicklung der Lebewesen weitgehend mit der Stammesgeschichte überstimmt, die Ontogenese also eine Zusammenfassung der Phylogenese darstellt.

Meine Dissertation[13] enthält bereits einige Überlegungen zu der Synchronitätshypothese in der Astrologie, die auf die Relation Tierkreis und menschliche Iris anwendbar sind. Die Übereinstimmung zwischen Tierkreis und menschlicher Iris ist der von zwei Monaden vergleichbar (ein von Leibniz und Giordano Bruno verwendeter Begriff, den ich auf die Verbindung Zodiak Iris und andere angewendet habe). Die Identität zwischen dem Ganzen und dem Teil ist die Übereinstimmung zwischen zwei Monaden. Die Übereinstimmung zwischen zwei „Teilen" des „Ganzen" ist die Identität zweier Monaden, enthalten in der großen Monade, welche das Ganze darstellt.

Anmerkungen

1 Verdú, Francisco T. *Iridología práctica, astroiridología,* Valencia, 1989.
2 Verdú, Francisco T. *Mundus maior et mundus minor, astroiridología (poster)*, Valencia, 1989.
3 Barbault, André. *Defensa e ilustración de la astrología,* Barcelona, 1965.
4 Weiss, Adolfo. *Astrología racional.* Buenos Aires, 1973, pp. 418-432. *Die Bausteine der Astrologie,* München, 1924/25 und 1935.
5 Gauquelin, Michel, *La astrología ante la ciencia,* Barcelona, 1969, pp. 46-47.
6 siehe Anmerkung 5, S. 46f.
7 siehe Anmerkung 1, S. 17f.
8 Morin, Edgar. *El método, el conocimiento del conocimiento,* Madrid, 1986. S. 112.
9 siehe Anmerkung 2.
10 Verdú, Francisco T. *Simbolismo direccional, el hexamerón o el lenguaje de la naturaleza,* Valencia, 1985.
11 siehe Anmerkung 10.
12 Verdú, Francisco T. *Bases conceptuales para una adecuada introducción la Astrología.* Valencia, 1981.
13 Verdú, Francisco T. *Introducción general al estudio de la Astrología.* Valencia, 1990. Dissertation in Departamento de Historia de la Filosofía. Facultad de Filosofía. Universidad de Valencia.

Astrologie und Homöopathie

„Im Universum gibt es keine zwei gleichen Dinge. Das gilt für die Krankheiten und die Kranken, genauso wie für die tausend Kristalle eines Salzes. Es gibt auch keine zwei gleichen Sterne. Wenn der Arzt das einmal erkannt hat, weiß er, daß kein Heilmittel durch ein anderes ersetzt werden kann."

James Tyler Kent, 1849-1916[1]

Es ist also wie mit der berühmten Stecknadel im Heuhaufen. Um die zu finden, die sticht, respektive aus über 700 homöopathischen Mitteln dasjenige, das heilt, hat Kent ein über 2000 Seiten starkes REPERTORIUM DER HOMÖOPATHISCHEN MATERIA MEDICA verfaßt. Dort sind die meisten der bei der Arzneimittelprüfung am Gesunden (eine der drei Säulen der Homöopathie) gefundenen Symptome aufgelistet. Eine etwas neuere Arzneimittellehre wie die von Boericke, erwähnt schon mehr als doppelt so viele Mittel. Laufend kommen weitere mehr oder weniger gut geprüfte Stoffe hinzu. Ein dem „Kent" vergleichbares astrologisches Standardwerk, die weit über die eigene Schule hinaus akzeptierte und verbreitete KOMBINATION DER GESTIRN-EINFLÜSSE (KdG) von Reinhold Ebertin listet immerhin 858 Halbsummenentsprechungen von drei aus dreizehn astrologischen Faktoren auf. Die Vielfalt und Komplexität der Klassischen Homöopathie scheint der Vielfalt und Komplexität astrologischer Strukturen ebenbürtig. Der methodische Unterschied besteht darin, daß die Klassische Homöopathie von den beim Patienten gefundenen Symptomen, dem individuellen Krankheitsbild als zweiter Säule der Homöopathie, ausgeht, um eine bedeutsame Struktur, eben das entsprechende Arzneimittel zu erkennen, während die Astrologie von bedeutsamen Strukturen ausgeht, um daraus symptomatische Aussagen über den Klienten abzuleiten.

Die Zuordnung von Stoffen aus dem Naturreich – dem Mikrokosmos – zu den Erscheinungen des Himmels – dem Makrokosmos – hat eine lange, wenn auch ziemlich schematische Tradition.

Vor allem der berühmte englische Kräuterarzt des 17. Jahrhunderts Nicholas Culpeper hatte eine genaue Katalogisierung der Zugehörigkeit der Pflanzen zu den Planetenprinzipien verfaßt[2], worauf in späteren Werken der Alchemie, Spagyrik[3],Signaturenlehre und Astrologie immer wieder Bezug genommen wird. Die geistige Grundlage dafür stammt jedoch von einem Mann, für den Gestirn, Pflanze, Mineral und Organ des Menschen **eins** waren: Paracelsus. Verschiedene Stoffe waren Ausdruck **eines** geistigen Prinzips, das sich durch das entsprechende *astrum* (Gestirn, jedoch nicht die materielle Substanz des Gestirns) ausdrücken läßt. „Denn Saturn ist nicht allein am Himmel, sondern in den Tiefen des Meeres und in den Klüften der Erde. *Melissa* ist nicht nur im Garten, sondern auch in der Luft und im Himmel. Was meint ihr, daß Venus anderes sei als *artemisia* (Beifuß)? Was *artemisia* anderes als Venus? Was sind sie beide? *Matrix, conceptio, vasa spermatica* (Gebärmutter, Empfängnis, Samengefäße). Was ist demnach *ferrum* (Eisen)? Nichts als Mars, was Mars? Nichts als *ferrum*, das heißt, sie sind beides, *ferrum* und Mars, und dasselbe ist auch *urtica* (Brennessel), ist auch *tereniabin quarta* (Himmelstau, Manna) – und alle sind sie *eins!*"[4] Dies ist die Grundlage einer Signaturenlehre, die die materialistische Medizin seiner Zeit radikal in Frage gestellt hat.

Die der wissenschaftlichen Heilkunde des 16. Jahrhunderts zugrundeliegende Lehre der galenischen Humoralpathologie fußt auf der Annahme, daß ein Mißverhältnis der Säftemischung (Dyskrasie) bzw. der astrologischen Elementeverteilung durch Gabe eines Stoffes der entgegengesetzten Qualität beseitigt würde: Contraria contrariis, das Prinzip der Allopathie. Diesem Denken war auch lange Zeit die Astrologie mit ihrem System von Übeltäter und Wohltäter verhaftet, als erstrebenswert galt der Ausgleich von Spannungen durch harmonische Aspekte.

> *„Der Wille Gottes ist das arcanum, das in den natürlichen Dingen ist."*
> Paracelsus, 1493 - 1541[5]

Ganz anders der paracelsische Ansatz des Gleichen mit Gleichem zu heilen, ein isopathisches Heilprinzip. „Also das, was den Menschen auf natürliche Weise befällt, kann auf natürliche Weise mit dem abgewendet werden, woraus er gemacht ist".[6] Es kommt nur darauf an, „das für die spezifische Krankheit eines Menschen wirksame arcanum aus den natürlichen Dingen herauszuziehen."[7] „Alle *arcana* sind derart beschaffen, daß sie ohne *materia* und ohne *corpus* ihr Werk vollbringen. Denn die Krankheiten sind nicht *corpora*, darum muß **Geist gegen Geist** (Hervorhebung vom Verfasser) gebraucht werden".[8] Um paracelsische Arznei (arcana) zuzubereiten, muß der Erdenanteil durch alchemistische Scheidung unter Berücksichtigung der Gesetzmäßigkeiten des Himmels, der Qualität der Zeit, von den Ausgangsstoffen genommen werden. Die heutige Vereinnahmung von Paracelsus durch die Pharmaindustrie spricht dieser Methode Hohn. Lediglich spagyrische Arzneimittel und einige Spezialmittel der tibetischen Medizin werden noch nach alchemistischen und astrologischen Gesichtspunkten hergestellt.

Ähnliches wie Paracelsus hatte Samuel Hahnemann, der Begründer der Klassischen Homöopathie (1755 -1843), im Sinn, als er den Erdenanteil der Stoffe, ihre potentielle Giftwirkung, durch den Vorgang der Potenzierung schied, einer schrittweisen rhythmischen Verdünnung und gleichzeitigen Dynamisierung. In etwa finden wir den Begriff des *arcanum* bei Hahnemann als *dynamis* (Lebenskraft) wieder. Er tauschte nur das alchemistische gegen das rhythmische Prinzip. Paracelsus war Skorpion (Alchemie) mit Schütze-Mond (*arcanum*), Hahnemann doppelter Widder (Sonne und Mond), analog zum dynamischen Prinzip, mit einer Jupiter/Uranus-Opposition (Rhythmus). Neu war allerdings, daß Hahnemann die paracelsische Signaturenlehre – ein analoges Erkenntnisprinzip – durch die Arzneimittelprüfung am Gesunden – ein naturwissenschaftliches Erkenntnisprinzip – ersetzte. Hahnemanns Saturn stand genau auf Paracelsus` Uranus[9]. Der Fortschritt besteht darin, einen erweiterten Zugang zum inneren Wesen der Stoffe zu eröffnen. Das so gefundene Arzneimittelbild soll dem individuellen Symptombild des Patienten möglichst ähnlich sein. Es kommt darauf an, das ähnlichste Mittel (*simillimum*) zu finden. Similia similibus curentur, dies stellt die dritte Säule der Homöopathie dar.

Diese Simile-Regel wie auch das paracelsische „Geist gegen Geist" bedeuten für die Astrologie, daß für jede Konstellation, die potentiell krankmachend ist, ein wirksames *arcanum* gefunden werden kann. Das muß nicht unbedingt ein Heilmittel sein, sondern kann sich durchaus auf eine bestimmte Verhaltensweise, mit seiner Anlage umzugehen, beziehen. Kurzum: Einen Choleriker mit Beruhigungsmitteln (Contraria contrariis) oder auch autogenem Training zu dämpfen, widerspricht seiner Natur; die Frage ist, wie er sein Feuer sinnvoll leben kann. Um zur richtigen Erkenntnis zu gelangen, kann unter Umständen Sulfur (Similia similibus) entscheidend beitragen.

Die Signaturenlehre war hauptsächlich auf die Beziehungen der Physiognomik und Morphologie von Stoffen aus dem Naturreich zur menschlichen Anatomie und Physiologie beschränkt und hatte dies in einer einzigen Analogie (*astrum*) zum Ausdruck gebracht. Die homöopathische Arzneimittelprüfung offenbarte eine Vielfalt und Komplexität der Stoffe, die nicht mehr durch Zuordnung nur eines Prinzips zu erfassen war. Infolgedessen geriet die Signaturenlehre in der Homöopathie nach und nach in Vergessenheit. Trotzdem haben einige homöopathische Ärzte an ihr festgehalten, wie J. G. Rademacher oder Emil Schlegel (1852 - 1934), der stets die Kontinuität Paracelsus – Hahnemann betonte. „Nur meine ich, daß das Heil der Signaturenlehre niemals in einzelnen Zeichen der Sinnendinge beruhen könne, obwohl solche nicht sorgfältig und unbefangen genug betrachtet werden können, sondern daß es immer die geistige Zusammenfassung zum eigentlich Charakteristischen wird sein müssen, was den Wert eines solchen Naturdinges bestimmt..."[10].

> *„Wir sind vom Stoff gemacht, aus dem die Träume sind."*
> William Shakespeare

Eine vollständige homöopathische Arzneimittelprüfung ergibt ein weit gespanntes Bild von den Zuständen des Gemüts und des Schlafs über körperliche Symptome bis zu den Eigentümlichkeiten der spezifischen Reaktion auf Umwelteinflüsse wie der Zeit, dem Wetter oder anderen Menschen. Diese innere Zeichensprache

kann mit der klassischen Signaturenlehre der Deutung der Stoffge-
staltung in Verbindung gebracht werden. Scheinbar gegensätzliche
Aussagen lassen sich jetzt nur nicht mehr durch Zuordnung zu
einem kosmischen Prinzip vereinbaren, vielmehr benötigt man
hierzu eine Konstellation von mindestens zwei Faktoren.

Die Schafgarbe, Achillea millefolium, aus der Familie der
Korbblütler mag uns dies verdeutlichen: „Diese zarten, filigranen
Blätter der Pflanze, wohin würden sie besser passen als in das
schöne Gesicht der Göttin der Liebe, Schönheit und Anmut. 'Su-
percilium Veneris', Augenbraue der Venus, dieser Name war das
schönste Kompliment, das man im Mittelalter der Schafgarbe
machte."[12] Das homöopathische Arzneimittelbild von Millefolium
ergibt eine allgemeine Blutungsneigung.[13] Ein deutliches Mars-
Zeichen. Tatsächlich ist in der Blattform der Schafgarbe nicht nur
eine Ähnlichkeit mit den Augenbrauen zu erkennen, sondern auch
eine Zerrissenheit und die Spitzen der kleinen Fiederblättchen, an
deren Enden „eine winzige weiße Stachelborste steht"[14]. Zart und
stachlig, dieser Spannungsbogen läßt sich astrologisch in der
Konstellation Venus-Mars ausdrücken. Wir lesen hierzu in der
KdG von Ebertin[15] u.a. „Menstruationsanomalien, Neigung zu
Krampfadern". Bei Michael Roschers HOROSKOPKON-
STELLATIONEN AUS MEDIZINISCHER SICHT[16] finden wir neben
Krampfadern und einer Fülle weiterer Entsprechungen: „weibli-
che Periode verkürzt, schmerzhaft mit hohem Blutverlust (zusätz-
lich Mond-Mars, Venus-Pluto)". In der Arzneimittellehre von Bo-
ericke lesen wir zu den Symptomen von Millefolium unter der
Rubrik weibliches Genitale: „Menses früh, reichlich, anhaltend.
Uterusblutung; hellrot (ein Hinweis auf sauerstoffreiches arterielles
Blut, also Mars-Analogie, d. Verf.), flüssig. Schmerzhafte Varizen
(Krampfadern) bei der Schwangerschaft"[17]. Das intuitive Erfassen
der Zusammenhänge kommt dadurch zum Ausdruck, daß „im
Allgäu die Schafgarbe immer noch der Jungfrau geweiht wird,
wenn man zu Maria Himmelfahrt einen 'Sang' oder Kräuterbü-
schel bindet."[18]Doch wir haben vorgegriffen, der Mythologie der
Achillea millefolium werden wir uns später zuwenden.

Wolfgang Döbereiner hat als erster den Versuch unternommen,
26 seiner Meinung nach schicksalbestimmenden Konstellationen

70 homöopathische Mittel aus den verschiedenen Reichen (Metall, Mineral, Pflanze, Tier, Nosode (Krankheitserreger)) zuzuordnen.[19]

Ich halte die Beschreibung der Wesenszüge und potentiellen Krankheitsbezüge der jeweiligen Konstellation für den bedeutendsten Fortschritt der medizinischen Astrologie in diesem Jahrhundert. Insbesondere die Erfassung der Steuerungsmechanismen der endokrinen Drüsen in Abhängigkeit der Reaktion auf die Konstellationen der transsaturnischen Planeten sind von unschätzbarem Wert. Auch die dargestellten Arzneimittelbeziehungen sind äußerst aufschlußreich. Einer bestimmten Konstellation jedoch eine Gruppe homöopathischer Mittel zwingend zuzuordnen, sodann der Komplexität des Horoskops durch Kombination verschiedener Mittel (auch noch in Hochpotenzen) Rechnung zu tragen, ist aus Döbereiners Sicht zwar konsequent, mit dem Gedanken und den Erfahrungen der Klassischen Homöopathie allerdings völlig unvereinbar. Michael Roscher hat das in seinem bereits oben erwähnten Werk ASTROLOGIE UND PSYCHO-SOMATIK berücksichtigt und zwingende Zuordnungen vermieden.[20]

Eine astrologische Konstellation hat eine Vielzahl von Entsprechungsmöglichkeiten, die letztlich schon einen einheitlichen Grundzug erkennen lassen, im Einzelnen können jedoch auch verschiedene homöopathische Mittel in Frage kommen. Zu unserem Beispiel Venus–Mars können wir noch weitere Entsprechungen finden: Bei Ebertin die vegetativen Funktionsstörungen und bei Roscher (vielleicht als konkrete Folge) unter vielen anderen Anämie und ein extrem instabiler Blutzuckerspiegel (Diabetes). Im ersten Fall ist meistens der Eisengehalt des Blutes zu gering, ein Mangel an Mars, im zweiten ist oft eine fehlende seelische Geborgenheit, ein Mangel an Liebe oder Venus, im Hintergrund. An homöopathischen Mitteln können sowohl die Eisenverbindungen (z.B. Ferrum phosphoricum) als auch die Kupfermittel (z.B. Cuprum aceticum) in Frage kommen, jedoch auch China, Staphisagria, Arsenicum album oder Natrium chloratum. Die Verwandtschaft von Millefolium zu Ferr. phos. zeigt sich in beider Tendenz des Blutdranges zum Kopf mit heftigem Nasenblut-

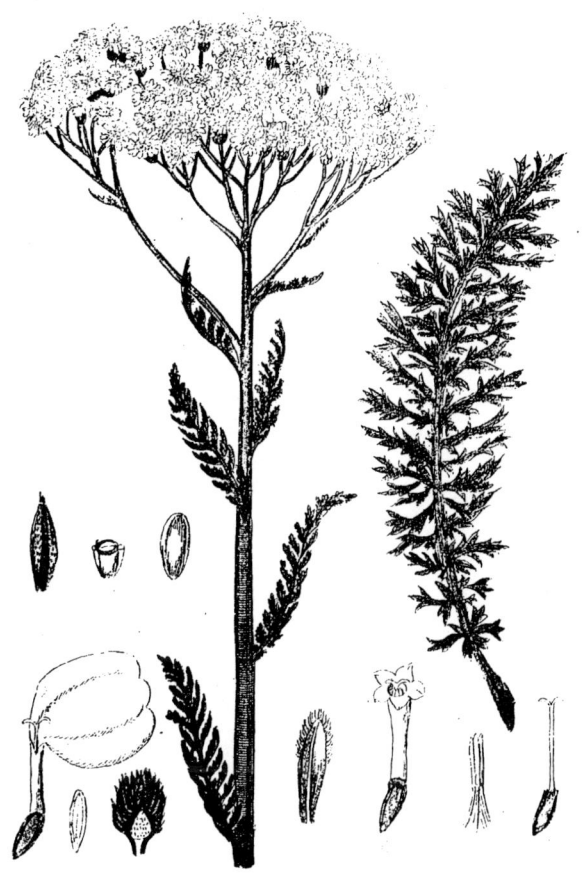

Abb. 1: Achillea milleforum

ten, die Verwandtschaft zu Staph liegt in der Verletzung, Kränkung auf psychischer Ebene (wie wir später noch sehen werden), die sich bei Mill. als innere organische Verletzung, bei Staph. als äußere körperliche Verletzung zeigt. Enttäuschung als Folge eines verletzten Ehrgefühls haben Staph. und Natr. chl. gemeinsam, Staph. zeigt jedoch Entrüstung, Natr. chl. neigt zu innerem Groll.[21] So wenig wie mir eine astrologische Konstellation etwas über den tatsächlichen Hintergrund einer körperlichen Störung aussagen kann, gibt sie mir einen sicheren Hinweis auf das richtige Mittel.

Ein homöopathisches Mittel hat eine Vielzahl von Symptomen, die letztlich schon ein einheitliches Bild ergeben, jedoch im Einzelnen können verschiedenen Symptomen unterschiedliche astrologische Konstellationen entsprechen. In unserem Beispiel der Schafgarbe, Millefolium, sehen wir, daß der oben erwähnte, mit Ferr. phos. gemeinsame Blutandrang zum Kopf sowie das eigenartige Symptom „dauernd hohe Temperatur" (Boericke) durch Venus – Mars keinesfalls zu erklären wäre, jedoch die Konstellation Mars – Jupiter (als Spannungsaspekt oder Jupiter in Haus 1, auch Mars in Schütze) beide Symptome zufriedenstellend abdecken. Die Schafgarbe ist eine relativ anspruchslose, wuchskräftige Pflanze, die nur eines nicht liebt: feuchte Standorte. Dies deutet auf Probleme mit dem Mond – Prinzip hin, in der Tat finden sich im Arzneimittelbild Symptome wie „Brennen im Magen" (Kent) oder „Nasenbluten" (Boericke), die unschwer auf eine Mond/Mars-Konstellation hinweisen, z.B. durch Mond Quadrat Aszendent. Erinnern wir uns an die schmerzhaften Menstruationsblutungen unter Venus-Mars, zusätzlich Mond-Mars und Venus-Pluto (Roscher), so bekommt diese Kombination zunehmend spezifische Züge von Millefolium. Die Venus/Pluto-Thematik ist morphologisch vielleicht am ehesten an der Zerrissenheit der Blattstruktur erkennbar. Das Blatt hat seine ursprüngliche Neigung, eine möglichst große Oberfläche auszubilden, um das eingefangene Sonnenlicht physiologisch effizient in Substanz zu wandeln – ein klares Venusprinzip – aufgegeben zu Gunsten einer Struktur der Selbstähnlichkeit. Die Form des ganzen Blattes findet sich wieder in der Form der Seitenblätter, findet sich wieder in deren Fiederblättchen usw. Die Botaniker nennen dies nüchtern dreifach fiederspaltig. Der Blattumfang erreicht dadurch riesige Werte, für Mathematiker wäre es interessant, einmal die fraktale Dimension der Grenzlinie zu berechnen. In der exakt ausgebildeten Wiederholung eines Strukturprinzips erkennen wir das Plutowesen.

Bis jetzt haben wir bereits vier Konstellationen gefunden, die auf die Schafgarbe zu passen scheinen und die Achillea millefolium ist gewiß kein Mittel, das zu den homöopathischen Polychresten zählt, die durch ihre Universalität einen deutlichen Bezug zu bestimmten Konstitutionstypen aufweisen wie Sulfur, Arsen oder Lycopodium u.v.a.. Von einer möglichen Analogie von Arzneimitteln zu *mehreren* astrologischen Konstellationen auszugehen, macht nur dann Sinn, wenn dadurch die Erkenntnisfähigkeit über das individuelle Krankheitsbild des Patienten erweitert wird, sozusagen auch alle bisher im Verborgenen liegenden Aspekte dem Bewußtsein zugänglich werden. Sonst könnte die klassische homöopathische Anamnese und Arzneimittelfindung genügen.[22] Gerade aber im Bereich der Erfassung frühkindlicher, vorkognitiver Traumata und der Schattenseiten der Persönlichkeit kommt der Astrologie überragende Bedeutung zu.

> *„Nur der Speer, der die Wunde geschlagen, kann sie heilen."*
> Delphisches Orakel, ca. 13. Jh. v.Chr.

Dieser homöopathische Ur-Mythos hat auch etwas mit unserer Schafgarbe zu tun. Telephos, der Sohn von Herakles und König von Mysien, wurde durch den Speer des Achilleus verletzt und seine Wunde wollte trotz aller Anstrengungen nicht heilen. In letzter Verzweiflung befragte er Apollon, und der Orakelspruch stimmte auch Achilleus milde: Dieser kratzte etwas Rost von seinem Speer, den sein Vater Peleus als Hochzeitsgeschenk von dem Kentauren Chiron erhalten hatte. Weiterhin gab Achilleus ihm Schafgarbe, ein Kraut, das auch von seinem heilkundigen Lehrer Chiron stammte, und Telephos genas.[23] Die Analogie rostige Speerspitze – Schafgarbe erkennen wir unschwer in der spitzen Blattform, die Blattfarbe der Schafgarbe ist auffallend dunkelgrün, was auf stark oxydative Vorgänge (Rost) hinweist. Der Speer selbst besteht, wie wir aus Homers Ilias erfahren, aus einem Schaft aus Esche (Saturn), der von Athene poliert wurde (Venus), sowie einer von Hephaistos (Mars) geschmiedeten Spitze. Venus-Saturn, ein Wesenszug, den wir bei der absoluten Treue Achills zu seinem Freund Patroklos wiederfinden (Roscher: Bedürfnis und Fähigkeit zu tiefsten zwischenmenschlichen Bindungen, die aufgrund ihrer Unbedingtheit auf wenige Menschen beschränkt bleiben müssen[24]), drückt im Körperlichen eine Neigung zu Nierensteinen, homöopathisch nach Steinoperationen (Boericke). Mars-Uranus, ein Wesenszug, den Achilleus im Kampf öfters zeigt (nach Roscher „vom Objekt abgekoppelte Zornausbrüche"[25]), wenn er unter seinen Widersachern wütet, im Körperlichen Neigung zu Verletzungen, insbesondere Kopfverletzungen, homöopathisch „stichartige, durchbohrende Schmerzen im Kopf" (Boericke). Die Achillea millefolium macht ihrem Namensgeber alle Ehre! Auch Venus-Mars ist im Speer zu erkennen, Athene und Hephaistos. Bleiben Saturn-Uranus, eine Konstellation, die in der Beziehung von Mill. zur Schwindsucht, der Lungentuberkulose deutlich zum Ausdruck kommt. „Lungenbluten und Bluthusten bei Tuberkulose" (Kent). Döbereiner macht auf den Zusammenhang der Unvereinbarkeit der Eltern (Saturn-Uranus) mit der tuberkulinischen Anlage aufmerksam.[26]

Achilleus stammt aus solch einer Familie: Er hat einen der tapfersten der Sterblichen, Peleus, den Stammvater der Peliden zum Vater und eine der 50 Meeresgöttinen, den Nereiden, mit Namen Thetis zur Mutter.[27] Diese wollte die Unsterblichkeit ihrer Kinder erhalten und setzte sie daher dem Feuer aus. Als Achilleus als siebtes und jüngstes Kind an der Reihe war, wurde sie von Peleus überrascht, der Achill den Flammen entriß. Dieser hatte die Unsterblichkeit bis auf eine kleine Stelle an der Ferse (Achillessehne) bereits erreicht. Nur die Götter, die um diese Stelle wußten, konnten ihn nur mehr tödlich verwunden. Achilleus ist also ein Urbild des von der Göttlichkeit in die Sterblichkeit gefallenen Menschen. Homöopathisch ausgedrückt: „Böse Folgen eines Falles aus der Höhe" (Boericke). Vielleicht erklärt dies die alte volkstümliche Bezeichnung der Schafgarbe als „Heil aller Leiden", „Heil aller Schaden", „Heil aller Welt" und „Gotteshand".[28] Thetis war über die ʻRettungʼ Achills für die Sterblichen gar nicht begeistert und verließ ihre Familie, um sich wieder in die Tiefen des Meeres zurückzuziehen (Mond – Neptun – Mutter). Da sie den noch ungestillten Neugeborenen auf der Erde zurückließ, nannte sie ihn A-Cheilos, „ohne Lippen": Venus-Pluto. Die Venus/Pluto-Problematik zieht sich wie ein roter Faden durch sein späteres Leben. Der Verlust der Mutter wiederholt sich, als ihm die Geliebte

Briseis von seinem späteren Mitstreiter im trojanischen Krieg, Agamemnon, geraubt wird und sein treuer Freund Patroklos im Kampf um Troja in seiner, Achills Rüstung, durch List der Götter fällt. Die Venus/Mars-Analogie finden wir in der „Kindheitserfahrung des nicht gehaltenen Versprechens"[29]; der Seher Kalchas hatte vorausgesagt, daß Troja nicht ohne die Hilfe Achills erobert werden könne; um ihren Sohn nicht zu gefährden, versteckt sie ihn in Mädchenkleidern unter den Mädchen und Frauen des Königshofes von Skyros (Venus-Mars, Geschlechtsrollenproblematik). Erst der listenreiche Odysseus (Sulfur) vermag ihn zu enttarnen. Die verdrängte Kämpferseele (Plutoprinzip) meldet sich zu Wort.

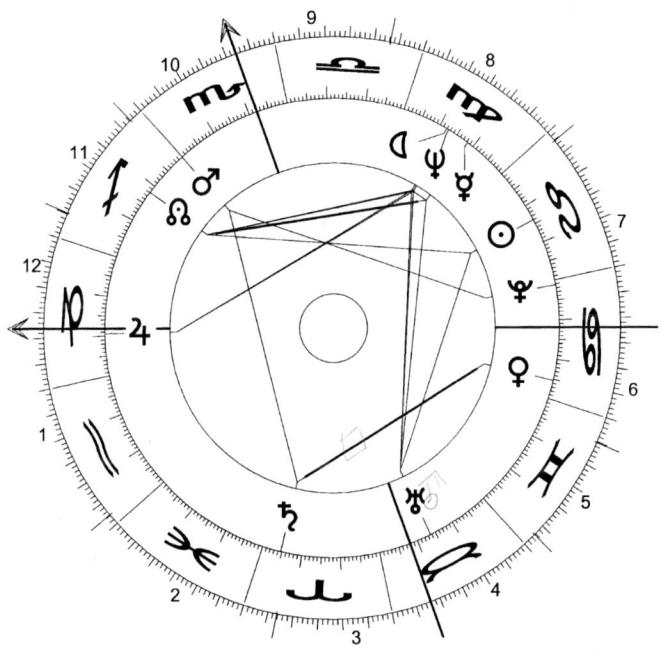

Abb 2: Dustin Hoffman, 08.08.1937, 17h 07m PST, Los Angeles[32]

Homöopathisch: „Er erschrickt durch ein Geräusch im linken Ohr."[30] An seinem Nachgeburtstrauma ist jedoch nur schwer zu rütteln, das ist in die Sphären der Vergessenheit verbannt. „Als ob er etwas vergessen hätte" ist das geistige Leitsymptom von Millefolium überhaupt.[31] Mond-Pluto als Zugangsmöglichkeit zum kollektiven Unbewußten während das persönliche Unbewußte blockiert wird! Interessanterweise entspricht das „Hauptvergesslichkeitsmittel" der Homöopathie, die Nosode Medorrhinum, genau der Urerfahrung der zerstörten Symbiose.

Wir haben nun ohne Anspruch auf Vollständigkeit immerhin neun Konstellationen (von den 45 möglichen mit den Faktoren Mond bis Pluto) in Zusammenhang mit der Achillea millefolium gebracht: Mond-Mars, Mond-Neptun, Mond-Pluto; Venus-Mars, Venus-Saturn, Venus-Pluto; Mars-Jupiter, Mars-Uranus; Saturn-Uranus. Der geneigte Leser möge selbst untersuchen, inwieweit sich diese Konstellationen im Horoskop des „Mannes ohne Lippen", dem Schauspieler Dustin Hoffman (siehe Abb. 2) wiederfinden lassen. Manches wird sofort ins Auge springen wie die erdrückende Fülle an Venus/Pluto-Konstellationen (einer Verschärfung der Venus/Mars-Thematik), anderes wird sich erst durch die Berücksichtigung einer Mars-Jupiter-Pluto Deklinationsparalelle offenbaren.

> *„Es ist das göttliche Merkmal im Menschen, daß er kreativ sein kann. Das heißt also auch, daß er einen Zustand verlassen kann, obwohl alles in diesem Zustand auf ein ewiges Gebundensein an diesen Zustand hinweist."*
> Friedrich Weinreb[33]

Eine der großen Aufgaben der Zukunft wird sein, das wesentliche homöopathische Miasma, eine akuten Störungen zugrunde liegende, vererbbare chronische Krankheit, im Horoskop zu erkennen. Nach der homöopathischen Theorie sind solche (Erb-) Anlagen wandelbar, der in die Stofflichkeit gefallene Mensch kann sich evolutionär davon emanzipieren. Achilleus entwickelt kurz vor seinem Tode durch Gotteshand etwas, was er zeitlebens in seinem Kummer, seinem Zorn, seiner Unbeugsamkeit nie gezeigt hatte:

Mitgefühl. Der Vater des von ihm getöteten Hektor (Calcium carbonicum[34]) bittet ihn furchtlos um Herausgabe des Leichnams seines Sohnes. Vielleicht steigt hier die Erinnerung auf, daß Achilleus einst seinen eigenen Sohn im Zorn getötet hatte und dies aus dem Gedächnis verbannte, indem er seinen Diener Mnemon (Gedächnis) ebenfalls tötete. Hier durchbricht Achilleus den Schicksalszwang der ständigen Kompensation seiner Blockaden, indem er seine Mutter als das annehmen kann, was sie ist: eine Göttin des Meeres, Mond-Neptun, Mitgefühl.

Samuel Hahnemann hat diese Möglichkeit im Vorwort zu seinem Hauptwerk DIE CHRONISCHEN KRANKHEITEN, IHRE EIGENTHÜMLICHE NATUR UND HOMÖOPATHISCHE HEILUNG formuliert: „So wird eine gewissenhaftere und einsichtigere Nachwelt den Vorzug allein haben, in treuer, pünktlicher Befolgung der hier folgenden Lehren, die Menschheit von den unzähligen Qualen befreien zu können, welche von den unnennbaren, langwierigen Krankheiten auf den armen Kranken lasteten, soweit die Geschichte reicht".[35] Dieser Satz könnte heute gerade im Lichte der Gentechnikdiskussion gründlich mißverstanden werden. Hahnemann hatte jedoch eine Befreiung von kollektiven Zwängen (gemäß seiner Widdernatur) im Sinn, ein Weg der Evolution. Die Gentechnik verfolgt hingegen die Unterwerfung des Menschen unter kollektive Normen, ein Projekt, das in der Geschichte schon einmal gescheitert ist. Um es deutlich zu sagen: Krankheit gehört zum Erkenntnis- und Entwicklungsweg des Einzelnen wie der Menschheit als Ganzem. Wer dies von außen wegnehmen will, verhindert Erfahrung und Wachstum. „Gesundsein und Krankwerden;....ich glaube an den Sinn von beiden. ...Der Mensch ist nicht, wie Nietzsche es wollte, ein krankes Tier. Er ist vielmehr in seinem Kranksein ein göttliches Wesen, denn in diesem Kranksein leidet er, verzweifelt und hofft er. In seinem Kranksein kann er sogar an Wunder glauben. Und vielleicht ist er in seiner tiefsten Krise eben dem Wunder am nächsten".[36]

Was sagt die astrologische Theorie zur Transformationsfähigkeit der Anlagen? Die heutzutage moderne psychologische Astrologie hat hier nicht viel anzubieten, beruhen doch ihre Konzepte eher auf einer von aristotelischen Gesichtspunkten geprägten Psychologie, die die Seele des Menschen als unpersönliche gestalt- und substanzlose Kraft sieht. Anders die Vertreter einer transpersonalen Astrologie, worunter ich neben Dane Rudhyar (1895-1985) als Begründer[37], Stephen Arroyo[38], im gewissen Sinne Wolfgang Döbereiner, Hermann Meyer und Michael Roscher rechne. Zuletzt wollte sich auch Thomas Ring als Wegbereiter einer transpersonalen Entwicklung verstanden wissen.[39]

Dane Rudhyar sieht in der Individuation das kreative Potential zur Transformation:

> *„Aber ich, als ein Individuum, bin nicht lediglich ein besonderes Exemplar der Gattung Mensch. In der Tat kann ich mich nur dann als 'Individuum' bezeichnen, wenn ich irgendwie aus dem Bereich herausgekommen bin, wo diese menschliche Natur nur zwanghaft und unbewußt wirksam ist, genau wie Katzennatur zwanghaft und unbewußt in jedem Tiger oder Löwen wirksam ist. Zumindest muß ich aus der menschlichen Natur insoweit genügend herausgekommen sein, um mir ihrer Kraft und ihres Charakters bewußt geworden zu sein, und ihr objektiv gegenüberstehen zu können."* [40]

Genau dies ist Achilleus bei der Begegnung mit Priamos, Hektors Vater, widerfahren.

> *„'Individuation' sollte nicht nur bedeuten, ein 'ganzer Mensch' geworden zu sein, entsprechend einer bestimmten Lebensweise. Sie sollte Freiheit vom Kollektiven und von einer unbewußten zwanghaften Bindung an Werte der jeweils eigenen Kultur beinhalten."* [41]

Das Begreifen des Menschen als einzigartiges Wesen, das in der Lage ist, sich aus genetischen, psychischen und soziokulturellen Bedingungen zu entwickeln, um eigene Gestalt zu zeigen, ist als Ansatz der transpersonalen Astrologie wie der Klassischen Homöopathie gemeinsam. Diese Gewißheit sollte uns zu weiteren Forschungen zu diesem Thema anspornen.

> *„Die Seele, das Innerste des Menschen, kann durch kein Arzneimittel beeinflußt werden.*
> *Das kann nur durch den eigenen Willen geschehen".*
>
> James Taylor Kent[42]

Anmerkungen

1   J. T. Kent. *Geist und Homöopathie,* Bochum 1984, S. 28.

2   Nicholas Culpeper. *Culpepers Complete Herbal,* Reprint London 1835.

3   Manfred M. Junius. *Praktisches Handbuch der Pflanzen-Alchemie,* Interlaken 1982.

4   Paracelsus. *Der andere Arzt. Das Buch Paragranum,* (Hrsg. Gunhild Pörksen), Frankfurt a.M. 1990, S. 37.

5   Paracelsus. *Vom eigenen Vermögen der Natur - Frühe Schriften zur Heilmittellehre* (Hrsg. Gunhild Pörksen), Frankfurt a.M. 1988, S. 75.

6   Paracelsus, a.a.O., S. 77.

7   Paracelsus, s. Anmerkung 5, Nachwort von Heinz Schott, S. 108.

8   Paracelsus, s.Anmerkung 4, S. 67.

9   Hans-Hinrich Taeger. *Internationales Horoskopelexikon,* Freiburg i. Br. 1991, Bd. 2 S. 700, Bd. 3 S. 1171; beide Horoskope sind von der Geburtszeit spekulativ, der Leser mag sich ein eigenes Bild machen.

10   Emil Schlegel. *Religion der Arznei,* 6. Aufl. Regensburg 1986, S. 251.

11   Wie die vor sich geht, ist nachzulesen bei: Georgos Vithoulkas. *Die wissenschaftliche Homöopathie: Theorie und Praxis naturgesetzlichen Heilens,* Göttingen 1986, S. 155 ff.

12   Susanne Fischer. *Medizin der Erde,* München 1984, S. 171.

13   J. T. Kent. *Arzneimittelbilder,* Ulm 1958, S. 553 f.

14   Fischer, a.a.O., S. 173

15   Reinhold Ebertin. *Kombination der Gestirneinflüsse,* Freiburg i. Br., 11. Aufl. 1981, S. 146.

16   Michael Roscher. *Astrologie und Psychosomatik. Horoskop-konstellationen aus medizinischer Sicht,* München 1992, S. 275 f.

17   Boericke. *Homöopathische Mittel und ihre Wirkungen,* Leer 1986, S. 383.

18   Wolf-Dieter Storl. *Der Garten als Mikrokosmos,* München 1992, S. 332.

19   Wolfgang Döbereiner. *Astrologiosch-homöopathische Erfahrungsbilder zur Diagnose und Therapie von Erkrankungen.* 2 Bde. 3. Aufl. München 1985.

20   Im dort trotzdem aufgeführten umfangreichen Katalog „Planeten-konstellationen und homöopathische Mittel" habe ich bisher wenig Vernünftiges entdecken können.

21   Ich verweise hier zum Studium auf Horst Barthel. *Repertorium der Charakteristika,* Berg a. Starnberger See 1985, S. 4 ff.

22   Wie umfangreich und subtil dies ist, zeigt in hervorragender Weise Willibald Gawlik. *Die homöopathische Anamnese,* Stuttgart 1996.

23 Zum Achilleus-Mythos s. Rainer Appell, „Achilleus und Natrium muriaticum" in Michael Hadulla/Jörg Wachsmuth (Hrsg.), *Homöopathische Archetypen bei Homer. Eine Archäologie der Seele,* Heidelberg 1996 S. 177 - 196.

24 Roscher, a.a.O., S. 277.

25 Roscher, a.a.O., S. 282.

26 Döbereiner, a.a.O., S. 197.

27 s.a. bei Gustav Schwab. *Sagen des klassischen Altertums,* München o.J.

28 Bruno Vonarburg. *Kräutersegen auf allen Wegen,* Stein am Rhein 1979, S. 107-108.

29 Roscher, a.a.O., S. 145.

30 Monnica Hackl. *Als-ob-Symptome in der Homöopathie,* Regensburg 1986, S. 331.

31 daselbst, S. 331 zu der Geschichte des Vergessens s. Appell, a.a.O., S. 192.

32 Taeger, a.a.O., Bd. 2, S. 754.

33 Friedrich Weinreb, *Vom Sinn des Erkrankens,* Bern 1979, S. 62.

34 Hadulla / Wachsmuth, a.a.O., S. 243 ff.

35 Samuel Hahnemann. *Die chronischen Krankheiten, ihre eigen-thümliche Natur und homöopathische Heilung,* 2. Aufl. Dresden und Leipzig 1835, Reprint Berg a. St. See 1983

36 Weinreb, a.a.O., S. 5.

37 Dane Rudhyar. *Astrologie der Persönlichkeit,* München 1979.

38 Stephen Arroyo. Astrologie, Karma und Transformation, München 1980.

39 Thomas Ring. *Das Grundgefüge. Die Stellung des Menschen in der Natur und Kosmos,* Freiburg i. Br. 1986.

40 Dane Rudhyar. *Von humanistischer zu transpersonaler Astrologie,* 2. Auflage München 1982, S. 27 ff.

41 daselbst, S. 31.

42 James Tyler Kent, *Geist und Homöopathie,* Bochum 1984, S. 61.

Konstitution im Horoskop

Dr. Larissa Kolessova

Einige Grundfragen der Astrohomöopathie

Der vorliegende Artikel setzt das Thema meines Referates bei den Deutschen Astrologie-Tagen 1995 gewissermaßen fort. Ich habe damals in Essen berichtet, wie eine Gruppe russischer Astrologen, Ärzte, Psychologen, Programmierer und Heiler einige Jahre lang daran gearbeitet haben, eine praktikable Verbindung zwischen dem Gesundheitszustand des Menschen und seinen Konstellationen im Horoskop auf der modernen Entwicklungsebene der traditionellen und nichttraditionellen Heilmethoden fest- bzw. herzustellen. Unsere Forschungsarbeit und praktische Tätigkeit in der Zentralen Neurologischen Kinderambulanz Moskau und anderen staatlichen und privaten Stellen ergaben nicht nur eine äußerst informative (und gut bewährte) Statistik, sondern dienten auch zur Erarbeitung einer Idee der astrologischen Heilkunde, die wir als Goldener Schnitt bezeichneten, weil sie auch technisch auf der Berechnung des optimalen Gleichgewichtes zwischen dem Menschen und seiner Umwelt basiert.

Seit dem Kongreß in Essen sind inzwischen einige Jahre vergangen, und wir haben neue Erfahrungen gesammelt und – was uns besonders wichtig erscheint – neue praktische Schlüsse gezogen, die im Wassermann-Zeitalter von Bedeutung sein können. Darüber möchte ich in diesem Artikel berichten.

Geburtshoroskop und Konstitution

Unsere Forschungen zeigen, daß das Geburtshoroskop grundsätzlich der homöopathisch definierbaren Konstitution des Patienten entspricht. Traditionelle astrologische und astromedizinische Interpretationen des Geburtshoroskops erfassen leider bestenfalls nur Bruchteile jener Information, die ein Therapeut braucht, um sich eine adäquate Vorstellung von der Konstitution seines Patien-

111

ten zu verschaffen. Daher erscheint uns ein breit angelegtes Herangehen an die Analyse des Geburtshoroskops, ein genauerer Algorhythmus seines Ablesens erforderlich.

Zu der Konstitution gehören also vom astrologischen Standpunkt aus folgende Faktoren:

- die Spannungsaspekte des Geburtshoroskops: Quadraturen, Konjunktionen, Oppositionen, Quinkunxe, einschließlich der Aspekte mit den Mondknoten sowie die sogenannte Feralität (Aspektlosigkeit) eines Planeten;
- unsere besondere Aufmerksamkeit wollen wir auf jene Aspekte lenken, die mit dem Aszendenten verbunden sind;
- unter diesen sind für uns die exakten Aspekte (d.h. mit einem Orbis von unter 5°) besonders bedeutsam.

Der Aszendent des Geburtshoroskops nimmt damit einen ganz besonderen Stellenwert ein. In klassischen arabischen Quellen wurde der Aszendent (arabisch at-Taliyya, der Vermittelnde) als ein Zeichen des „Schicksals" angesehen. Für heutige Europäer ist „Schicksal" eine Art Korridor mit vielen Abzweigungen; man kann zwar wählen, wo man hineinbiegt, kann aber nicht den Korridor selbst und seine Baumuster ändern. Das ist aber auch nicht nötig, denn es ist viel besser, sich dem Korridor hinzugeben, sich ihm anzupassen, sich mit ihm zu identifizieren. Dieser Korridor entspricht, um bei dem Bild zu bleiben, der Konstitution.

Gerade im Prozeß dieser Identifizierung des Menschen mit seiner Konstitution, erfolgt die von C. G. Jung so bezeichnete Individuation. Auch für die praktizierenden Homöopathen ist die Ermittlung der Konstitution (mit ein oder zwei Präparaten) der zentrale Akt der Therapie, weil damit schon die Genesung, die Befreiung des Menschen von seinen körperlichen und geistigen Störungen, beginnt.

Die Konstitution wird vom Aszendenten des Geburtshoroskops bestimmt. Die mit dem Aszendenten verbundenen Planeten werden nach der arabischen und indischen Klassik analysiert, wobei der wichtigste Planet für uns der Herrscher des AS-Zeichens (*offene Herrscher*) und der zweitwichtigste der Herrscher des Erhöhungszeichens (*latente Herrscher*) des ersten ist. Diese Hierarchie läßt sich in der folgenden Tabelle darstellen:

AC in	offene Herrscher	latente Herrscher
♈	Mars, Pluto	*Saturn, Sonne*
♉	Venus	*Jupiter, Neptun*
♊	Merkur	*Merkur, Saturn, Uranus*
♋	Mond	*Venus*
♌	Sonne	*Mars, Pluto*
♍	Merkur	*Merkur, Saturn, Uranus*
♎	Venus	*Jupiter, Neptun*
♏	Mars, Pluto	*Sonne, Saturn*
♐	Jupiter	*Mond*
♑	Saturn	*Venus*
♒	Uranus, Saturn	*Mars, Pluto, Venus*
♓	Jupiter, Neptun	*Mond*

Tabelle 1: Zuordnung der Herrscher

Die latenten Herrscher wirken (wie der Name schon sagt latent) bis zum 31. Lebensjahr, und die offenen nach Erreichen dieses Alters.

Bei der Analyse eines Geburtshoroskops haben wir also vor allem die Spannungsaspekte zu erforschen, die der jeweilige Herrscher des AS mit anderen Planeten oder Punkten hat. Solche Aspekte (Opposition, Quadratur, Quincunx oder Konjunktion) lassen sich natürlich nicht bei allen Menschen finden. Unsere Statistik zeigt, daß etwa 20% der Patienten keine solchen Aspekte im Geburtshoroskop vorweisen. In solchen Fällen wird die Konstitution nicht nach dem Radix ermittelt, sondern mittels anderer Horoskope ermittelt, die den Ereignissen entsprechen, welche etwas im Leben des Patienten auslösen. Meistens sind dies die Solarhoroskope der ersten Lebensjahre. Diese Menschen weisen jedoch aber auch eine viel stärkere Abhängigkeit von hereditären Faktoren auf und haben demzufolge mehr Schwierigkeiten auf ihrem Weg zur Individuation.

113

Warum ist dies so? Das Geburtshoroskop ist vor allem eine Widerspiegelung des individuellen, idealen Archetyps des Menschen. Es kann die Information von seiner Konstitution beinhalten, muß es aber nicht; in jedem Fall enthält es aber die Information von seinem morphogenetischen Erbe, und gerade diese Information bildet den Gegenstand aller Interpretationen der klassischen Astrologie, die in Europa schon seit über 500 Jahre bekannt sind. So oder so sind das die Grundbausteine der Persönlichkeit im Abendland.

Im Orient war ein solcher Weg der Individuation zwecklos, weil er nicht zur Sozialisierung der Persönlichkeit führte, sondern ihr stark widersprach. Dort befand man sich schon dank seiner Geburt in einem festen Rahmen der Sippe, des Stammes, des Volkes und des Glaubens integriert, und das eigene Verhalten wurde dadurch von A bis Z bestimmt. (Sogar solche Wörter wie „Glück" – al-Sa'ada und „Erfolg" – al-Hazz sind im Arabischen etymologisch mit traditionellen Begriffen der gegenseitigen Hilfe und des Gemeindelebens verbunden: kein Zufall, daß das Zeichen Krebs in der arabischen Astrologie nicht nur das Haus der Gemeinde, sondern auch das der Freude bedeutete.)

Daher sind die klassischen astrologischen Kategorien wie Kreuze, Elemente, Häuser, Aspekte (sogar die Trigone und die Sextile, die traditionsgemäß ein „von den Sternen versprochenes" Glück bedeuten) für uns nur Zeichen einer bestimmten Art und Weise des Umgehens mit hereditären Informationen. Das heißt, sie entsprechen der Aufnahme und Wiedergabe der Erbprogramme, aufgrund deren – kritisch bewerteter – Akzeptanz die lebende Persönlichkeit ihre Begabungen und Chancen voll zur Geltung kommen lassen kann.

Wenn wir im Geburtshoroskop also mehrere Trigone sehen, besonders zwischen den latenten und offenen AS-Herrschern, so darf uns dies nicht in der Hinsicht täuschen, daß wir es mit einer glücklichen und erfolgreichen Person zu tun haben; das darf für uns nur ein Hinweis darauf sein, daß diese Person, die an sie addressierten Informationen nach einer bestimmten Art und Weise verarbeitet, daß sie sich nur zu einem bestimmten Grade ins Sozium integrieren läßt, und daß sie ein bestimmtes Gleichgewicht zwischen eigenen Intentionen und den Erwartungen der Umgebung gefunden hat.

Es ist bezeichnend, daß sich diese elitäre Philosophie im Westen wie im Osten (vom frühen Mittelalter bis in die Neuzeit) oft und gern mit nativen und hereditären Archetypen auseinandersetzt, ohne dabei auf das Verhältnis zwischen individuellen Intentionen und den Erfordernissen der Gesellschaft acht zu geben.

Die individuelle, auf dem Aszendenten basierende, Konstitution des Menschen bildet eine Art Goldenen Schnitt, eine vollkommene Ganzheit: das ist das Fundament, worauf der Körper, die Psyche und der Geist aufgebaut werden. Interessant ist, daß auch die sogenannte Sphärenmusik gleiche Schlußfolgerungen zuläßt: die mikro- und makrokosmische Harmonie teilt sich in ganz bestimmte Oktaven ein.

Kurz beschrieben, sieht diese Methode folgenderweise aus: man nimmt die siderischen (heliozentrisch) und die synodischen (geozentrisch) Planetenperioden, die paarweise verglichen und dann – nach dem Oktavengesetz – auf eine Oktave reduziert werden, um sie so mit den planetaren und kalendarischen Zyklen der jeweiligen Person zu vergleichen. Ihre Korrelation mit bestimmten konsonanten und dissonanten Musikintervallen ist auffällig stark.

Die Konsonanzen und Dissonanzen bilden also Paare, deren Verhältnis zueinander ziemlich genau dem des Goldenen Schnittes entspricht. So beträgt das Verhältnis der Erde zur Venus 1,625 : 1,230, was dem klassischen Goldenen Schnitt fast genau entspricht (1,618 : 1). Die Parallele zwischen der Sonne (bzw. dem Mond) und Pluto, berechnet nach diesen musikalischen Intervallen, beträgt genau 1,618 im heliozentrischen System; im geozentrischen zeigt nur der Mond ein solches Verhältnis aus (Boudanov).

Daß Pluto – in Kombination mit Sonne und Mond – sich hier auch einreiht, ist ein weiterer Verweis auf die wichtige Rolle des Aszendenten: betrachtet man die Eckhäuser als Äquivalente der kardinalen Zeichen, so ist der Aszendent mit den Herrschern des Widders verbunden, d. h. mit Mars und Pluto (und daher: IC mit Mond, DC mit Venus, MC mit Saturn). Daraus folgt, daß auch das Mond/Venus-Quadrat und das Krebs/Waage-Quadrat eine goldene Proportion bilden.

Im eigentlichen Tierkreis basieren die goldenen Proportionen auf den Mittelpunkten der fixen Zeichen (das Avatara-Tor in 15° Stier, Löwe, Skorpion und Wassermann), jeweils von 0° der kardinalen Zeichen aus berechnet, obwohl es natürlich möglich ist, dieses klassische Verhältnis auch zwischen anderen Faktoren eines Horoskops festzustellen.

Für uns aber ist die Tatsache wichtig, daß der Aszendent einen vorwiegend marsbezogenen Charakter hat; dadurch erklärt sich, warum sich die Konstitution in Erkrankungen, Krisen und Verletzungen äußert, sei es auf rein körperlicher oder auf der sozialen Ebene. Das ist die Norm; eine krisenfreie Entwicklung bedeutet immer eine Hemmung der Konstitutionsäußerung, eine Unmöglichkeit der dem Horoskopeigner gemäßen Harmonisierung und Stabilisierung der Persönlichkeit.

Die Homöopathie basiert auf dem pathogenetischen Bild der Konstitution, ohne Berücksichtigung der weiteren Individuation: Ähnliches wird mit Ähnlichem behandelt, und wenn der Mensch mit der Zeit sein Horoskop richtig leben lernt, verschwinden auch seine Probleme, weil er sich seiner seelischen und geistigen Motivation bewußt wird.

Wenn der Therapeut die Konstitution seines Patienten genau ermittelt hat (was rein klinisch betrachtet bei weitem nicht immer leicht ist), verschwinden die körperlichen Symptome mehr oder weniger sofort, besonders bei Kindern und Jugendlichen, was von unserer Praxis eindeutig bestätigt wird. Der Effekt hält sich in solchen Fällen genau einen Mars-Zyklus lang, d. h. ungefähr 2,5 Jahre, und wenn die homöopathische Therapie noch mit Psychotherapie und mit Maßnahmen der sozialen Adaptation (daß Erwachsene ihre tiefsitzenden Komplexe sehen und meistern lernen) kombiniert wird, so kann sich die Remissionsperiode bis auf fünf oder mehr Jahre erstrecken und zu einem stabil harmonischen Zustand übergehen.

Ich glaube sogar – das ist zwar noch eine Vermutung, aber wir kennen schon einige Beispiele davon, – daß diese Zyklen in einer Resonanz mit jenen der AS-Herrscher eine gute Grundlage für ein langes Leben und ein Überleben in Notstandssituationen bilden. Wenn sich der Mensch an seine Zyklen angepaßt hat, entwickelt er eine optimale Reaktion auf jede Krise und ist immer zu einer ruhigen Transformation, zum gelassenen Übergang auf eine neue geistige oder soziale Ebene bereit. Kennzeichnend ist, daß die länger Lebenden, z.B. Bergbewohner, ihre Marszyklen unter anderem auch mit entsprechenden Eßgewohnheiten verstärken, die von jeder neuen Generation weiter getragen werden: frische Naturprodukte – Eiweiß, Zellstoff, Pektine, Kräuter und andere Stoffe, die den Cholesterinspiegel senken helfen. Auch die traditionellen sozialen und familiären Rollen tragen dazu offenbar mit bei.

In der westlichen Astrologie wird meistens davon ausgegangen, daß alles, was mit dem Menschen passiert, von seinem Geburtshoroskop vorgegeben oder wenigstens ermöglicht wird. Das ist nicht ganz so. Im realen Leben – und unsere praktischen Erfahrungen zeigen das unzweideutig – sind etwa 50% aller Lebensprobleme, Erkrankungen oder Versagen nicht vom Geburtshoroskop, also nicht vom Menschen selbst, sondern von seiner Umgebung, d.h. von anderen Horoskopen (Eltern, Verwandte, Partner, stereotype Vorstellungen aus den Massenmedien oder aus dem kollektiven Unbewußten, besonders scharfe Streßsituationen u.a.) bestimmt.

In unserer Beratungspraxis kamen die meisten Patienten (etwa 70%) gerade mit derartigen Problemen. In solchen Fällen wurde mit einem Ereignis- oder Stundenhoroskop gearbeitet, während das Geburtshoroskop nur zur Ermittlung der optimalen Adaptationsmethoden genutzt wurde. Bei unseren Patienten (deren Symptomatik natürlich nur für die Großstadtbevölkerung repräsentativ ist) spielte das Geburtshoroskop nur dann eine entscheidende Rolle, wenn es um höchst selbstbewußte und selbstkritische Menschen ging. Auch jene, die einen schweren Unfall, eine Tragödie oder eine schwere Erkrankung erlebt (bzw. miterlebt) hatten, wiesen starke Einflüsse ihres Geburtshoroskops auf. Ziemlich deutlich lassen sich solche Einflüsse bei Jugendlichen im Pubertätsalter oder im Alter der Persönlichkeitsbildung (20 bis 30, auch 35) erkennen.

Deswegen wird das Geburtshoroskop bei uns als ein kreativer Kern der menschlichen Entwicklung betrachtet, sein ideales Primum mobile, welches sich nach dem Goldenen Schnitt einordnet und sich durch aktives Wollen, Bewußtsein und Selbstkontrolle äußert. Das Geburtshoroskop enthält keine Pathologien; auch wenn der Konstitutionsarchetyp auf eine Pathogenese hinweist, so ist das lediglich eine Wahrscheinlichkeit der pathogenen Entwicklung, deren Realisierung in Form einer körperlichen oder geistigen Erkrankung von hereditären Informationen und von der eigenen freien Wahl des Menschen abhängt.

Mehr noch: diese Anpassungsprobleme eines Menschen resultieren nicht aus seinem Geburtshoroskop, sondern daraus, daß er sein Geburtshoroskop nicht lebt, daß er in seinem Verhalten, in seinen Emotionen und Handlungen keine Verwirklichung findet. Diese Probleme sind ein Zeichen der übergroßen Einwirkung des Unbewußten (des individuellen oder kollektiven Unbewußten nach C. G. Jung) auf ihn, das in den Informationsfeldern seiner Familie oder seiner Umgebung gespeichert ist und sich mit Hilfe von Solaren, Ereignis- (Erkrankungs-) oder Fragehoroskopen ermitteln läßt.

Das Geburtshoroskop als Botschaft

Ein Geburtshoroskop und, grundsätzlich betrachtet, jedes Horoskop ist also ein wichtiges Dokument, eine Botschaft, die dem Menschen übermittelt, d. h. für ihn lesbar und nutzbar gemacht werden soll. Die Homöopathie bietet uns das optimale Mittel dazu, weil sie – genauso wie die Astrologie – eine höchst entwickelte Sprache mit einem gut lesbaren Alphabet hat.

Wenn man versucht, die Sprache der Homöopathie in die Astrologie oder umgekehrt zu übersetzen, dann zeigt sich ein großes Problem. Mit diesem wurden nicht nur wir, sondern alle, die ihre Forschungen in diese Richtung lenkten, konfrontiert. Sehr bald stellten wir fest, daß alle Versuche, die Zeichen der astrologischen Sprache jenen der Homöopathie empirisch zuzuordnen, aussichtslos sind.

Die Astrologie ist in diesem Falle nur eine Meta-Sprache, d. h. ein technisches Mittel zur Wiedergabe einzelner Informationseinheiten, während die Homöopathie mit größeren Informationskomplexen operiert. So mußten wir uns bei der Suche nach der Methodik für diese Übersetzung nicht in der Astrologie allein, sondern in den grundlegenden kosmologischen Modellen (Prinzipien des Weltaufbaus) suchen, wo es universelle Informations-komplexe gibt.

Nach der Analyse der kosmologischen Modelle, die von den historischen Hochkulturen entwickelt worden waren (Indien, China, Tibet, semitisch-christliche und arabische Tradition), kamen wir zu ihrer Synthese in Form der Periodischen Elementetabelle, die sich dadurch in eine Art sakrales Alphabet von Informations-komplexen verwandelte. Die Homöopathen haben übrigens schon versucht, ihre Präparate nach der Periodischen Tabelle einzuteilen (Vavilova), aber ohne großen Erfolg.

Mit Hilfe dieser Tabelle werden Konstitutionsmittel gefunden, optimale Adaptationsmethoden gewählt, Wege zur Korrigierung hereditärer Programme ermittelt. Das macht auch unser Computerprogramm StarMed. Das Programm enthält auch einen Leitfaden und andere Lehrmaterialien, womit die Tabelle und unsere ganze astrohomöopathische Methodik erläutert wird.

	Wind	Leere	Stein	Erde
(1)				
(2)	**Feuer**	**Luft**	**Erde**	**Wasser**
(3)	*Drache*	*Hund*	*Ochse*	*Ziege*
(4)	♈	♎	♑	♋
	I	II	III	IV
Feuer △ 1 ♆ ⊕	H 1 Wasserst.			
Luft △ 2 ♅ ☽	Li 3 Lithium Lith.carb.	Be 4 Beryllium Lycopod.	5 B Bor Borax	6 C Kohlenst. carbonica
Erd- △ 3 ♄ ☿	Na 11 Natrium Natrium	Mg 12 Magnes. Magnes.	13 Al Alum. Alumina	14 Si Silizium Silicea
Wass er- △ 4 ♀ ♃	K 19 Kalium Kali mur.	Ca 20 Kalzium Calcium	Sc 21 Skandium Rhus tox.	Ti 22 Titan Titanum
△ ☉ ♂	29 Cu Kupfer Cuprum	30 Zn Zink Zincum	31 Ga Gallium Rhus tox.	32 Ge German. Conium
mut. 5 ♂ ☉	Rb 37 Rubidium Veratrum	Sr 38 Strontium Strontiana	Y 39 Yttrium Eupatoria	Zr 40 Zirkonium Clematis
Kreuz ♃ ♀	47 Ag Silber Argentum	48 Cd Kadmium Tabacum	49 In Indium Aralia	50 Sn Zinn Stannum
fixes 6 ☿ ♄	Cs 55 Zaesium Caesium	Ba 56 Barium Barium	La 57 Lanthan Lathyrus	Hf 72 Hafnium Kreosotum
Kreuz ☽ ♅	79 Au Gold Aurum	80 Hg Quecks. Mercur.	81 Tl Thallium Thallium	82 Pb Blei Plumbum
kard. Kreuz 7 ⊕ ♆	Fr 87 Franzium	Ra 88 Radium Radium	Ac 89 Aktinium	(Th)

Feuer	Wasser	Holz	Metall			Aether
-	-	-	-			Aeth er
Schlange, Pferd	Schwein, Ratte	Tiger, Hase	Hahn, Affe			
♉ Ⅱ	♏ ♐	♒ ♓	♌ ♍			♀
V	VI	VII	VIII			0
		(H)				He 2
7 N Stickstoff nitrica	8 O Sauerstoff acida	9 F Fluor fluorica	Ignatia, Nux vomica, Chamomilla			Ne10
15 P Phosphor Phosphor	16 S Schwefel Sulfur	17 Cl Chlor muriatica	Chelidonium, China			Ar18
V 23 Vanadium Sanguin.	Cr 24 Chrom bichromic	Mn 25 Mangan Mangan.	Fe 26 Eisen Ferrum	Co 27 Kobalt Secale	Ni 28 Nickel Viola o.	
As 33 Arsen Arsenicum	34 Se Selen Selenium	35 Br Brom Bromium	Aconitum, Bryonia			Kr36
41 Nb Niob Tuberc.	Mo 42 Molzbdan Stramon.	Tc 43 Technet. Spongia	Ru 44 Ruthen. Sabadi.	Rh 45 Rhod. Rosa	Pd 46 Pallad. Millefol.	
51 Sb Antimon Antimon.	Te 52 Tellur Tellurium	53 J Jod Jodum	Viscum, Hyosciamus, Chenopodium			Xe54
Ta 73 Tantal Kreosotum	W 74 Wolfram Guajacum	Re 75 Rhenium Taraxac.	Os 76 Osmium Murex	Ir 77 Iridium Origan.	Pl 78 Platin Platina	
83 Bi Wismut Bismuth.	84 Po Polonium Mancinella	85 At Astat Hamamel.	Colocynthis, Gelseminum, Opium			Rn
(Pa)	(U)	(Np)	(Pu)	(Am)	-	

Geburtshoroskop und Typologie der Erbfaktoren

Das Geburtshoroskop enthält durchaus deutliche Hinweise darauf, wie der morphogenetische Code des Menschen in Erscheinung tritt. In der Homöopathie werden diese Erscheinungsformen mit verschiedenen Reaktions- und Energieaustauschtypen verbunden und als Intenzen oder Miasmen bezeichnet. Die hereditären Faktoren (Intenzen), mit dem kreativen Kern der betroffenen Persönlichkeit kombiniert, bilden einen reichen Nährboden für zahlreiche unbewußte Reaktionen, Reflexe, Gewohnheiten und unkontrollierbare emotionale Zustände.

Alle diese Reaktionstypen und ihre Ursachen lassen sich sehr gut und deutlich vom Geburtshoroskop ablesen. Sehen wir uns diese Typen einen nach dem anderen an. Astrologische Begriffe sind hier ganz im traditionellen Sinn gemeint; so bedeutet z. B. „kardinales Kreuz", daß wenigstens einige der kardinalen Zeichen und Häusern im Horoskop mit Planeten besetzt sind.

1. Sykose

Kardinales Kreuz sowie Zeichen und Häuser des Feuertrigones (1, 5, 9). Bei diesen Menschen werden die grundlegendsten hereditären Informationen noch vor der Geburt im Unterbewußtsein eingeprägt – im Moment der Konzeption und in der pränatalen Phase. Der genaue Monat (bzw. die Monate) der Einprägung kann man nach dem herrschenden Planeten ermitteln:

1. Schwangerschaftsmonat	SA, UR
2. Schwangerschaftsmonat	JU, NE
3. Schwangerschaftsmonat	MA, PL
4. Schwangerschaftsmonat	SO
5. Schwangerschaftsmonat	VE
6. Schwangerschaftsmonat	ME
7. Schwangerschaftsmonat	MO
8. Schwangerschaftsmonat	SA, UR
9. Schwangerschaftsmonat	JU, NE

Um diese hereditären Informationen zu analysieren, kann man das Konzeptionshoroskop berechnen oder ein besonderes Fragehoroskop erstellen, in welchem der Monatstag und die Uhrzeit dem der Geburt entspricht, der Monat selbst aber nach einem Wirkungsfaktor während der Schwangerschaft der Mutter (Erkrankung, Streß usw.) gewählt wird. Der herrschende Planet und der jeweilige Monat können auch nach dem Aszendenten ermittelt werden.

Weiter treten diese hereditären Programme bei körperlichen Verletzungen oder Erkrankungen des Patienten selbst bzw. einem Mitglied seiner Familie in Erscheinung. Dies läßt sich nach entsprechenden Dekumbituren (lat. für Erkrankungshoroskop) oder, wenn das genaue Datum nicht mehr feststellbar ist, anhand des Solars des betreffenden Jahres erkennen.

In diesen Familien besteht immer eine feste Verbindung zwischen Mutter und Sohn, Vater und Tochter, wodurch das Geburtshoroskop des Patienten gewissermaßen „verdrängt" wird. Der Astrologe muß dabei sehr aufmerksam differenzieren, um nicht auf die fremden Einflüsse, sondern auf das eigentliche Geburtshoroskop zu reagieren.

Wenn der Patient selbst seine Erbprogramme nicht durcharbeiten (und damit loszuwerden) lernt, werden sie von ihm weiter an seine Kinder abgewälzt. Nach unserer Hypothese sind diese vererbten Informationen auf der genetischen Ebene mit dem Kode der vier Stickstoffverbindungen in der DNS verbunden. Im System des feinstofflichen Körpers ist dieser Typ mit dem physischen und dem ätherischen Körper verbunden, im Immunitätssystem mit der sogenannten nichtspezifischen lokalen Immunität.

2. Psora

Psora entspricht dem fixen Kreuz sowie den Erdzeichen und den Erdhäusern (2, 6, 10). Hier werden die hereditären Informationen (Erbprogramme) nicht direkt von den Eltern, sondern von Streßsituationen in der Makrofamilie (Großeltern, Vetter, Schwager usw.) bestimmt. Dies können solche Ereignisse wie Vertreibung, Mord, Unglück, Konkurs, Haft, Generationskonflikte usw. sein.

Was diese Programme beinhalten, kann man in den Horoskopen der Sonnen- oder Mondrevolution für entsprechende Ereig-
nisperioden sehen. Besonders feste Verbindungen bestehen dabei
zwischen Großmutter und Enkel, Großvater und Enkelin, und die
Horoskopes der Großeltern können die der Enkelkinder fast völlig „verdrängen" (wirkungslos machen). Psora läßt sich auch in
den Geburtshoroskopen deutlich erkennen.

Diese Erbprogramme beginnen zu wirken, wenn der Mensch
selbst in Streßsituationen gerät, besonders in der Zeit zwischen
seinem fünften und zehnten oder nach seinem 35. Lebensjahr. Im
höheren Alter werden solche Programme – soweit man sie noch
nicht durchgearbeitet hat – auf seine Enkelkinder abgewälzt.

Nach unserer Hypothese sind diese vererbten Wirkungsfakto-
ren nicht direkt mit der Genetik, sondern mit dem sogenannten
Genom oder, in Begriffen der Esoterik, mit karmischen Beziehungen verbunden (das kosmische Gleichgewichtsgesetz, frühere In-
karnationen, Reinkarnation der Ahnen in ihrer Nachkommen-
schaft, besonders bei auffälliger sozialer oder politischer Stellung
der ersteren).

Im System der feinstofflichen Körper kommt dieser Typus auf
der Ebene des psychischen oder des Astralkörpers zum Ausdruck.
Im Immunitätssystem ist dies die spezifische Immunität (T-
Lymphozyten).

3. Lues

Lues hängt mit dem veränderlichen Kreuz, den Luftzeichen und
den Lufthäusern zusammen. Diese Menschen erhalten ihre Erbprogramme im Pubertätsalter (8/11 bis 18), bei der Geburt von
Geschwistern, darunter auch zweiten und dritten Grades, wonach
die Geburtshoroskope der letzteren nicht selten das des Patienten
„beschatten" (beeinflussen oder gar verdrängen).

Als Auslöser zum Starten dieser Programme im weiteren Leben
des Patienten können Streßsituationen im Studium, Beruf, Liebe,
beeindruckende Verwandtschaften oder Bekanntschaften, soziale
und Naturkatastrophen dienen (Krieg, Revolution, Erdbeben,
Epidemie). Zur Analyse solcher Programme werden die Sonnen-

revolutionen oder gar genaue Ereignishoroskope genommen, wenn das Datum bekannt ist.

Sehr aufschlußreich können dabei amtlich dokumentierte Ereignishoroskope sein: Ehe- und Scheidungsurkunden, verschiedene Zeugnisse, Bescheinigungen usw.

Besonders enge Verbindungen bestehen in diesem Fall zwischen Tante und Neffe, Onkel und Nichte, Geschwistern verschiedenen Geschlechts und Ehepartnern.

Nach unserer Hypothese gehören solche Erbprogramme auch in den Bereich des Karma (Ursache-und-Wirkung-Gesetz): die laufende Inkarnation wird stark von früheren bestimmt (Geschlecht, Land, Glaube, Moral, Beruf, Beziehungen zu Geschwistern usw.). Sie sind auch mit dem sogenannten Genom (nichtgentragender Teil der DNS) verbunden.

Im feinstofflichen Bereich ist es der Mentalkörper, in der Immunologie die B-Lymphozyten.

4. Tiefes Psora

Tiefes Psora hat sich erst in der modernen Zeit entfacht. Sie entspricht einer weiteren Evolutionsetappe des Menschengeschlechts (Wassermann-Zeitalter). Im Geburtshoroskop ist sie mit dem Wassertrigon verbunden (Kreuze wirken nicht mehr), also mit Wasserzeichen und Wasserhäusern (4, 8, 12).

Dieses Trigon ist der Hauptspeicher der hereditären und karmischen Informationen, die ihre Wirkung sozusagen automatisch auf das ganze Geburtshoroskop ausdehnen und in folgenden Situationen in Erscheinung treten:

Krebs (Haus 4): die Erbfaktoren treten im Moment der Konzeption und in der Pränatalperiode in Kraft und verursachen eine ausgesprochene Abhängigkeit der Person von Problemen ihrer Ahnen, besonders mütterlicherseits. Ausgelöst wird ihre Wirkung durch die von der Mutter erlebten Streßsituationen oder Verletzungen.

Skorpion (Haus 8): die gravierendsten Erbfaktoren „setzen sich fest" nach der Geburt, vorwiegend im 1. Lebensjahr und dann zwischen fünf und zehn Jahren in Verbindung mit den Todesfällen in der Familie (besonders wenn es Vater oder Mutter sind), verschiedenen Verlusten (Vermögen, Arbeit, Status) oder Entbehrungen.

Fische (Haus 12): die Erbfaktoren setzen sich in der Pubertätsperiode durch, besonders wenn diese sich verlängert, infolge von Persönlichkeitskrisen (man wird nicht akzeptiert, ausgestoßen, auch in der eigenen Familie), labiler sexualer Orientierung (der Junge reagiert zu oft wie ein Mädchen, das Mädchen wie ein Junge) oder moralisch-geistigen Schwankungen (Suche nach Religion, Glauben, Idealen), was vielleicht auch durch eine ökologische oder Wirtschaftskrise erschwert wird.

Im feinstofflichen Bereich ist es der Kausalkörper, der dem Immunitätssystem als Ganzes entspricht. Auf dieser Ebene werden Programme von Leben, Tod und Quellen der biologischen Energie der Makrofamilie kontrolliert.

Planeten und Typologie des Unbewußten (Erbprogramme)

Konkrete Erscheinungsformen des Unbewußten hängen von den Planeten ab, die den Typ der Gedächtnisstruktur und der Reaktionen des Organismus (auf funktionaler, physiologischer und psychischer Ebene) bestimmen. Die Intensität solcher hereditären Einprägungen im Gedächtnis wird durch die Aspekte zwischen diesen Planeten bestimmt. Im Ergebnis unserer praktischen Arbeit entstand folgendes Modell der Zuordnungen zwischen einzelnen Planeten und Aspekten:

Quadratur	= Saturn
Opposition	= Mars
Konjunktion	= Merkur
Trigon	= Jupiter
Sextil	= Venus
Quinkunx	= Uranus
Quintil	= Neptun
Nonagon	= Pluto

Die 'Lichter' – Sonne und Mond – haben keine Zuordnungen unter den Aspekten, dafür aber mehrere unter anderen Elementen des Horoskops. So entspricht die Sonne z. B. den direkten, der Mond den rückläufigen Planeten usw. In unserem Programm sind alle diese Zuordnungen detailliert angeführt.

Was bedeuten diese Zuordnungen? Wenn es beispielsweise im Horoskop viele Quadrate gibt, so kommt dies einem starken Saturneinfluß gleich, auch wenn der Planet Saturn selbst keine starke Stellung hat. Ein starker oder, genauer gesagt, tiefer Saturn weist auf ein gewichtiges und wirksames Erbprogramm hin, welches einen bedeutenden Teil des Unbewußten beherrscht. Bei vielen Oppositionen ist die Marswirkung stark, bei Sextilen die der Venus usw. Die geschlossenen Trigone im Geburtshoroskop zeugen vom starken jupiterhaften Charakter der Durcharbeitung dieser unbewußten Programme, die sehr intensiv verläuft, von dem Menschen aber weder kontrolliert noch wahrgenommen wird. Der Besitzer des geschlossenen Trigons hat die meisten Chancen, rechtzeitig die richtige Wahl zu treffen, aber auch das wird weitaus häufiger von seiner sozialen, nationalen und konfessionellen Herkunft, als von seiner individualen Entscheidung bestimmt.

Die so planetarisch zugeordneten Typen des Unbewußten entsprechen sehr gut den von C. G. Jung beschriebenen Archetypen. Allerdings darf der Begriff „planetarisch" nicht im klassischen Sinn verstanden werden, sondern in seiner astrohomöopathischen Bedeutung. Die Kombination von Astrologie und Homöopathie hilft uns, die Jungschen Gedanken besser zu verstehen und die Ursachen vieler menschlicher Komplexe mit den Augen zu sehen, wie er sie – als Analytiker und klinischer Arzt – gesehen hat.

In unserem Computerprogramm, das auch auf dieser Synthese basiert, wird bei der Beschreibung der Archetypen konsequent der Zusammenhang zwischen den Wurzeln dieser unbewußten Faktoren und ihrer Durcharbeitung, d. h. zwischen Pathogenese und Adaptation gezeigt. Unten sind die planetarischen Grundtypen dieser Faktoren kurz beschrieben. Dabei wurden astrologische Begriffe, jungianische Archetypen und unsere klinischen Erfahrungen genutzt.

Hereditäre Planeten-Engramme

Mond-Uranus (im Alter von 0 bis 4/5 Jahren)

Der Mensch lebt in einer fremden, illusorischen Welt. Er ist dort fremd und hier auch. Das läßt sich an seiner Mimik, Gestik, seinen Reflexen erkennen, die jene der anderen Menschen, besonders seiner Familienmitglieder unbewußt nachahmen. Im psychischen Bereich werden verschiedene Ängste nachgeahmt – vor Höhe, Menschen, Zukunft, Lärm, in offenen oder geschlossenen Räumen, um Mutter, Kinder, Vermögen; es können auch Abhängigkeiten sein: von konkreten Raumobjekten, fremden Meinungen, Lauten, Gerüchen, Wetter. Manchmal sind dies Zustände wie Unterordnung, Erniedrigung, Besorgtheit, Hektik, Unschlüssigkeit, Warten auf Anweisungen, eine Art „Blindheit", Teilnahmslosigkeit oder Euphorie, hohe Reizbarkeit, Übererregbarkeit, Jähzorn. In der Jungschen Terminologie ist dies die Anima. Man nimmt Stellung zu seinem Namen: entweder ist man froh und stolz darauf oder verwirft ihn und findet Pseudonyme. Auch das Äußere läßt Mond-Engramme erkennen – am Blick, Gesichtsausdruck, Haut, Haar. Selbst bemerkt man sie kaum, man braucht Hilfe dazu. Uranus-Engramme haben ähnliche Wirkungen, weil Uranus als Symbol der Mutterschaft dem Mond gleicht (jungianischer Archetyp der Großen Mutter), sie spielen sich lediglich auf der Ebene einer ganzen Generation ab.

Merkur (zwischen 4/5 und 10/11 Jahren)

Der Mensch hängt an einer bestimmten Tonlage, Rede- und Schreibmanier, an bestimmten Verhaltensmustern beim Zuhören (oder Nichtzuhören), Denken, Ausgehen, Sexualverkehr usw. Diese Programme werden durch Worte „gestartet", seien diese schriftlich oder verbal, die sich in Form von Ärger, Protest oder Schutz gegen die Umgebung manifestieren. Merkurs Engramme weisen sich auch in Form von Überempfindlichkeit oder Unempfindlichkeit gegen jegliche Informationen von außen aus: man reagiert allergisch auf alles, ist vergeßlich oder „taub", dickhäutig; typisch sind auch Kritizismus, Redehemmungen oder Gehörstörungen, Zwangsreaktionen als Zitate oder Klischees (meistens selbst rechtfertigenden Charakters) gegen alle Vorwürfe, demonstratives Schweigen oder chaotischer Redeschwall ohne nachvollziehbaren Inhalt. Oft Identitätsschwierigkeiten – man kann nicht formulieren, was man ist und was man macht, oder welche Funktion er in seinem Büro, Betrieb, Beruf auszuführen hat. Die Merkur-Engramme verursachen Infantilismus in Partnerschaft, Beruf, Sozialleben, und Gleichgültigkeit, was sie den Saturn-Engrammen ähnlich macht: solche Leute wollen nicht aus eigenen Erfahrungen lernen (sie tun lieber das, was schon der Großvater zu machen pflegte) und suchen immer nach einer Ausrede statt dem Mittel. Bei C. G. Jung ist dies eine Mischung von Archetypen, eine Kombination von Anima, Person und Trickster.

Venus (zwischen 10/11 und 18 Jahren)

Der Mensch hängt an typischen Modellen der Umgebung (Partner, Familie, Betrieb, Berufsgruppe), wenn es um die Akzeptanz oder Ablehnung von Haltung, Manieren oder Entscheidungen anderer geht. Diese Modelle (die Maske nach C. G. Jung) „befreien" den Menschen von der Qual der eigenen Wahl, die mit einer in seiner Umgebung geltenden Meinung ersetzt wird. Der Mensch identifiziert sich mit seiner Umgebung, lernt nicht Ich, sondern Wir zu sagen und hat keine eigene Meinung. Besonders deutlich kommen die Venus-Engramme in ethnisch und konfessionell vereinten Gemeinden zum Ausdruck. Bei der Auslösung solcher Engramme übernimmt der Mensch immer mehr Masken, Riten, Regeln; ist das im Pubertätsalter normal, so führt dies weiterhin zu Infantilismus, Scheu, Prüderie, man ist unfähig zu Genuß und Liebe, überhaupt zum Kontakt, man will sich nicht mit seinem eigenen Geschlecht zufriedengeben usw. Psychisch-sexuelle Abweichungen verschiedener Art sind in solchem Fall dementsprechend möglich. Von außen her lassen sich die Venus-Engramme nach bestimmten Schattierungen der Haut am Gesicht und Körper, nach Geschmack, der Art sich zu kleiden, der Motorik, der Vorliebe für bestimmte Farben und Aromen, für bestimmte Verhaltensweisen in der Gesellschaft usw. unterscheiden. Eine nachweisbare Intoleranz überhaupt – gegen sich selber oder gegen etwas von außen – weist immer auf ein Venus-Engramm hin.

Sonne (mit 18/20 oder 30/35 Jahren)

Sonnen-Engramme gibt es eigentlich keine. Die Sonne ist die Energie der Persönlichkeit, das Jungsche Selbst, die Kreativität, ein klares Ziel, der Wille, offen oder latent. Die Erbschaft, besonders Vaters Einfluß, kann die Sonnenenergien bremsen, unterdrücken, „beschatten", aber sie lassen sich nie völlig verdrängen – oder nur bei äußerst schwierigen Lebensumständen, normalerweise nicht unter 60 Jahren. Die Lage der Sonne im Zeichen zeigt die Entwicklungsrichtung der Persönlichkeitsenergie und die Möglichkeiten ihrer Realisierung. Eine völlige Verwirklichung der Sonnenenergien erfolgt nur im Falle, wenn der Mensch sich seines Lebensziels, seiner Lebensentscheidung (Unterscheidung von Gut und Böse) bewußt ist und den Individuationsprozeß vom Ego bis zum Selbst wirklich durchlebt.

Mars-Pluto (mit 30/35 oder 50/52 Jahren)

Die Mars- und Pluto-Engramme (die sich kaum voneinander unterscheiden) bedeuten immer Produktion einer überflüssigen, aggressiven Energie. Das kann durch Übergewicht, verschiedene körperliche Auswüchse, besonders an der Nase und überhaupt am Kopf, durch Verstümmelungen (auch angeborene) und lang anhaltende Infektionsherde im Organismus zum Ausdruck kommen. Die nicht kompensierten Mars/Pluto-Engramme manifestieren sich immer als eine Aggression, als stete Attacken gegen die Umgebung, was logischerweise eine erhöhte Unfallanfälligkeit einschließlich Katastrophen, wiederholte Konflikte und auch übermäßige Ichbetontheit, ebenso Überheblichkeitskomplexe bei Abwesenheit realer Erfolge nach sich zieht. Begleitet wird dies durch stürmische emotionale Reaktionen und Ängste (vor Tod, Überfall, Exil, Sexualkontakt, Betrug, Verlust von Geld oder Einflußposition), die sich logischerweise dann im wirklichen Leben realisieren. Dieser Mensch führt Kriege ohne Siege oder erklärt sich zum Opfer, zum ewigen Verlierer, was ihn körperlich krank macht. Die

Mars- und Pluto-Erkrankungen hängen immer mit einer disproportionierten (ungenügenden oder zu großen) Anstrengung, einer unbedachten Mittelwahl für das gesetzte Ziel oder mit der Abwesenheit eines Ziels, einer Motivierung oder eines Antriebs zusammen. Diese Engramme lassen sich beseitigen durch psychische Entspannung (darunter z. B. auch durch kirchliche Buße), durch körperliche Harmonisierung (Kampf mit eigenem „Schatten" nach C. G. Jung) und/oder durch eine neue Realisierung eigener Persönlichkeit in der Außenwelt.

Jupiter-Neptun (mit 50/52 und dann mit 63)

Jupiter entspricht bei C.G. Jung Animus. Die Jupiter- und Neptun-Engramme sind fast identisch. Sie bedeuten disproportionierte (übertriebene oder unterdrückte) Reaktionen nach dem Muster des Pater familiae: übermäßige Anmaßungen, Annahme der Rolle des Vormunds, des Befreiers, des gerechten Richters, oder umgekehrt – „mein Name ist Hase", „ich bin klein", eine Person, die jegliche Verantwortung auf andere abwälzt und sich in steter Euphorie oder steter Depression befindet. Das letztere erfordert seinen Ausgleich durch Alkohol, Drogen oder Sex (als Realisierung des Vaterinstinkts bei Männern, oft durch ein nachdrücklich geäußertes Streben, einen Sohn zu haben, begleitet), oder durch Bequemlichkeiten und Belustigungen. In den Augen lassen sich solche Engramme durch Veränderungen der Regenbogenhaut erkennen. Die Beseitigung solcher Engramme ist problematisch, weil ihre Energien aus dem kolossalen Informationsspeicher der Familie, der Ahnenfolge, der Sippe herauskommen. Daher ist es für eine Person normalerweise schwer, die Jupiter/Neptun-Engramme zu bemerken, genauso wie im Fall mit den ihnen ähnlichen Mond/Uranus-Engrammen; man braucht Hilfe von außen, also von anderen, was in Auseinandersetzungen zu Problemen des Glaubens, des Vertrauens, der Freiheit und des Heimatschutzes besonders deutlich hervortreten kann. Diese Engramme lassen sich nur langsam und konsequent durcharbeiten, indem man seine Freiheit und Unabhängigkeit von allen vorgegebenen Mustern verinnerlicht. Bei Männern ist das besonders eng mit der Identifizierung mit ihrer Nation (wir sind Deutsche, oder wir sind Russen, Araber, Chinesen usw.) und dann mit den allgemein menschlichen Grundsätzen verbunden. Bei Frauen hängen sie vor allem mit ihrer Wahrnehmung des Vaters als Mann und als Vaterfigur zusammen, vor dem die Frau Angst hat oder ihn für die Beschränkung der eigenen Freiheit haßt, was später z. B. kompensiert wird durch die Zuwendung ihres Selbst in eine besondere Geschlechtsgruppe (Feminismus). Das Bedürfnis des massenhaften Unbewußten an einem „Held" oder „König" ist ein tiefsitzender von Jupiter beherrschter Unfreiheits-Komplex, ein Komplex des nicht Zugelassenwerdens zum realen Leben.

Saturn (mit 63 Jahren und danach)

Im jüngeren Alter werden die Saturn-Engramme auf der psychischen und Verhaltensebene nur bei intellektuell entwickelten Menschen wirksam. Bei anderen wirken sie nur auf der körperlichen Ebene (Skelettformen usw.). Ein hochentwickelter Intellekt ruft saturnische Verhaltenssstereotypen hervor, die von C. G. Jung als Schatten oder weiser Greis definiert wurden. Das ist ein passiver Lebensbeobachter, Urvater, Muffel, der an übertriebenen Schuldgefühlen leidet und alles übelnimmt, ohne es jedoch auszusprechen (ähnlich wie bei Merkur-Engrammen) oder etwas dagegen unternehmen zu wagen. Solche Leute können ihre Saturn-Engramme nur durch eine tiefe innere Transformation beseitigen; dann liefern sie aber ein Musterbeispiel der Stabilität und Selbstkontrolle. Nach 60 Jahren äußern sich die Saturn-Engramme als Altersstereotypen und bilden damit ein Therapieobjekt für Gerontologen. Im Alltag werden die Saturn-Engramme als Aussichtslosigkeit, blinde Sackgassen oder Überlebenskrisen empfunden, besonders in Verbindung mit einer Familienkrankheit, mit Krankheiten der Kinder, mit lange ausbleibendem Fortschritt in Beruf oder Gesundheit.

Die Aktivierung der hereditären Engramme hängt, wie gesagt, mit konkreten Altersstufen zusammen. Jedes Alter hat aber auch eine Gegenphase und eine wichtige Rolle im Reifeprozeß bestimmter Organismusfunktionen. Die Entwicklungsphasen der funktionalen Organismussysteme und ihre Verbindung mit Altersgruppen, Chakras, Planeten und feinstofflichen Körpern sowie mit homöopathischen Potenzen, lassen sich in einer Tabelle zusammenführen, die unten zu sehen ist. Diese Tabelle, die wir als Septakkord bezeichneten, entspricht dem siebenfachen Modell der indischen esoterischen Tradition.

Da dieses siebenteilige Modell bestimmten Resonanzebenen (Chakras) entspricht, lassen sich die erforderlichen Potenzen der homöopathischen Präparate anhand von Tabelle 3 leicht ermitteln. Auch die Gegenphasen jedes Alters sind deutlich zu erkennen: sie entsprechen dem gleichen Planeten in einer anderen Zeile und Spalte (z. B. SA-UR: Spalte 7, Alter 63 Jahre und höher, Gegenphasen 18-35, Spalte 5, und 0-4, Spalte 6).

Aus der Tabelle wird auch ersichtlich, wie die homöopathischen Intenzen oder Miasmen mit den astrologischen Kreuzen und Trigonen die Struktur des unteren feinstofflichen Körpers bilden. Die oberen „protegieren" die unteren, wie es oben beschrieben wurde: der Absolut-Körper speist den ätherischen, der Atman den mentalen, der Buddhi den Astralkörper. Insgesamt bildet die Anatomie des feinstofflichen Körpers ein System konzentrischer Sphären.

Der karmische oder Kausalkörper (Wassertrigon) ist das größte „Ei", das alle anderen als eine Konstruktion aus Kreuzen (untere Körper) und Trigonen (obere Körper) umfaßt. Bei gewöhnlichen Menschen äußern sich die letzteren nur als bestimmte Reaktions- und Energieaustauschtypen, d. h. als Erbprogramme, ohne sich als individuelle Begabungen und Talente zu verwirklichen.

SEPTAKKORD

1 feiner Körper	2 Element/Kreuz	3 Häuser	4 Chakra	5 3. Signal-System (Haut-Kode)	6 2. Signal-System (Endokr. System)	7 1. Signal-System (vegetat. u. Nervens.)	8 Potenz	9 Alter
Absolut	Feuertrigon	I-V-IX	Kronenchakra	Merkur	Sonne	Saturn-Uranus	D20 000	63...
Atman	Lufttrigon	III-VII-XI	3. Auge	Jupiter-Neptun	Mond	Jupiter-Neptun	D2000-D10 000	52-63
Buddhi	Erdtrigon	II-VI-X	Halschakra	Venus	Merkur	Mars-Pluto	D200-D400	35-52
Kausal-Körper	Wassertrigon	IV-VIII-XII	Herzchakra	Saturn-Uranus	Venus	Sonne	D60-D100	18-35
Mental-körper	mutables Kreuz	-	Solarplexus	Sonne	Mars-Pluto	Venus	D24	11-18 (20)
Astral-körper	fixes Kreuz	-	Nabelchakra	Mond	Jupiter-Neptun	Merkur	D12	5-10 (11)
physisches od. Äther-körper	kardinales Kreuz	-	Basischakra	Mars-Pluto	Saturn-Uranus	Mond	D3-D6	0-4 (5)

Tabelle 3: Septakkord

Die Planetenreihen entsprechen den physiologischen Funktionen, die mit den sogenannten Signalsystemen des menschlichen Organismus verbunden sind.

Das 1. Signalsystem, das vegetative Nervensystem, bildet sich als eine Reaktion des Organismus auf Wachstum, Evolution und Alter heraus. In der esoterischen Tradition ist das die Ptolemäische Planetenfolge, die der klassischen Altersskala entspricht.

Das 2. Signalsystem, das endokrine Hypothalamus-Hypophyse-System (kurz HHS), ist die „Steuerungszentrale" des ganzen Organismus. In der Astrologie und Astromedizin wurden die Drüsen seit eh und je mit jener Planetenfolge verbunden, die aus den Herrschern der beiderseitig der Krebs/Steinbock-Achse liegenden Zeichen besteht. Diese Achse verbindet die Häuser der Hauptgestirne – Sonne und Mond – mit jenen der anderen Planeten. In unserem Modell steht die Sonne als Hauptgestirn und Herrscher des Kronenchakras (Hypothalamus) hierarchisch höher als der Mond, Herrscher des 3. Auges (HHS).

Das 3. Signalsystem oder der Hautkode war im Abendland vor dem 20. Jahrhundert nur wenig erforscht, im Orient aber seit dem Altertum bekannt und weit verwendet. Dazu gehören die Chakras und die Körpermeridiane, die Aktivpunkte am Ohr, an Händen und Füßen, die Regenbogenhaut usw. Dort wurden feine Techniken der Arbeit mit der Haut und ihren Ausstrahlungen entwickelt, die den Informations- und Energieaustausch des Menschen mit seiner Umgebung ermöglichen und ihm zur Orientierung in Zeit und Raum dienen. Diese Planetenreihe wird in unserer Tabelle nach einer alten indischen Tradition angeführt.

Der Mensch hat natürlich auch andere Signalsysteme, die zur Ausführung anderer Funktionen seines Organismus dienen, darunter das der Vererbung. Wir könnten es als 4. Signalsystem bezeichnen und hinter das 2. in unsere Tabelle einordnen. Unsere Hypothese lautet, daß dieses 4. Signalsystem als System der Exaltationen in der Astrologie beschrieben wird. In Babylon betrachtete man die Exaltationsorte als Hinweis auf die Stellungen, die die Planeten im Moment der Erschaffung der Welt eingenommen hatten. Im Orient – besonders in Indien – galten die Exaltationen als eine höhere Planetenwürde als Swakshetras (eigene Häuser). Beiderseitig von der Krebs/Steinbock-Achse gesehen, bilden sich hier folgende Planetenpaare bzw. –gruppen nach ihren Exaltationsorten:

LE	Pluto	Jupiter/Neptun	CN
VI	Merkur/Mondknoten	Mondknoten	GE
LI	Saturn	Mond	TA
SC	Uranus	Sonne	AR
SG	Chiron	Venus	PI
CA	Mars	Merkur	AQ

Wir nehmen auch an, daß es weitere Planetenreihen geben kann, die mit anderen Signalsystemen verbunden sind. Es ist wahrscheinlich, daß es insgesamt zwölf Signalsysteme gibt: gerade diese noch nicht genau erforschten Systeme äußern sich durch die sogenannte nichtklassischen Chakras und andere Energiezentren, die in verschiedenen Quellen (Tibet, Indien, Ägypten, China) teilweise beschrieben sind.

Schlusswort

Die Astrohomöopathie ist kein Allheilmittel. Sie hilft nur, wenn der Patient bereit ist, seine Probleme selbst durchzuarbeiten oder wenigstens damit anzufangen. Dabei geht es natürlich nicht um Äußeres, sondern um die Veränderung des inneren Zustands. Dann kann die Astrohomöopathie als Konstitutionstherapie wirklich gute Ergebnisse bringen. Das ist ein gutes und modernes Instrument für Psychotherapie, für tiefe Psychodiagnostik, für die Durcharbeitung von hereditären und karmischen Programmen, für die Ermittlung und Entfaltung der schöpferischen Potenzen und intuitiven Kanäle, für die optimale Anpassung des Menschen und seiner Familie an die Umwelt. Auch der Therapeut selbst muß ständig sich selbst erkennen und weiterentwickeln, um sein „inneres Sehvermögen" zu verstärken und die wahren Ursachen der Probleme unter Berücksichtigung des ältesten Therapiegebotes begreifen zu können: Du sollst nicht Schaden bringen.

Astrologisch fundierte
Bachblütentherapie

Dr. med. Harald Kinadeter

Im vorliegenden Beitrag wird eine vom Autor entwickelte Synthese von Astrologie und Bachblütentherapie vorgestellt, die nach dessen Erfahrungen geeignet ist, in bisher nicht erreichter Einfachheit, Klarheit und Wirksamkeit im Radix ausgewiesene Probleme sowohl körperlicher als auch psychomentaler Ausbildung heilsam zu beeinflussen. Die Wirksamkeit der neuen Planetenmittel geht dabei nach Erfahrung des Autors weit über die bisher mit der konventionellen Bachblütentherapie erreichbaren Effekte hinaus und grenzt teilweise ans Erstaunliche[1]. Die Entwicklung dieser Mittel sowie die Grundlagen der Herleitung der planetaren Zuordnungen und ihre Anwendung und Herstellung sind ausführlich in dem Buch des Autors BACHBLÜTEN UND PLANETENKRÄFTE[2] geschildert. In den vorliegenden Beitrag sind wesentliche Abschnitte aus diesem Buch eingeflossen.

Ausgangspunkt der Überlegungen, die in die Entwicklung des Systems der Planetenmittel gemündet sind, war die Klarheit, daß alle wahren Systeme miteinander kompatibel sind. Ein wahres System ist nach dieser Auffassung eines, das die Gesetze der Wirklichkeit abbildet und in einen dynamischen und kreativen Zusammenhang einbindet. Wahre Systeme sind in diesem Verständnis lebendige, Leben erzeugende, Leben erhaltende und Leben weitergebende Systeme. Im Gegensatz dazu sind falsche Systeme künstliche „ausgeklügelte" Systeme, die mit der Natur der Schöpfung nicht in Resonanz stehen und deshalb letztlich das Leben schwächen, indem sie es vom Gesamtzusammenhang abtrennen.[3]

Wahre Systeme beinhalten den Goldenen Schnitt als Naturkonstante der harmonischen Bezüglichkeit von Einflüssen und stehen miteinander in stärkender resonanter Verbindung. Sie tauschen untereinander Energie und Information aus, sind mithin verbunden und stellen insgesamt eine Einheit dar. Ein ökologisches System ist ein derartiges wahres System, das I-Ging ist auch ein solches, ebenfalls die Runen und die Astrologie, um nur einige zu nennen. Menschliche Erfindungen sind in dem Maße gesund und potentiell in allen Bereichen des Lebens förderlich und heilkräftig, in welchem sie die Gesetze wahrer Systeme berücksichtigen und nutzen.

Beispiele dafür sind die Erkenntnisse und Erfindungen dieser Menschen wie Viktor Schauberger, Wilhelm Reich oder Martin Schönberger, um nur einige wenige zu nennen. Schauberger erkannte aus der vertieften Naturbetrachtung, wie spiralige einspulende Wirbel und Leben zusammenhängen, Wilhelm Reich verstand die Polarität als Grundlage des Lebendigen und konnte diese Kenntnis in genial einfacher Weise nutzen, um Lebensenergie zu akkumulieren und Martin Schönberger fand heraus, daß die DNS in der gleichen Art kodiert ist wie das uralte Orakelsystem des I-Ging.

Diese Art von Synthesefähigkeit zeichnet das wahre Wissen jenseits aller Unterschiede von Kultur und Paradigmen aus. Ein wahres System stellt also notwendigerweise und immanent immer einen Zusammenhang her als die allergrundlegendste Voraussetzung für Heilung. Es kann als ein Fraktal des Bauplans der Schöpfung angesehen werden. Nur wahre Systeme können deshalb überhaupt heilkräftig eingesetzt werden, wohingegen die falschen Systeme keinen Kontakt zur Heilung vermitteln.

In unserem Kulturkreis war Paracelsus der bekannteste Arzt und Heiler, der die wahren Systeme der Astrologie, der Alchemie und der Magie in seinen Behandlungen einsetzen konnte. Eine seiner Maximen war deshalb auch, daß nur der ein guter Arzt sein könne, der auch ein guter Astrologe sei. Er führte alle Krankheiten auf ein Ungleichgewicht der drei wesentlichen Kräfte Sal, Sulfur und Mercurius zurück, die als Ausstrahlungen der Göttlichen Trinität gesehen wurden. Paracelsus in schreibt AURORA PHILOSOPHORUM:

„Denn die rechte wahre Magie führt ihren Ursprung aus dem göttlichen Ternario und der Trinität Gottes her, weil Gott, der Allmächtige, alle Kreaturen und Geschöpfe mit diesem Ternario und dreifältigen Zahl bezeichnet

und mit seinem göttlichen Finger ihnen diese hoch verborgene und geheime
Tinctur eingegraben hat, dergestalt, daß nichts unter allen natürlichen Dingen
in der ganzen Welt gefunden noch beigebracht werden kann, das des Geheim-
nisses dieser göttlichen Dreiheit entrate und im Mangel stünde, oder auch nicht
sichtbarerweise gleichsam vor Augen gestellt werden könnte, was das Geschöpf
und der Schöpfer gleichsam weisen und zu erkennen geben."

Die paracelsische Trinität von Mercurius, Sal und Sulfur würden wir heute als Energie–Materie–Information bezeichnen. Sie
kann auch als Seele–Körper–Geist bezeichnet werden und bildete
als Glaube–Liebe–Hoffnung formuliert die Grundlagen des Chris-
tentums. Trinität gibt es in jeder authentischen Überlieferung, sei
es das Urd–Skuld–Werdandi der nordischen Völker, sei es Brahma–Shiva–Vishnu der indischen Überlieferung, Osiris–Isis–Horus
der Ägypter oder das Proton–Neutron–Elektron der naturwissen-
schaftlichen Atomphysik. Dies bedeutet nichts anderes, als daß in
den verschiedensten Kulturen und Überlieferungen übereinstim-
mend ein trinitarer Aufbau der letzten Wirklichkeit angenommen
wurde.

Eine Heilkunst, die wirklich heilen will, muß also diese dreifalti-
ge Wirklichkeit spiegeln. In der Bachblütentherapie steht für diese
drei Faktoren die Trinität von energetischer Blütenessenz–Sonne-
und Wasser, wobei die individuelle Blütenessenz dem Seelenele-
ment entspricht, die informierende solare Kraft dem Geist und
das imprägnierte Wasserelement dem Körper. Im System der Blü-
tentherapie des Dr. Edward Bach gibt es allerdings darüber hinaus
einen bisher nicht erkannten kosmischen Ordnungsfaktor, der die
einzelnen Blütengruppen nach astrologischen Gesetzmäßigkeiten
verknüpft, was weitreichende Konsequenzen für Diagnose und
Therapie mit den Bachblüten haben kann.

Auf diesen Ordnungsfaktor beziehen wir uns – in allerdings
wenig bewußter Weise – täglich. Er besteht als ein in vollem Um-
fang gültiges uraltes System planetarischer Ordnung. Ich spreche
von der chaldäischen Reihe der Planeten, von der sich die Ordnung unserer Wochentage herleitet. Sie ist ein Beispiel dafür, für
wie wichtig die Anbindung des alltäglichen Lebens an die größere
Ordnung des Himmels bei den Alten erachtet wurde. Man konnte
auf diese einfache Weise ohne weitere astrologische Berechung

jeden Tag mit einer bestimmten planetaren Kraft in Resonanz treten. Die innere Logik des Systems von Dr. Edward Bach ist, wie ich sogleich zeigen werde, auf eben dieser chaldäischen Reihe aufgebaut.

Die chaldäischen Astrologen hatten folgendes erkannt: Wenn man die Planeten entsprechend ihrer Umlaufgeschwindigkeit um die Sonne so anordnet, daß in der Mitte die Sonne zu stehen kommt, ergibt sich, mit dem Mond als erdnächstem Planeten beginnend, folgende Reihe:

Mond
Merkur
Venus
Sonne
Mars
Jupiter
Saturn

Nun kann man die ganze Reihe auch in einen Kreis schreiben, und es ergibt sich das bekannte Bild des Siebensterns. Wenn man die Planeten in der chaldäischen Reihe tabellarisch auflistet und gleichzeitig dabei die Leitfähigkeiten für Wärme und für Elektrizität aufträgt, wird ersichtlich, daß diese chaldäische Reihe eine Ordnung ausdrückt, die wesentlich universaler ist, als dies durch den bloßen Faktor der Bahngeschwindigkeit zu erfassen wäre, wodurch sie in erster Linie begründet worden war. Es wird auf diese Weise unmittelbar deutlich, warum z.B. bestimmte Metalle bestimmten Planeten zugeordnet werden können.

	Leitfähigkeit für		Geschwindigkeit der	
	Wärme	Elektrizität	Planeten in Bogengraden	
Blei	8	10	Saturn	2
Zinn	15	13	Jupiter	4
Eisen	17	20	Mars	18
Gold	53	73	Sonne	30
Quecksilber	68	76	Merkur	36
Kupfer	74	77	Venus	32
Silber	100	100	Mond	392

Wir sehen hier, daß Gold wie die Sonne in der Mitte zu stehen kommt und daß z.b. die Leitfähigkeiten für Wärme und Elektrizität für die sieben Metalle eine der chaldäischen Planetenreihe analoge Anordnung bilden. Diese Anordnung der Metalle wird weiter bestätigt, wenn man die Metalle zusätzlich nach Glanz und Klangvermögen anordnet, den beiden Ausdrucksformen für den Licht und den Liebesaspekt des Schöpferischen. Silber klingt und glänzt am hellsten, Blei dagegen dumpf und stumpf. Dies ist nur ein winziger Ausschnitt aus einer unübersehbaren Fülle von Beobachtungen, die dazu geführt haben, die Planeten in der dargestellten Weise mit den Metallen zu verknüpfen. Doch zurück zu den Planetenprinzipien im chaldäischen Siebenstern:

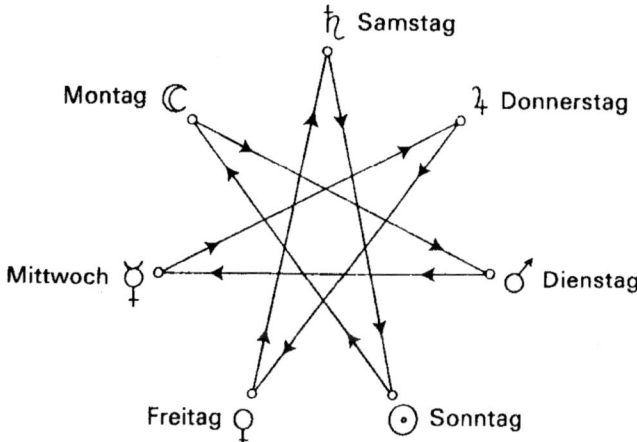

In diesem Siebenstern ist nun der Energiefluß in zwei Richtungen möglich: von der Sonne über Saturn oder von der Sonne über den Mond (s. Abb.) Alles Leben entwickelt sich aber im Wasser. Auch die Sonnenpotenzierung bei der Bachblütentherapie nimmt den Weg von der Sonne zum Wasser, was in symbolischer Übersetzung auch gelesen werden kann als Sonne zu Mond. Es ergibt sich also die innere Abfolge von Sonntag/Sonne zu Montag/Mond zu

Dienstag/Mars zu Mittwoch/Merkur zu Donnerstag/Jupiter zu Freitag/Venus zu Samstag/Saturn zu Sonntag/Sonne.

Edward Bach selbst teilte sein vollständiges System der 38 Blüten in sieben Gruppen ein, und zwar in folgende: Die Gruppe der Blüten wirksam gegen

1. Angst
2. Unsicherheit
3. gegen mangelndes Interesse an der Gegenwart
4. gegen Einsamkeit
5. gegen übermäßige Offenheit für Einflüsse
6. gegen Verzweiflung und Verzagtheit und
7. gegen übermäßige Sorge um das Wohl anderer.

Für den astrologisch Geübten ergibt sich sogleich, daß Angst als Enge und Verkrampfung dem Saturn entspricht, daß Unsicherheit dem reagierenden zu- und abnehmendem Mond entspricht, daß Interesse nur dem für Kommunikation und Kontakt zuständigem Merkur zugeordnet sein kann, daß die Einsamkeit klarerweise von Venus, der Regentin des harmonischen Zusammenseins und der rechten menschlichen Beziehungen zu lindern ist, daß eine zu große Offenheit für fremde Einflüsse das strahlende Selbstbewußtsein und die integrative Kraft der Sonne als Heilmittel braucht, daß gegen Verzagtheit und Mutlosigkeit der draufgängerische Mars einzusetzen ist und daß für die Sorge um das Wohl anderer der Wohltäter Jupiter zuständig ist, insbesondere, wenn es sich um Übermäßigkeit darin handelt, denn Jupiter ist auch der Übermäßige. Es ergibt sich also stimmig und zwanglos folgende Zuordnung:

1. Angst	Saturn
2. Unsicherheit	Mond
3. Mangelndes Interesse	Merkur
4. Einsamkeit	Venus
5. Übermäßige Offenheit für Einflüsse	Sonne
6. Verzweiflung, Verzagtheit	Mars
7. übermäßige Sorge um das Wohl anderer	Jupiter

Nun kann man an irgendeinem Punkt beginnend eine logische Entwicklungsfolge von Seelenzuständen aufbauen. Wenn wir zum Beispiel mit dem Mond beginnen, so können wir sagen, daß, ebenso wie auf den Montag der Dienstag und dann der Mittwoch folgt, Unsicherheit zu Verzagtheit führt, die dann wiederum mangelndes Interesse an der Gegenwart auslöst. Diese Gleichgültigkeit gegenüber dem eigenen Leben führt dann zu übertriebener Sorge für das Wohlergehen anderer, welches aufgrund der innewohnenden Unwahrhaftigkeit die eigene Isolation herbeiführt. In der Einsamkeit entsteht Angst aufgrund des Zustandes von Getrenntsein. Diese Angst führt dazu, daß eine übertriebene Offenheit für Einflüsse aller Art auftritt, damit sich der in der Angst befindliche Mensch zumindest in seinen Vorstellungen mit allem anfreunden und verbinden kann, um seiner trennungsbedingten Angst durch diese weite Öffnung seiner Filter gegenzusteuern. Jedoch führt diese Offenheit keinesfalls zur harmonischen Eigenständigkeit, die sich ja unbedingt auch im Ablehnen zeigen muß, sondern unterstützt nur die ausgangs beschriebene Unsicherheit, so daß sich eine abwärtsführende Spirale der Persönlichkeitsauflösung ergibt.

Positiv gesehen ergibt sich die gleiche Logik, die auf der Abfolge des planetaren Energieaustausches beruht. Mit dem gleichen Beispiel beginnend, steht am Montag, dem Wochenanfang die Gewißheit, was zu zuversichtlicher Aktivität (Mars=Dienstag) führt, welche in positives Interesse an der Gegenwart und in Pläneschmieden (Merkur=Mittwoch) mündet, weitergeht zur Entwicklung eines Gefühls von Selbstvertrauen, Glauben an eine gute Zukunft und persönliche Erfüllung, Freiheit und Erweiterung (Donnerstag=Jupiter), welches dann harmonische Gemeinschaft tatsächlich ermöglicht und somit zu Venus=Freitag führt, aus welcher Geborgenheit in einer harmonischen Gemeinschaft, der angstfreie geerdete Frieden, das Gefühl von Sicherheit und die Furchtlosigkeit als positiver Ausdruck von Saturn=Samstag entstehen können, die sich dann in der harmonischen Eigenständigkeit eines verwirklichten integrierten Selbst ausdrücken, wie es die Sonne=Sonntag repräsentiert.

Ich möchte nun stellvertretend für alle Gruppenzuordnungen die einzelnen Blüten der ersten Gruppe=Saturn besprechen. Zur

Zuordnung wurde neben der intuitiven Erkenntnis die Originalbeschreibung von Dr. Edward Bach herangezogen sowie die Ausarbeitungen der Bachblütenexpertin Mechthild Scheffer.

Die erste Gruppe enthält die gegen Angst wirkenden Blüten, in der Reihenfolge ihrer Entstehung aus der Urangst, infolge des Getrenntseins[4]; die positive Charakteristik äußert sich in Furchtlosigkeit. Es sind die Blüten:

Rock Rose
Mimulus
Cherry Plum
Aspen
Red Chestnut

Rock Rose: *„Eine energetische Überschwemmung, Panik, Entsetzen führt zur Erstarrung im Solarplexus".* Wegweisend für die Einordnung unter Saturn=Erstarrung ist dieser Satz bezüglich der Indikationen für Rock Rose aus einem der Bücher der Bachblütenexpertin Mechthild Scheffer. Der Name Rock Rose spricht ja ebenfalls ganz deutlich für einen saturnischen Bezug. Saturn ist in seiner negativen Auswirkung Erstarrung, Tod der freien Bewegung, Tod des Lebendigen, dabei ist er doch nur die Kraft, die das Leben materiell verankert. Rock Rose, die aus dem Felsen aufblühende Rose ist gewiß ein wunderschönes Bild dafür, wie diese saturnale Qualität mit dem Duft des Lebens wieder in vollendete Harmonie gebracht werden kann.

Mimulus: In der originalen Blütenbeschreibung von Dr. Bach heißt es: *„Furcht vor weltlichen konkreten Dingen, vor Krankheit, Schmerz, Unfällen, Armut, Dunkelheit, Alleinsein, Unglück; die Ängste des täglichen Lebens. Diese Menschen ertragen ihre Ängste, ohne zu klagen und sprechen nur selten frei darüber zu anderen."* Dies ist zweifellos eine Beschreibung des Saturn: weltliche konkrete Dinge, Dunkelheit, Alleinsein, Unglück, Armut, die Ängste des täglichen Lebens; eine typischere Beschreibung für den dunklen Aspekt des Saturn ist kaum zu liefern. Damit ist Mimulus klarerweise als Saturnblüte bestätigt. Mechthild Scheffer bringt in ihrem Lehrbuch für Therapeuten als typisches Beispiel für Mimulus die Angst vor einem neuen Chef. Dies ist eine Saturnbeschreibung par excellence: Saturn verkörpert die Autorität, das Gesetz, die Angst, auch die Sicherheit im Alt-hergebrachten Vertrauten, und alle diese Saturnbeschreibungen verdichten sich in dem Symptom: Angst vor einem neuen Chef. An der Zuordnung zu Saturn ist wohl nicht zu zweifeln.

Cherry Plum: Die ursprüngliche Blütenbeschreibung von Dr. Bach lautet: *„Angst, den Verstand zu verlieren oder daß man gefürchtete schreckliche Dinge tun könnte, die man nicht will und als falsch erkennt, während man trotzdem den Impuls verspürt, sie zu tun".* Dies ist eine klare Saturnschwäche im Sinne eines Mangels an Beherrschung bzw. auch nur der Furcht vor diesem Mangel an Beherrschung. Saturn ist die Selbstbeherrschung und die Disziplin. In der esoterischen Astrologie überwacht Saturn auch die Strukturierung der mentalen Energie

Aspen: *„(...) Ängste vor unbekannten Dingen, die sich nicht begründen oder erklären lassen,......die so Leidenden fürchten sich oft, über ihre Nöte zu sprechen".* Hier ist der Saturnbezug einerseits durch die Worte Ängste, Leiden und Nöte gegeben und andererseits durch die Ab-grenzung nach außen und den Rückzug auf sich selbst, dadurch, daß diese Patienten nicht über ihre Nöte sprechen möchten.

Red Chestnut: Diese Blüte stellt den Übergang zur zweiten Gruppe her, zu jenen, die unsicher sind. Red Chestnut steht in der Originalbeschreibung von Dr. Bach für jene, denen es schwerfällt, sich nicht um andere zu ängstigen. Oft haben sie es schon aufge-geben, sich um sich selbst zu ängstigen, können aber um jene, die sie lieben, viel bangen und leiden und haben häufig Angst, daß ihnen etwas Schlimmes zustoßen könnte.

Auch hier ist der Bezug zur dunklen Seite des Saturn klar durch die Begriffe 'bangen', 'leiden', 'Angst haben' und die Erwartung von Unglück. Red Chestnut ist nach Mechthild Scheffer angezeigt, wenn die betreffenden von Vater oder Mutter noch nicht richtig abgenabelt sind. Dies ist ein eindeutiger Hinweis auf Saturn im Sinne von Trennung und dadurch auch das Schaffen einer eigenen Persönlichkeit. Insgesamt ist die Blüte als Übergangsblüte zur Mondgruppe ein Hinweis auf die Mutterachse Saturn-Mond.[5]

In analoger Weise entsprechen die Blütenbeschreibungen der übrigen Gruppen den weiteren Planetenprinzipien. Die Darstel-lung der planetaren Bezüge für alle Blüten ist allerdings nicht Ge-

145

genstand dieses Beitrags, jedoch ausführlich in meinem bereits genannten Buch nachzulesen.

Es wurden nun auf der Grundlage der Entsprechung von Planetenkraft und Blütenessenzen einer jeweiligen Gruppe neue Mittel komponiert, die Auriga Planetenmittel, sieben an der Zahl für die klassischen Planeten, – nach den hermetischen Grundsätzen und in intimer Kenntnis der Korrespondenzen von Blüten, Planeten, Farben, Edelsteinen, der herrschenden Genien, ihrer Zahlenwerte sowie ihrer Tage und Stunden. Durch den magisch-alchemistischen Herstellungsprozeß der Auriga-Essenzen werden die ursprünglichen Bachblüten auf wesentlichen Schwingungsniveaus zusätzlich energetisiert. Stellvertretend für alle sieben Auriga Planetenmittel seien in aller Kürze die ersten beiden Auriga-Mittel, das Auriga-Saturnmittel und das Auriga-Mondmittel vorgestellt.

Auriga Nr. 1 Saturn–Indigo: Es ist angezeigt bei Angst, Zurückhaltung, Hemmung und Verkrampfung jeder Art. Dieses Komplexmittel sorgt für inneren Frieden, Entspannung, Furchtlosigkeit und Standhaftigkeit bei jeder Art von Angst. Es vertreibt alle Angst, macht entspannt und frei, und sorgt auch für mehr Lockerheit im Leben, dafür, daß man das Leben insgesamt etwas leichter nimmt. Es belebt den positiven Aspekt des Saturn als Fels in der Brandung des Lebens und ist astrologisch angezeigt bei harten Saturnaspekten oder übermäßig betontem Saturn, bei Schwierigkeiten mit den Eltern oder Autoritätspersonen.

Auriga Nr. 2 Mond–Orange: Es ist angezeigt bei Unsicherheit, Unbeständigkeit, Unselbständigkeit, bei Zaudern und Unentschlossenheit sowie ausgeprägten Gemütsschwankungen aller Art, wenn die Wechselhaftigkeit der Symptome im Vordergrund steht sowie bei Zeichen der Abhängigkeit. Man könnte es das Gewißheitsmittel und das Selbständigkeitsmittel nennen. Astrologisch indiziert bei belastetem Mond nach Stellung in Haus, Zeichen oder Aspektierung. Dieses Mittel sorgt für Gewißheit und Zuversicht bei Menschen, die innerlich verunsichert sind und keine eigene Klarheit haben, in dem, was sie wollen und was gut für sie ist. Es ist das Hauptmittel für die Pessimisten und Zauderer und alle, die sich von den Meinungen und der Erlaubnis anderer abhängig machen. Dieses Mittel rektifiziert den belasteten Mondaspekt. Es ist auch gut bei jeder Art von Stress.

Die Arbeit mit den neuen Aurigamitteln ist daraufhin ausgerichtet, das hauptsächlich belastete Planetenprinzip zu identifizieren und zu heilen. Dieses bleibt uns nämlich ein Leben lang treu, allerdings kann sich die größte Schwäche eines Menschen in seine größte Stärke verwandeln. Sollten wir beispielsweise den Saturn am Aszendenten haben, so bedeutet das nicht, daß wir zeitlebens Härte und Mühsal zu gewärtigen haben, sondern daß die ganze Bandbreite der saturnalen Korrespondenzen, – von der Steinkohle bis zum klarsten Diamanten, – uns ein Leben lang zur Verfügung steht und auch eingesetzt werden sollte, um unsere natürliche Anlage zu verwirklichen. Das neue Planetenmittel Auriga Nr. 1 hilft in diesem Fall, die besten Möglichkeiten dieser Konstellation hervorzubringen.

Insgesamt zeigt sich in der Praxis, daß die neuen Planeten-Gruppenmittel die Therapie mit den Bachblüten leichter, gezielter und wirksamer machen. Die Wirkung der Auriga-Essenzen übertrifft nach meiner Erfahrung diejenige einer gut zusammengestellten Kombination herkömmlich energetisierter Bachblüten. Die Erklärung sehe ich einerseits darin, daß durch den magischen Herstellungsprozeß zusätzlich korrespondierende Schwingungsniveaus eingebunden und energetisiert werden. Andererseits verbinden die neuen Auriga-Planetenmittel aufgrund unabweisbarer Logik und Überzeugungskraft die Energien der beiden Systeme von Astrologie und Bachblüten und so fließt ihnen auch die Qualität und Wirksamkeit der beiden Systeme zu.

Die Auriga-Planetenmittel gestatten es nun auch, auf relativ einfache Weise das strikte Diktum einer sogenannt ungünstigen Konstellation oder eines Transits abzumildern oder aufzulösen. Darüber hinaus ergeben sich weitere überzeugende Vorteile für Diagnose und Therapie:

• Es ist nun möglich, mit Testmethoden wie der Kinesiologie oder EAV den Körper-Biocomputer dazu einzusetzen, das belastete Planetenprinzip zu identifizieren.

- Wer über radiästhetische Fähigkeiten verfügt, kann nun mit Testampullen das konstitutionell oder durch Transite belastete planetare Prinzip identifizieren und behandeln.

- Es ist auch möglich, mit einfacher Fragebogentechnik das hauptsächlich belastete planetare Prinzip herauszufinden, wie ich in meinem Buch BACHBLÜTEN UND PLANETENKRÄFTE[2] ausführlich gezeigt habe.

- Der versierte Astrologe kann aus dem Radix mit einem Blick die Kandidaten unter den Auriga – Planetenmitteln eingrenzen. Es sind dies vor allem Planeten in Achsenbindung, insbesondere dann, wenn sie harte Aspekte aufweisen, rückläufig oder ihrer Würden enthoben sind, weiterhin kommen alle Planeten mit harten Aspekten, unverträglichen Konjunktionen und schwacher Stellung in Frage. Die genaueren Kriterien sind ausführlich im genannten Buch beschrieben.

- Auch der astrologische Laie kann einfach und ohne Gefahr mit den neuen Aurigamitteln hervorragende Ergebnisse erzielen. Er muß jetzt nicht mehr aus 38 Blütenessenzen auswählen, sondern kann gezielt aus nur sieben Mitteln das richtige finden, indem er sich an ganz einfache Indikationen hält, wie z.B. Merkurmittel bei Tagträumerei, Konzentrationsschwäche, Vergeßlichkeit etc., Marsmittel bei Durchsetzungsschwäche, mangelnder Initiative und Tatkraft etc.

Alleine damit sind hervorragende Ergebnisse zu erzielen. So berichtete eine Frau, die Schwierigkeiten hatte, ihr mütterliches weibliches Prinzip zu integrieren und zu leben, so daß sie nach der Einnahme des Mondmittels zum ersten Mal in ihrem Leben den Wunsch verspürte, – und das auch tat – einen Kuchen zu backen. Eine andere Patientin konnte sich nach nur einwöchiger Einnahme des Mondmittels wieder an verdrängte Kindheitserlebnisse erinnern, was ihr zuvor in mehrjähriger Psychotherapie nicht geglückt war. Eine jüngere, etwas faule Patientin ohne Initiative und Tatkraft, berichtete freudestrahlend nach zweiwöchiger Einnahme des Marsmittels, daß sie von sich aus das starke Bedürfnis verspürt hatte, ihr Zimmer „auszumisten", sie hätte richtigen Großputz gemacht und ihr Zimmer sei auch jetzt noch nach Wochen ordentlich und aufgeräumt.

Ein astrologisch versierter Therapeut kann darüber hinaus aus der Stellung des zu unterstützenden planetaren Prinzips in Zeichen und Haus und aus dessen Aspekten konkrete Therapie-Empfehlungen ableiten, die noch über den Einsatz des richtigen Komplexmittels hinausgehen. Er kann maßgeschneiderte Empfehlungen geben, wie ein individueller Mars beispielsweise, der durch Testmethoden oder Fragebogen als derzeit behandlungsbedürftig identifiziert wurde, in der individuell optimalen Weise gestärkt werden kann. So könnte er einem Mars in – sagen wir Haus 7 in Steinbock – sinngemäß empfehlen: seien sie initiativ und verläßlich im Begegnungsbereich, riskieren sie strukturelle Vorgaben etc..

Dies bedeutet nichts anders, als daß die Planetenmittel dafür geeignet sind, die Schwachstelle eines Menschen heilend zu beeinflussen. Heilend bedeutet natürlich auch im Sinne der Vorbeugung. Wir haben mit den Planetenmitteln damit erstmals, seit der große alte Mann der Stressforschung, Hans Selye seine Erkenntnis von der gemeinsamen Endstrecke jeder Art von Stress formuliert hat, die Mittel an der Hand, diese gemeinsame Endstrecke gar nicht erst entstehen zu lassen, und, wenn sie bereits entstanden sein sollte, sie spezifisch zu behandeln. Ich denke, dieser Satz ist eine kleine Pause wert.

Bei Belastung, und zwar bei jeder Art von Belastung entstehen die Symptome ja in Abhängigkeit und Übereinstimmung von dieser Hauptschwäche. Das bedeutet konkret, daß ein Mensch mit einer schwach gestellten Venus beispielsweise, unter jeder Art von Stress, – sei dieser nun körperlich oder seelisch bedingt, beruflich, privat oder finanziell, dazu neigt, in dem Haus und Organbereich zu reagieren, oder zu erkranken, für den die Venus zuständig ist. Da die Korrespondenzen von Planeten und Organen in der Astrologie bekannt sind, kann nun auch der Rückschluß zur Anwendung kommen: wenn jemand auf jede Art von Stress mit einer Gastritis oder einem Ulcus reagiert, darf ein belastetes Mondprinzip angenommen werden usw. und wir können mit dem entsprechenden Aurigamittel einfach helfen.

Es ist mir klar, daß diese kurze Einführung kaum mehr als den Charakter einer allerersten Erkundung der Möglichkeiten haben kann, die in der Zuordnung planetarischer Kräfte zu den neuen Auriga-Komplexmitteln liegen. Längst sind noch nicht alle Fragen geklärt, viele noch nicht einmal aufgeworfen. Es wird sicherlich auch divergierende Meinungen geben, Zustimmung, Ablehnung, Kopfschütteln, doch bin ich der Ansicht, daß die Grundaussagen, doch eine beachtliche Überzeugungskraft haben. Daß nämlich die psychologischen Zustände in der Form auseinander hervorgehen, wie sie hier geschildert sind, ist eine alltägliche Erfahrung. Niemand kann letztlich bestreiten, daß Verzagtheit und Mutlosigkeit zu mangelndem Interesse führen und Angst zu Problemen in der Selbstdarstellung. So beweist sich die innere Folgerichtigkeit der Anordnung. Dieses System habe ich also nicht geschaffen, sondern es drängte sich förmlich auf. Und ebenso unabweisbar drängt sich der Zusammenhang der sieben hauptsächlichen Seelenzustände mit den Qualitäten auf, die man seit Bestehen der Astrologie den klassischen Planeten zuschreibt: der Mond beschreibt die abhängige seelische Befindlichkeit und Merkur die Gedankenkraft in Bezug auf Angelegenheiten des täglichen Lebens, das Interesse. Somit ist ein System entstanden, das einerseits in vollständiger Übereinstimmung steht mit der Astrologie und der Bachblütentherapie, und das andererseits etwas vollständig Neues darstellt. Das finde ich schön, und daß es darüber hinaus nützlich sein kann, das macht mich glücklich. Da dieses System noch neu ist, bin ich für die Gelegenheit dankbar, hier dafür eintreten zu können, daß mir jede Leserin und jeder Leser, die/der sich die Mühe machen will, mir über Erfahrungen und Erfolge mit diesem neuen Anwendungssystem zu berichten, diese zusendet an: Dr. Harald Kinadeter, Projekt Chiron, Postfach 60 04 30, 81204 München[6].

Anmerkungen

1 siehe hierzu auch die Fallbeschreibung in: *MerCur – Trends aus Astrologie und Psychologie I/98* sowie Leserbrief dazu („Endlich geheilt" in Nr. 6 Nov./Dez. 98).

2 Harald Kinadeter. *Bachblüten und Planetenkräfte: die Entdeckung der sieben Planetenmittel*, Freiburg 1997.

3 siehe Dr. Harald Kinadeter. *Heilung: Dimensionen einer Neuen Medizin.* Freiburg im Breisgau, 1998.

4 Wolfgang Geßwein. *Blüten und Gnade.* Köln 1993.

5 In meinem astrologischen System werden die widersprüchlichen Zuordnungen z.B. des Vaters oder der Mutter zum 4. oder 10. Haus dadurch aufgelöst, daß Saturn und Mond zusammen die Mutterachse bilden, einmal als Saturn/Steinbock/Erde/10. Haus in ihrem absichernden, strukturierenden, gebietenden, Regeln schaffenden Aspekt, zum andern als Mond/Krebs/Wasser/4. Haus in ihrem gewährenden, nährenden, fürsorglichen Aspekt. Klarerweise kann ja von der Elementenbesetzung dieser Achse her gesehen, –Wasser und Erde–also zweimal Yin, die gesamte Achse nur einem weiblichen Regenten haben. In entsprechender Weise drückt die Achse Sonne/Löwe/Feuer/5. Haus und Uranus/Wassermann/Luft/11. Haus alle Signifikatoren der männlichen Vaterenergie aus.

6 Es gibt auch die Möglichkeit, sich auf Honorarbasis persönlich an den Autor zu wenden. Dr. Harald Kinadeter verbindet die Astrologie mit der Neuen Medizin, über die er grundlegende Bücher veröffentlicht hat, in einer Weise, daß die Dimensionen von Energie, Information und spiritueller Dynamik in die Therapie einfließen können. Anfragen hierzu wie auch Anfragen wegen Seminaren und Kursen zu diesem Thema bitte ebenfalls an Postfach Projekt Chiron richten. Die Auriga Planetenmittel können bezogen werden über: Bio-Aktiv Produkte Harald Rauer, Jaiserstraße 28, 82049 Pullach.

151

Erfahrungen mit Aurasoma, Farbheilung und Astrologie

Ulla Janascheck

Was ist Aura-Soma? – Kurze Einführung

Aura-Soma versteht sich in erster Linie als eine nicht eingreifende Seelentherapie. Wichtiger Bestandteil dieser Therapieform bilden die sogenannten Balanceöle, deren kräftige, leuchtende Farben Heilungsprozesse im seelischen und körperlichen Bereich begleiten können. Es gibt 98 verschiedene Farbkombinationen, aus denen der Ratsuchende „seine" Farben selbst auswählt, die dann wiederum auf seinen innerlichen Entwicklungsprozeß hinweisen. Jede Flasche enthält eine Kombination aus zwei Farben, wobei die obere Schicht aus einem Trägeröl besteht und die untere aus Wasser. Auf diese Weise trennen sich die Farben auch nach der Anwendung immer wieder und kehren in ihren Ursprungszustand zurück. In der öligen Schicht, der oberen Hälfte, befinden sich ätherische Öle, Kräuter-, Blüten und Baumessenzen, die strahlende Farbe entsteht durch die Zugabe wässriger Anteile von Gemüse, Pflanzen und Baumrinden. Desweiteren enthält die untere Schicht durch technische Verfahren gereinigtes Wasser, das Träger bestimmter, der jeweiligen Farbe entprechenden Kristallenergien ist und auch durch die Zugabe pflanzlicher Auszüge in einer bestimmten Färbung erscheint. So gibt es z. B. Blau über Grün, Rot über Gelb, Rosa über Hellblau, alle Farben des Regenbogens in den unterschiedlichsten Kombinationen und Schattierungen.

Durch die Auswahl der individuell bevorzugten Farbkombinationen verrät die Seele das Thema, welches diesen Menschen gerade am meisten beschäftigt, wo er Hilfe sucht und braucht, und welche Talente und Aufgaben in ihm verborgen liegen.

Jeder Ratsuchende wählt sich zunächst vier Flaschen mit unterschiedlichen Farbkombinationen aus. Die erste sagt nun einiges über die bewussten (obere Farbe der Flasche) und unbewußten (untere Farbe der Flasche) Themen seiner gegenwärtigen Persönlichkeitsfindung aus, „das" was er mit sich bringt oder auch sein Aufgaben- und Seelenpotential. Die zweite Flasche zeigt an, welcher Teil in ihm nach Hilfe ruft, welches immer wiederkehrende Problem ihn an seiner Entwicklung behindert und einer Heilung bedarf. Auch hier müssen wir die oberen und unteren Farben zunächst getrennt lesen, um sie dann zu verbinden. Die dritte Flasche gibt Auskunft darüber, wo der Ratsuchende gerade steht, d. h. wie weit er mit sich selbst und seinem Problem gekommen, was er im Hier und Jetzt erlebt, welche Energien in ihm wach sind.

Die vierte Flasche wiederum verrät uns einen möglichen Ausblick, ein Ziel, was wir verfolgen. Worauf bewegen wir uns zu?

Nun kommen wir zu der rätselhaften Frage: Wie ist es möglich, daß ein solch scheinbar simples Auswahlverfahren funktionieren kann? Was hat es mit der geheimnisvollen Kraft der leuchtenden Farben auf sich und welcher Teil in uns „wählt" sich diese aus?

Farben wurden schon in allen alten Kuturen zur Heilung eingesetzt. In Heliopolis, einer altägyptischen Sonnenstadt gab es licht- und farbdurchflutete Heiltempel. Auch die alten Chinesen wußten um die Heilkraft der Farben und behandelten z. B. Epileptiker mit Violett, Scharlachkranke mit Rot und Darmkranke mit Gelb. Farbig bestrahlte Nahrungsmittel helfen oder halfen in Indien, im alten Griechenland, aber auch den Babyloniern, Persern und Tibetern bei ihren verschiedenen Leiden. Farbtherapie wird in der heutigen Zeit wieder neu entdeckt und ein Farbbewußtsein, d. h. sich bewußt mit momentan wichtigen Farben zu umgeben, trägt im Allgemeinen zum Wohlbefinden bei und kann sogar Freude und Zuversicht auslösen. „Ich bin die Farben, die ich wähle."

Jeder Mensch besitzt eine Aura, ein farbiges individuelles Energiefeld, das ihn umgibt und seinen Körper und Geist mit energetischer Nahrung versorgt. Einige dieser Farben sind strahlend und kräftig, andere zeigen sich eher blaß und verbraucht und möchten anscheinend von der Aura wieder „neuaufgeladen" werden. Störungen zeigen sich oft in dunklen Flecken, die durch Heilungsprozesse gelöst werden wollen. Scheinbar „weiß" der Körper, welche Farbe ihm fehlt oder welche Unterstützung er braucht, weil er sich auf dieser Ebene verausgabt und wählt sich aus diesem Bewußt-sein heraus seine Farbkombinationen aus.

Nach einer Aurasomaberatung wendet man den Inhalt der zweiten Flasche an einem bestimmten Bereich des Körpers an, d. h. man reibt sich mit dem farbigen Öl dort ein, wo auch die entsprechende Farbe im Körper zu finden ist. Man versorgt hierdurch das entsprechende Chakra mit der benötigten Energie und Licht-, bzw. Farbqualität, was wiederum den Heilungsprozeß fördert und sanft begleitet. Ich habe in vielen Fallbeispielen die Frage untersucht, ob die Auswahl der zweiten Flasche möglicherweise mit astrologischen Transiten in Verbindung steht und bin dabei auf verblüffende Zusammenhänge gestoßen. Doch zunächst ein kurzer Überblick über die Chakren und ihre farblichen Entsprechungen.

Farbliche und astrologische Zuordnung
zu den Chakren

Unter den Chakren versteht man sich drehende Energieräder, die den Körper und auch die Auraschichten eines Menschen mit Energie versorgen. In den verschiedenen Kulturen gibt es unterschiedliche Auffassungen über die Chakren und ihre farblichen Zuordnungen. So unterscheidet sich das System der Indianer zum Beispiel völlig von dem der Asiaten. Hier gehe ich auf die *Chakrenfarblehre nach Aurasoma* ein, jedoch bleibt es jedem überlassen, sein eigenes stimmiges System zu entdecken. Ich gebe hier meine Beobachtungen weiter, möchte aber dennoch auf die traditionellen Entsprechungen hinweisen, die sich nach meiner Erfahrung nicht unbedingt bestätigt haben.

Rot wird dem ersten Chakra zugeordnet. Es befindet sich unterhalb des Steißbeins und und beeinflußt die Nieren, Nebennieren, Nebennierendrüse (auch die Adrenalinproduktion), die Fortpflanzungsorgane und die Wirbelsäule. Dieses Chakra hat mit der Erdung zu tun, mit der materiellen Versorgung, dem Überleben, der reproduktiven Sexualität, dem Vertrauen ins Leben, mit dem Gefühl: Hier gehöre ich hin. Auch der Lebenswille und die Agressionen werden ihm zugeordnet. Ein Mangel an Rot deutet auf

Probleme mit all diesen Bereichen hin. Merkur wird diesem Chakra traditionell in der Astrologie zugeordnet. Aber auch Mars kann seinen Platz hier haben. Rosa kann man ebenfalls in diesem Chakra vorfinden. Hier ist dann die Sexualität von ihrer rein reproduktiven Instinkthaftigkeit befreit und dient als Fahrzeug zur Bewußtwerdung (z. B. durch tantrische Praktiken) unter Einschluß des wesentlichen Elements der Liebe. Venus läßt sich diesem „rosa" Aspekt des untersten Chakras zuordnen.

Die Farbe des zweiten Chakras ist Orange. Es befindet sich drei fingerbreit unter dem Nabel und ihm werden die Fortpflanzungsorgane und die Keimdrüsen zugeordnet. Hier liegt die Kreativität, die sich aus einem gesunden Sexualleben heraus entwickelt. Auch die spontane Gefühlswelt, Zugehörigkeit, emotionale Bindungen, Abhängigkeiten und Entscheidungen, die „aus dem Bauch heraus" (engl.: gut-feeling) getroffen werden, haben ihren Platz in diesem Bereich. Hier können wir spüren, was uns gut tut und was wir brauchen, wie es um unsere emotionalen Bedürfnisse steht. Astrologisch regiert hier vielleicht die Erde, möglicherweise auch der Mond.

Gelb ist das dritte Chakra, das sich im Solarplexusbereich dreht. Ihm entspricht das Verdauungssystem und die Bauchspeicheldrüse. Ein gesundes drittes Chakra gibt Selbstvertrauen, Mut, Durchsetzungskraft und läßt uns Verantwortung für unser Leben übernehmen. Auch kann man sich von hier aus gut abgrenzen, Nein sagen und findet immer wieder neue Kraft, Lebensfreude und Optimismus. Man ist sich seiner Position im Leben bewußt oder findet sich bei einer Fehlfunktion häufig in Opfer-Täterverhältnissen, geht Beziehungen ein, in denen verstärkt Machtspiele ablaufen oder investiert seine Energie in „aussichtslose" Projekte oder Beziehungen, um sich eigentlich nur zu erschöpfen. Man kann zu zerstörerischer Selbstkritik neigen. Die astrologische Entsprechung finden wir hier in Jupiter.

Das vierte Chakra, auch Herzchakra sendet sein Licht in grüner Farbe aus. Betroffen werden von ihm Herz und Lungen, die Thymusdrüse, welche das Immunsystem beeinflußt, das Wachstum regelt (auch Zellwachstum) und das Lymphsystem steuert. Sein Thema ist die Herzensliebe, die Romantik, Mitgefühl, Verständnis und Toleranz. Hier wohnen die Poesie, Phantasie und Traumvorstellungen, mit denen wir unserem Leben eine positive Ausrichtung geben können. Ein Mangel an Grün deutet an, daß man sich ungeliebt fühlt, Geben und Nehmen im Ungleichgewicht sind und man sich vielleicht extrem isoliert fühlt, es kann daraus eine innere Kampfeshaltung resultieren. Das Herzchakra entspricht in der Astrologie der Sonne. Neben Grün kann man im Herzen auch Rosa antreffen, was wiederum auf Venus hindeutet.

Das Kehlkopfchakra, das fünfte Chakra, kreist mit blauem Licht. Zugeordnet sind der Hals- und Nackenbereich sowie die Schilddrüse. Sein Thema ist die Kommunikation. Gedanken und Gefühle können hier in Worte geformt werden oder finden kreativen musikalischen Ausdruck. Auch das friedvolle Schweigen gehört dazu. Hier wohnt die Kreativität und im Hals sitzen desweiteren viele alte frühkindliche Glaubenssätze. Traditionell wird ihm in der Astrologie Mars zugeordnet, aber auch Merkur kann hier seinen Platz haben.

Das dritte Auge, das sechste Chakra hat die Farbe Königsblau oder Indigo. Es zirkuliert zwischen den beiden Augen in Stirnhöhe. Es beeinflußt das Gesicht, alle Sinnesorgane am Kopf und die Hirnanhangdrüse, die wiederum viele andere Drüsenfunktionen steuert. Intuition und visionäre Kraft haben hier ihren Sitz. Erfahrungen, intellektuelle und intuitive Erkenntnisse können an dieser Stelle verbunden werden. Auch die Meditation braucht das dritte Auge zur Konzentration und um geistige Ruhe zu finden. Befindet sich dieses Chakra im Ungleichgewicht, dann trennt der Intellekt sich von einer fantastischen Scheinwelt ab und Gedanken und Traumvorstellungen kommen sich gegenseitig ins Gehege. Der Mensch hat dann den Bezug zur Wirklichkeit verloren und projiziert sich eine Scheinwelt. Manipulationen werden hier ebenso ausgeübt. Das dritte Auge enspricht in der Astrologie traditionell der Venusenergie, wobei auch in erhöhter Stellung Pluto hier anzutreffen sein könnte.

Das Schädelchakra befindet sich am obersten Haarwirbel und strahlt in der Farbe violett. Zugeordnet sind ihm das Hirn und die Zirbeldrüse, die bei den alten Griechen als Sitz der Seele galt. Das Thema ist die Hingabe, die Meditation und der Anschluß an das

Höhere. Aber auch Stolz und Unnahbarkeit, Weltfremdheit im Unterschied zur Weltabkehr sind die Kehrseiten dieses Chakras. Hier regiert Saturn.

Das achte Chakra befindet sich über dem Kopf, außerhalb des Körpers und hat als Farbe Magenta oder Weiß. Hier finden sich die Liebe zu den kleinen alltäglichen Dingen und der Dienst an der Welt. Es verbindet alle Chakren, das Höchste mit dem Niedersten und das Oberste mit dem Untersten. Astrologisch läßt es sich Vesta und Neptun zuordnen.

Dann gibt es bei Aurasoma auch noch das viereinhalbte Chakra, im rechten Teil der Brust, dem Herzen gegenüber, in der Farbe Türkis. Hiermit verbunden sind die Massenkommunikation, die schnellen Medien, Computerarbeit, die Fähigkeit, sich in der Öffentlichkeit kreativ darzustellen, sei es durch Worte, Musik, Tanz oder anderes. Lampenfieber oder Computersucht lassen darauf schließen, daß dieses Chakra Unterstützung braucht. Vielleicht kann man es astrologisch Uranus zuordnen.

Der Zusammenhang zwischen Astrologie und Farben

Was hat nun aber die Astrologie mit Farben zu tun? Planeten sind Energie, und Energie ist Licht. Ständig befinden wir uns unter der Einwirkung von Licht, nicht nur des vertrauten Sonnen- und Mondlichts, sondern auch des Lichts aller anderen Planeten unseres Sonnensystems. Diese „Lichter" schwingen in bestimmten Frequenzen, die sich wiederum in Farbe und auch Klänge umrechnen lassen. So schwingt z. B. Rot viel langsamer als Gelb, und Blau wiederum schneller als Gelb, d. h. in höherer Frequenz.

Licht aus dem Kosmos trifft auf das individuelle Licht der Aura. Farbmuster entstehen, die die damit verbundenen Lebensthemen wachrufen. Lernen wir die Farben, die Lichtschwingungen besser zu verstehen, so fällt es auch leichter, sich auf die unzähligen Verwandlungen einzustellen und diese mit heilender Unterstützung zu begleiten. Welche Farbe brauche ich gerade? In welcher „Schwingung" befinde ich mich gerade? Bei welchem Thema wünsche ich mir Hilfe? Ist das „rote", „grüne", „gelbe" Thema jetzt brisant? Was bedeutet dies für mich und meine Entwicklung? Hat die Auswahl der Farben meiner zweiten Flasche mit meinem Transit zu tun? Gibt sie vielleicht nähere Auskunft darüber? Enthält sie die Farben und Substanzen, die mir die Bewältigung dieses Themas leichter machen?

Als Transit bezeichnet man einen laufenden Planeten, der zu einem bestimmten Zeitpunkt in Konjunktion oder einem bestimmten Winkelaspekt zu einem der Geburtsplaneten steht und kraft seiner besonderen Qualität dessen Energie und damit verbundene Lebensthemen wachruft. Befindet sich also, wie bei mir im folgenden Beispiel, z. B. der laufende Neptun 1997 an der gleichen Stelle wie der eingetragene Saturn im Geburtshoroskop (oder auch in einem Winkelaspekt zu diesem), dann spricht man von einen „Transit". Damit verbunden wird die besondere Energie der entsprechenden beteiligten Planeten aktiviert und so dominiert für einen gewissen Zeitraum ein Persönlichkeitsanteil über andere Persönlichkeitsanteile – man kann dadurch etwas über diesen lernen.

Jeder Transit birgt also die Möglichkeit einer Teilbewußtwerdung, damit man vielleicht eines Tages sagen kann: „Ich kenne mich wirklich einigermaßen gut und weiß, was mir zu meiner Ganzwerdung fehlt..."

Fallbeispiele

Als ich die Flasche B66 mit Hellviolett über Hellrosa an zweiter Stelle auswählte, hatte ich als Transit Neptun Konjunktion Saturn im Quadrat zu Venus. In diesem Zusammenhang möchte ich zurückblickend sagen, daß die Farbkombination mir half, das Thema dieses Transits bewußter zu verarbeiten.

Wahrscheinlich habe ich aus dieser Sichtweise heraus unterbewußt das Hellviolett/Rosa deshalb gewählt, um beide Energien, die Saturn- und die Venusenergie in mir zu stärken, damit ich mich mit diesem versteckten, unbefreiten Persönlichkeitsaspekt in mir besser auseinandersetzen konnte. Ich würde hierbei das Hellviolett der Saturnenergie und das Rosa der Venusenergie in mir zuordnen. Die Farben entsprechen dem Thema der Bewußtwer-

dung, sind notwendige Ergänzungen, die Veränderungen im energetischen Muster sinnvoll unterstützen.

Da ich in meinem Geburtshoroskop Venus Quadrat Saturn habe und dieser Aspekt zum Zeitpunkt meiner Wahl der Flasche
ausgelöst wurde, entsprachen die beiden Farben den Energien in
mir, die gerade einen Heilungsprozeß oder Bewußtwerdungspro-
zeß durchliefen. Das Hellviolett deutet für mich deshalb auf Saturn hin, weil es ja auch wie dieser mit dem Kronenchakra assozi-
iert wird (und auch auf mental/psychologischer Ebene diesem
Thema zuzuordnen wäre), das Rosa deutet auf Venus hin, weil es
auch körperlich mit den entsprechenden Stellen, z. B. den Fort-
pflanzungsorganen verbunden ist und auch auf seelisch/geistiger
Ebene diesem Thema entspricht. Insofern spiegeln die ausgewähl-
ten Farben wunderbar den innerlichen Prozeß wider, der auch
durch das Geburtshoroskop angezeigt wird und scheinen diesem
zu entsprechen.

Venus Quadrat Saturn in einem Geburtsbild weist auf eine bestimmte Beziehungsschwierigkeit hin, eine Art Hemmnis, das dem
„sich ganz einlassen" im Weg stehen kann. Dafür lassen sich natürlich die unterschiedlichsten Gründe finden.

In meinem Fall war dieses Thema erneut angesprochen, d. h.
von dem Neptun-Transit ausgelöst und hat mich mit überlebten
Beziehungsstrukturen in Verbindung gebracht, die zum Teil sehr
weit im Leben zurückreichen. Damit ich diese auflösen, verarbeiten und loslassen, bzw. heilen konnte, benötigte ich die beiden
Farben der entsprechenden Energien (und die damit verbundenen
Heilkräfte). Anscheinend ist die körperliche Aurawahrnehmung
klug genug, um sie auch zu finden, was mich immer wieder ver-
blüfft.

So hat sich z.B. einer meiner Klienten, der über Schmerzen im
mittleren Rückenbereich klagte, die Flasche B91 (Olivgrün über
Olivgrün) ausgewählt, als er einen Pluto-Transit im Trigon Sonne
(Widder) hatte. Im Nachhinein würde ich das folgendermaßen
interpretieren:

Die Sonnenenergie entspricht dem Herzchakra, d. h. das damit
verbundene Thema der Bewußtwerdung war in ihm zum damaligen Zeitpunkt verstärkt angesprochen. Er wünschte sich, gelasse-

ner, und mit weniger Vorurteilen belastet, anderen Menschen freier begegnen zu können und auch noch einmal einen weiteren Schritt in seinem eher eintönigen Leben zu machen. Er war sich seiner Neigung, zu schnell und zu stark zu urteilen bewußt und fühlte sich von dieser Eigenschaft eher behindert. Sie bewirkte unter anderem, daß er sich ständig im inneren Wettkampf mit anderen befand, sich verglich und vieles gar nicht erst ausprobierte, weil ihm seine zu starke Selbstkritik einflößte, daß er könne nicht gewinnen.

Er wählte also wahrscheinlich, aus der astrologischen Sichtweise heraus die B 91, weil sein verletztes Sonnenchakra (Herzchakra) Unterstützung brauchte und im Begriff war, sich zu weiten, auszudehnen und zu wachsen. (Er klagte auch über das Gefühl, daß sein Herz zu eng sei und einer damit verbunden Atemnot, d. h. ihm wurde bewußt, daß etwas in ihm „zu eng" war).

Einige Wochen später freute er sich über seinen Rücken, der seit zwei Jahren sehr verspannt war (so stark, daß es ihm manchmal schwer fiel, aufzustehen) und sich jetzt annähernd normal anfühlte, und über tiefere Atemzüge, die ihm auch mit dem Lebensfluß stäker verbanden. Auf die Frage, was er selbst glaubte, durch die Wahl der B91 als geistige oder emotionale Veränderung wahrzunehmen, antwortete er: *„Auf einmal bemerkte ich ein Interesse am Buddhismus".* Ihm fielen verschiedene Bücher in die Hand und seitdem hat sich auch seine Sichtweise gegenüber anderen Menschen verändert. Er kann sie liebevoller „beäugen", ohne daß sich gleich eine Wertung oder ein Urteil meldet und arbeitet daran, diesen auf die Schliche zu kommen. Im ganzen fühlt er sich offener, spontaner und weicher, rundum mehr mit sich selbst zufrieden. Auch eine gewisse Zuversicht hat sich eingestellt, die ihn vielleicht dazu bewegen wird, etwas zu verändern. Des weiteren hat er sich eine zweite Flasche B91 bestellt, da er glaubt, diese Energie noch länger zu benötigen. (Auch der Transit ist noch nicht abgeschlossen.)

Eine Frau suchte sich die B6 (Rot über Rot) bei dem Transit Saturn Konjunktion Venus im Widder aus. Als alleinstehende Mutter von vier Kindern klagte sie über extremen Energiemangel, das Gefühl, überfordert zu sein und den unerfüllbaren Wunsch,

„nur noch zu schlafen, bis der Winter rum ist." Auch hier zeigt sich wieder die schnell herstellbare Verbindung zum astrologischen Transit: Ihre Venus im Widder rief nach Heilung und Unterstützung und fand ihre Entsprechung im Rot. Der Saturntransit forderte sie auf, auch strukturelle Veränderungen im Familien- und Beziehungsleben vorzunehmen, jedoch fehlte ihr dazu weitgehend die Energie. Sie ist Ärztin von Beruf, praktizierte aber kaum noch, da ihr die Kraft fehlte. Sie müßte ihr Alltagsleben neu organisieren, um mehr Raum für sich selbst zu gewinnen und ihren durchaus auch abenteuerlichen Neigungen, die stets für neues aufgeschlossen sind, nachgeben zu können. Sie erhofft sich, mit Hilfe der B6 wieder Energie aufzubauen, um einige Schritte der Veränderung unternehmen zu können. Auf die Frage, was sich bisher (nach der Anwendung) verändert hat, antwortete sie:

Ich spüre wesentlich mehr Energie und bin den Kindern gegenüber entspannter, da ich mich stärker fühle. Ich habe weniger Angst, auch den Vater der Kinder in die Erziehung miteinzubeziehen, da ich nicht mehr das Gefühl habe, alles alleine machen zu müssen, um gut zu sein. Ich beginne zu erkennen, daß ich immer gedacht habe, alles alleine meistern zu müssen, und diesem Anspruch nicht mehr gerecht werde, zumal er auch unsinnig ist. Ich kann Verantwortung teilen und bemerke, daß es mir gut tut, wenn ich es probiere. Ich versuche, mich von meinen allzu hohen Erwartungen, die ich an mich selbst stelle, zu lösen.

Eine andere Frau hatte den Transit Saturn Trigon Venus im Löwen. Die Wahl ihrer zweiten Flasche fiel auf B57, Blaßpink über Blassblau. Das Problem, welches sie beschäftigt, ist das Ungleichgewicht, das sie zwischen ihren weiblichen und männlichen Persönlichkeitsanteilen empfindet, so daß es ihr schwerfällt eine der beiden Rollen bewußt zu übernehmen. In einer Beziehung kann sie nicht richtig „Frau" sein und im Alltag fällt es ihr schwer „ihren Mann" zu stehen. Immer stehen sich die verschiedensten unerlösten Rollenmuster im Wege und führen des öfteren zu einer innerlichen Lähmung, „von wo aus dann gar nichts mehr geht". Auch hier wünscht sich anscheinend das Venusthema durch die Farbe Rosa Unterstützung und auch der männliche als gegensätzlich empfundene Anteil möchte geheilt werden, was sich im Hellblau (= Halschakra, Mars) zeigt. Nach zweiwöchentlicher Anwendung berichtet sie:

Meine Träume verändern sich. Die männlichen Wesen werden stärker, sind weniger bedrohlich und sie nehmen im Traum mit mir Kontakt auf. Ich nehme an, daß mein „innerer Mann" freundlicher wird und Heilung erfährt und meine weibliche Seite nun dies auch zuläßt und ihnen offener und bereitwilliger begegnen kann. Auch werden mir meine Fortpflanzungsorgane vertrauter und ich beschäftige mich derzeit unter anderem verstärkt mit Frauenliteratur. Ich wünsche mir, daß sich die Fronten in mir klären und vielleicht eines Tages zusammenarbeiten können. Ich fühle, ich bin auf dem Weg dahin.

Meines Erachtens ist es nicht möglich, daß sich allgemeingültige Regeln für Farben und Transite aufstellen lassen. Dafür ist der Mensch und sein Energiefeld zu komplex. So wird wahrscheinlich nicht jeder Mensch mit Venus im Widder zu Rot greifen, wenn der entsprechende Transit naht, sondern unterschiedlich auswählen. Trotz allem läßt sich aus der Verbindung Farbe und Transite viel ablesen. Die gewählte Farbkombination kann einen vertieften und ergänzenden Aufschluß über das energetische Thema eines Transits geben, das einen Menschen gerade beschäftigt und dabei den Heilungsprozeß sinnvoll begleiten. Auch sind der Phantasie keine Grenzen gesetzt, jeder Mensch mag andere Erfahrungen machen und trotzdem zum gleichen Ziel gelangen. So möchte dieser Aufsatz in erster Linie anregen, aber keinesfalls festlegen – Farbe, Licht und Energie sind wichtige Begleiter in unserem Leben, ohne die es unmöglich wäre, zu überleben.

Traditionelle medizinische Stundenastrologie

Drs. Erik van Slooten

Die antike Astrologie hat uns verschiedene wertvolle Methoden zur Behandlung von medizinischen Fragen überliefert. Die wichtigsten sind *Fragehoroskop, Decumbiturhoroskop* und *Konsultationshoroskop*. Diese Methoden gehören zum Bereich der *Stundenastrologie* und haben miteinander gemeinsam, daß sie nicht auf dem Geburtshoroskop des Klienten basieren. Der Stundenastrologe wird aber das Radix meistens zur Ergänzung und Verfeinerung seiner Deutung anwenden. Interessant ist noch die *Elektion* oder astrologische Terminwahl, z. B. die astrologische Suche nach einem geeigneten Operationstermin. Diese Technik wird immer im engen Zusammenhang mit dem Geburtshoroskop angewendet.

Das Fragehoroskop

Das Fragehoroskop wird berechnet für den Augenblick, in dem der Klient dem Astrologen eine Frage über seine Gesundheit stellt. Aus diesem Horoskop versucht der Astrologe, die Frage zu beantworten. Astrologen, die das Radix des Klienten als Basis für ihre Deutungen benutzen, stehen dieser Form der Stundenastrologie manchmal skeptisch gegenüber, weil Menschen bekanntlich nicht selten leichtsinnige oder leichtfertige Fragen stellen. Diese Kollegen wissen aber meistens nicht, daß die Stundenastrologie über 'Sicherheitsmechanismen' verfügt, die den Astrologen vor unseriösen Fragen schützen. Dagegen ist die *Widerspiegelung* der Frage im Horoskop ein sicheres Zeichen dafür, daß es um eine ernste und wichtige Frage geht, womit der Kosmos sich sozusagen 'einverstanden' erklärt. Wenn es diese Widerspiegelung im Fragehoroskop nicht gibt, wird der Stundenastrologe sich sehr zurückhalten und sollte lieber keine Antwort geben. Für diese Aspekte der Technik der Stundenastrologie verweise ich auf die einschlägige Literatur.

Im medizinischen Bereich eignet sich das Fragehoroskop besonders zur Beantwortung von Entscheidungsfragen wie: „Soll ich mich operieren lassen, ja oder nein?" (z. B. wenn der Klient von zwei Ärzten zwei widersprüchliche Ratschläge bekommen hat). „Soll ich mich für Zahnarzt X. oder Zahnarzt Y. entscheiden?" usw. Die alten Astrologen (die sehr oft auch Ärzte waren), haben sich nicht gescheut, aus dem Fragehoroskop auch die Krankheit zu *diagnostizieren*. Obwohl das tatsächlich oft möglich ist, würde ich Astrologen unserer Zeit davon abraten. Man soll die Diagnose lieber einem ausgebildeten Arzt überlassen und übrigens beim geringsten Verdacht, daß der Klient medizinische Hilfe benötigen könnte, diesen an einen Arzt verweisen.

Der berühmte englische Stundenastrologe *William Lilly* (1602-1647) zeigt in seinem Buch CHRISTIAN ASTROLOGY (1647) zahlreiche Beweise seines Könnens. In einem Beispiel (S. 289) handelt es sich um einen sehr kranken Mann, der Lilly fragt, ob er wieder gesund wird. Ort und Zeitpunkt der Frage: London, 16. Juli (gregorianisch: 26. Juli) 1645, 7:28 Uhr GMT (s. Abb. 1).

Lilly schreibt: *„Der Jungfrau-Aszendent wird stark von der Konjunktion mit Mars (...) angegriffen. Aus diesem Grund können wir aus dem 1. Haus sowohl die Krankheit als auch ihre Ursache diagnostizieren."*

Erläuterung: Mars, einer der beiden klassischen „Übeltäter", steht in diesem Horoskop im 1. Haus, dem „Lebenshaus". Deshalb wird dieses Haus „angegriffen" und gibt Hinweise auf Ursache und Art der Krankheit.

„Wassermann, ein festes Zeichen, steht an der Spitze des 6. Hauses, das von dem absteigenden Mondknoten angegriffen wird. Saturn, der Herrscher des 6. Hauses, steht im ebenfalls festen Zeichen Stier, im melancholischen Element Erde. Stier steht in der gleichen Triplizität wie der Jungfrau-Aszendent.

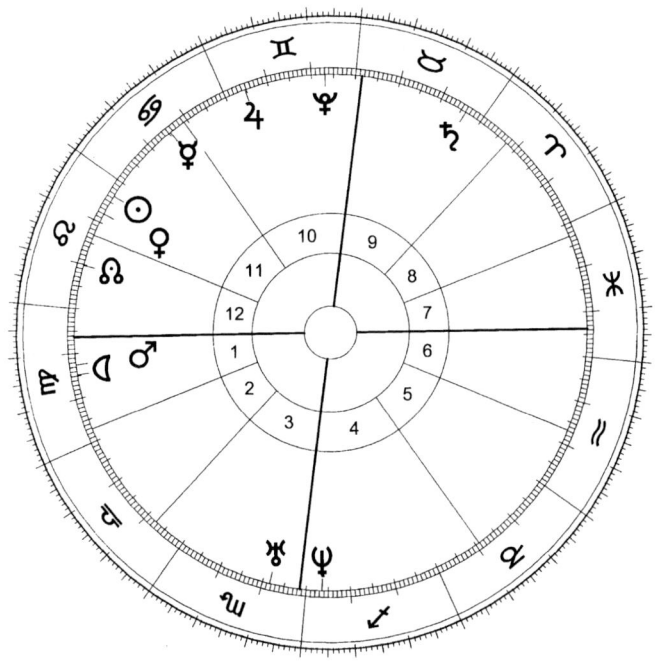

Abb.1: "Werde ich wieder gesund?"
London, 26. Juli 1645, 7.28 GMT, Häuser: *Regiomontanus*

Erläuterung: Das 6. Haus gibt immer Hinweise auf die Krankheit. Die Tatsache, daß sowohl die Spitze von 6 als auch der (klassische) Herrscher des 6. Hauses (Saturn) sich in festen Zeichen befinden (Wassermann, Stier), weist darauf hin, daß die Krankheit hartnäckig ist. Auch der als ungünstig betrachtete absteigende Mondknoten im 6. Haus weist in die gleiche Richtung. Saturn, Herrscher von 6, ist neben Mars der andere klassische Übeltäter. Die drei Zeichen Stier, Jungfrau und Steinbock gehören zum Element Erde, das dem melancholischen Temperament entspricht.

*„Der Mond, als allgemeiner Signifikator für alle Krankheiten, steht un-
günstig in der Nähe von Mars, bildet eine Konjunktion mit Cauda Leonis
(Denebola)..."*

Erläuterung: In der antiken Astrologie wurde bestimmten Fix-
sternen große Bedeutung zugemessen. Denebola (Bèta Leonis)
galt als ungünstig für die Gesundheit.

*„... und überträgt das Licht von Merkur, Herrscher des Aszendenten, auf
Jupiter, Herrscher von 8."*

Erläuterung: Der Mond hat gerade das Sextil zu Merkur, Herrscher vom 1. Haus, dem Fragenden, gebildet und wird demnächst
ein Quadrat zu Jupiter, dem klassischen Herrscher von 8, dem
Todeshaus, bilden. Man nannte das „Übertragung des Lichts":
Der Mond überträgt das Licht von Merkur auf Jupiter und verbindet auf diese Weise die beiden Planeten miteinander.

*„Die Sonne, Quelle der Lebenskraft und Hauptlicht zur Zeit der Frage-
stellung, bildet ein exaktes Quadrat zu Saturn, dem Herrscher der 6. Hauses."*

Erläuterung: Die Sonne ist Hauptlicht, weil es um ein Tageshoroskop geht: Die Sonne steht über dem Horizont.

*„Der Stand des Mondes im 1. Haus, im melancholischen Element Erde,
weist zusammen mit den anderen Signifikatoren darauf hin, daß der Patient
schwermütig ist, Fieber hat und an einer ernsthaften Darmkolik leidet (...)"*

Erläuterung: Der Feuerplanet Mars ist der Indikator für Fieber.
Weil Mond und Mars im Zeichen Jungfrau stehen, das die Ge-
därme beherrscht, diagnostiziert Lilly eine Darminfektion.

*„Mond und Mars im 1. Haus lassen auch vermuten, daß der Patient an
Störungen im Kopf ('disturbances in his head') und an Schlaflosigkeit leidet."*

Erläuterung: Das 1. Haus, analog zum ersten Zeichen Widder,
regiert den Kopfbereich.

*„Dies alles hat völlig gestimmt. Ich überzeugte den Mann, Frieden mit
Gott zu machen und seinen Haushalt in Ordnung zu bringen, denn ich mein-
te, er würde noch höchstens zehn bis zwölf Tage leben, weil im Horoskop alle
Signifikatoren auf den Tod hinweisen.*

*Der kranke Mann starb am 28. Juli (gregorianisch: 7. August), 12 Tage,
nachdem er die Frage gestellt hatte. An seinem Todestag bildete Transit-
Merkur, Herrscher von 1, im Fragehoroskop eine Konjunktion mit der Sonne
und ein Quadrat zu Saturn, dem Herrscher von 6. An diesem Tag bildete der*

Transit-Mond an der Spitze des 6. Hauses eine Opposition mit der Transit-Sonne an der Spitze des 12. Hauses des Fragehoroskops.

Planeten am Todestag (gregorianisch 7. August 1645, 0 Uhr GMT): Merkur 4°54' ♌; Mond: 8°04' ♒; Sonne: 14°37' ♌;.

Bei der Bewertung von Lillys Arbeit bedenke man, daß der Tod und dessen Vorhersage im 17. Jahrhundert offensichtlich kein Tabu war und daß eine schwere Darminfektion zweifellos mit mehr Risiken verbunden war als heutzutage.

Eine Frau stellte mir die Frage, ob sie sich an der Lendenwirbelsäule operieren lassen sollte. Von dieser Operation erhoffte sich die Frau ein Ende oder wenigstens eine Linderung der Schmerzen, unter denen sie schon seit längerer Zeit litt. Es würde sich um eine relativ neue, mikrochirurgische Technik handeln, deren Ergebnis nicht im Vvoraus feststand. Für den Zeitpunkt der Frage berechnete ich das Horoskop (Abb.2).

Die Deutung vollzieht sich in vier Schritten:

• Zuerst stellen wir fest, daß das Horoskop keine *Deutungseinschränkungen* vorweist (was u.a. der Fall gewesen wäre, wenn der Aszendent sich in den ersten oder den letzten drei Graden befunden hätte).

• Dann untersuchen wir, ob das Horoskop die Frage *widerspiegelt*: Ein sicherer Hinweis, daß es die richtige Antwort liefern kann. Die Fragende wird vom Herrscher des Aszendenten, Venus, vertreten. Weil Venus nicht nur Stier, sondern auch Waage beherrscht, ist dieser Planet auch Mitherrscher vom 6. Haus (Krankheit), in dem das Zeichen Waage eingeschlossen ist. Diese 'Doppelbeziehung' bestätigt, daß sich die Frage auf eine Krankheit der Fragenden bezieht. Nach den antiken Regeln beherrscht das Zeichen Waage zudem die Lendenwirbelsäule! Der Mond erzählt uns oft, womit die Fragende sich beschäftigt. Mond im 12. Haus: Frage in bezug auf Krankenhausaufnahme. Die Widerspiegelung ist damit gegeben.

• Danach bestimmen wir die *Signifikatoren* für die Frage:
  - die fragende Frau = der AC-Herrscher (H1) Venus; Mond.
  - die Operation = H8 Jupiter (weil die Spitze des 8. Hauses sich in Schütze befindet).

- die Krankheit = die Herrscher von 6.: Merkur und Venus.
- Zum Schluß untersuchen wir die Stellung dieser Planeten und die wichtigsten Aspekte:

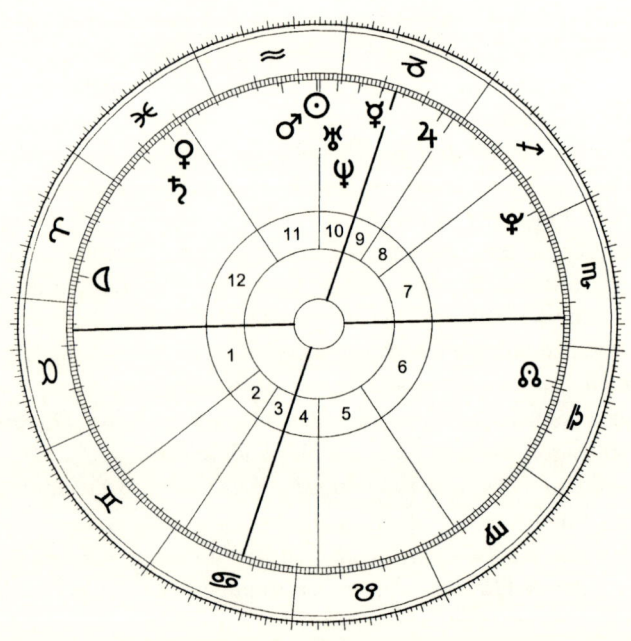

Abb. 2: Operation Lendenwirbelsäule?
Neubiberg, 26. 1. 1996, 11.07 MEZ, Häuser: *Regiomontanus*

Venus, die fragende Frau, steht in den Fischen (in Erhöhung) im 12. Haus. Die Erhöhung bedeutet wahrscheinlich, daß die körperliche Verfassung der Frau einer Operation nicht im Wege steht. Leider ist aber die Position im 12. Haus denkbar schlecht. In der Stundenastrologie bedeutet das 12. Haus meistens Unglück, Pech, Rückschläge. Venus wird (nach einem Sextil mit dem rückläufigen Merkur) eine Konjunktion mit Saturn bilden. Weil Saturn in der Stundenastrologie oft die Rolle des Übeltäters spielt, ist diese Konjunktion ein zusätzlicher Hinweis darauf, daß innerhalb der nächsten drei bis sechs Monate (Periode der Wirkungsdauer eines Fragehoroskops) von einer Operation abzuraten sei. Die anderen wichtigen Signifikatoren ergänzen diese Deutung. Jupiter, Signifikator für die Operation, steht geschwächt: im Steinbock im Fall. Mars, Verwandtschaftsplanet für Operationen (Messer), steht im Wassermann nicht besonders stark: Er ist dort 'peregrin' (fremd, nicht zu Hause). Der am MC dominierende rückläufige Merkur erzählt uns, daß die Frau sich vielleicht noch nicht ausreichend über diese Operation und andere Möglichkeiten zur Heilung informiert hat. Der Mond, Nebensignifikator für die Fragende, wird, bevor er das Zeichen Widder verläßt, nur noch das Quadrat zu Neptun bilden. Interessant ist, daß Neptun zur Zeit der Fragestellung eine genaue Konjunktion zum Radix-Aszendenten der Frau bildete: für einen Eingriff am Körper keine günstige Konstellation.

Aufgrund dieser Deutung habe ich der Frau von einer Operation in den nächsten drei bis sechs Monaten (Wirkungsdauer eines Fragehoroskops) abgeraten, und ihr vorgeschlagen, sich zuerst besser über ihre verschiedenen Heilungschancen zu informieren. Die Frau hat meinem Ratschlag nicht befolgt (Merkur rückläufig!) und sich am 13. 2. 1996 operieren lassen. Sie hat mir später mitgeteilt, daß die Operation keinen Erfolg gebracht hätte und sie nur eine Menge Geld gekostet habe (Merkur ist auch Herrscher von 2), weil die Versicherung nicht bereit war, die Kosten zu übernehmen. Im Fragehoroskop bildet Venus, Herrscher von 1, nach 7° ein Sextil zu Merkur, Herrscher 2. Haus: Erst nach sieben Monaten hat die Versicherung gezahlt.

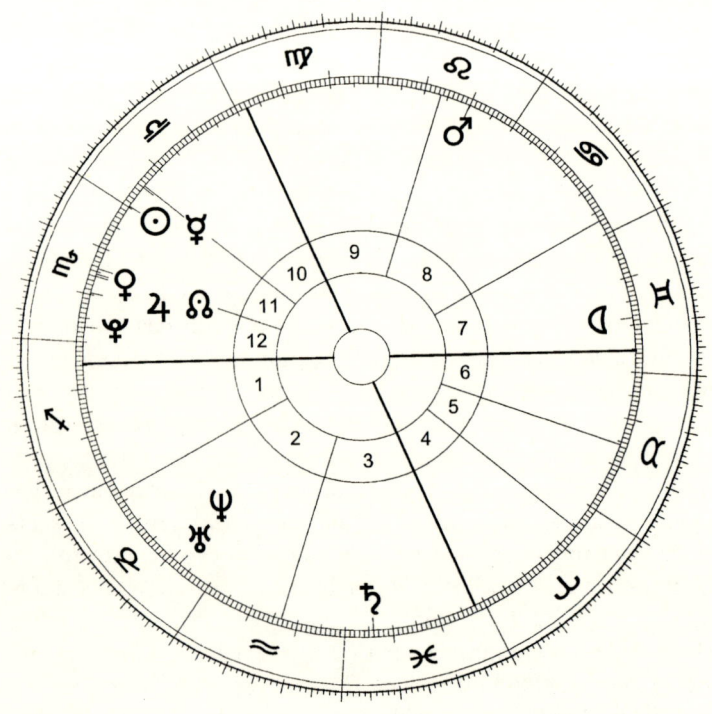

Abb. 3: Decumbitur
München, 23. 10. 1994, 10 Uhr MEZ, *Häuser:* Regiomontanus

Das Decumbiturhoroskop

Das Decumbitur ist ein Horoskop für den Augenblick, in dem ein Mensch sich so krank fühlt, daß er sich hinlegen muß (Lat. decumbo = sich hinlegen, krank werden).

Obwohl es sich hier nicht um ein Fragehoroskop handelt, gelten für das Decumbitur im großen und ganzen die gleichen Regeln.

Eine Frau war von ihrem Fahrrad gestürzt. Sie hatte zwar ihre Fahrradtour fortgesetzt, fühlte sich aber am nächsten Tag beim

170

Aufstehen schwindlig und hatte Kopfschmerzen, so daß sie sich um 10 Uhr erneut hinlegen mußte (siehe Abb. 3).

Weil es Sonntag war, rief sie bei ihrem Arzt zuhause an, der ihr telefonisch eine leichte Gehirnerschütterung diagnostizierte und ihr strikte Bettruhe verschrieb. Am nächsten Tag würde er sie besuchen.

Das Decumbiturhoroskop zeigt eine Menge ungünstige Konstellationen:

- Herrscher des 1. Hauses, Jupiter (die Patientin), steht schlecht im 12. Haus im Zeichen Skorpion.

- Herrscher des 6. Hauses, Venus (die Krankheit), steht ebenfalls schlecht im gleichen Haus und im gleichen Zeichen, ihrem Exil.

- Venus (H6) ist rückläufig (bis 2° Skorpion).

- Weil es sich um ein Tageshoroskop handelt (Sonne über dem Horizont), ist die Sonne das Hauptlicht und „Quelle der Lebenskraft" (Lilly). Sie steht sehr geschwächt: In der Waage steht sie im Fall, die Position in einem letzten Grad ist immer kritisch.

- Die Spitze des 6. Hauses im festen Zeichen Stier deutet auf eine länger andauernde Krankheit hin.

- Der absteigende Mondknoten an der Spitze des 6. Hauses ist ebenfalls ungünstig.

- Der rückläufige Merkur deutet auf 'falsche und unvollständige Informationen'. Merkur vertritt als Herrscher des 7. Hauses zudem den Arzt: Seine Diagnose ist nicht richtig.

Mars beherrscht das Zeichen Skorpion und ist damit Dispositor von Jupiter (H1) und Venus (H6). Venus bildet in der Rückläufigkeit ein Quadrat zu Mars.

Fazit: Das Horoskop läßt nicht auf eine relativ harmlose leichte Gehirnerschütterung, sondern vielmehr auf etwas Ernsthafteres schließen. Krankheiten im Kopfbereich fallen astrologisch unter Widder oder das 1. Haus. Beide sind im Horoskop leer. Stier an der Spitze des 6. Hauses und der Mond in den Zwillingen lassen eher auf Probleme im Hals- und Nackenbereich (Stier) und/oder im Nervensystem schließen.

Nach zwei Wochen, der Zeit, in der eine leichte Gehirnerschütterung normalerweise geheilt sein dürfte, waren die Beschwerden der Patientin noch genauso schlimm.

Von ihrem Bett aus rief sie dann einen Hellseher an, der ihr ein Schleudertrauma „diagnostizierte". Ein Orthopäde, zu dem sie anschließend ging, kam zur gleichen Diagnose. Dieses Schleudertrauma hat die Frau zwei Jahre lang beschäftigt.

Interessant ist, daß zwischen Mond und Merkur nach 14° ein Trigon zustande kommen wird: 14 Tage nach dem Decumbitur bekam die Patientin die richtige Information (Merkur).

Zur Zeit des Unfalls bildete der laufende Saturn eine Konjunktion mit dem Radix-Mars und ein Quadrat zum Aszendenten im Geburtshoroskop der Frau. In den beiden nächsten Jahren bildete der Transit-Saturn viele Quadrate mit Planeten in ihrem 1. Haus: eine klare Widerspiegelung der physischen Beschränkungen, die sie sich in dieser Zeit auferlegen mußte.

Das Konsultationshoroskop

Das Konsultationshoroskop wird berechnet für den Augenblick, an dem der Patient das Sprechzimmer des Arztes betritt. Auch dieses Horoskop kann erfahrungsgemäß nützliche Hinweise auf den Verlauf einer Krankheit und/oder die (Un-)fähigkeiten des Arztes geben.

Eine Frau hatte während ihres Urlaubs an einem Morgen beim Aufstehen Beschwerden, die auf eine Blasenentzündung hinwiesen. Sie brachte ihren Harn zur Untersuchung zu einem Arzt in ihrem Ferienort und machte einen Termin für den gleichen Tag aus. Der Arzt empfing sie pünktlich um 13 Uhr (s. Abb. 4) und bestätigte die Vermutung der Frau: Der Befund wies eine Blasenentzündung aus. Der Arzt verschrieb der Frau ein starkes Antibiotikum, weil er meinte, daß dieses die einzige Heilungschance bot.

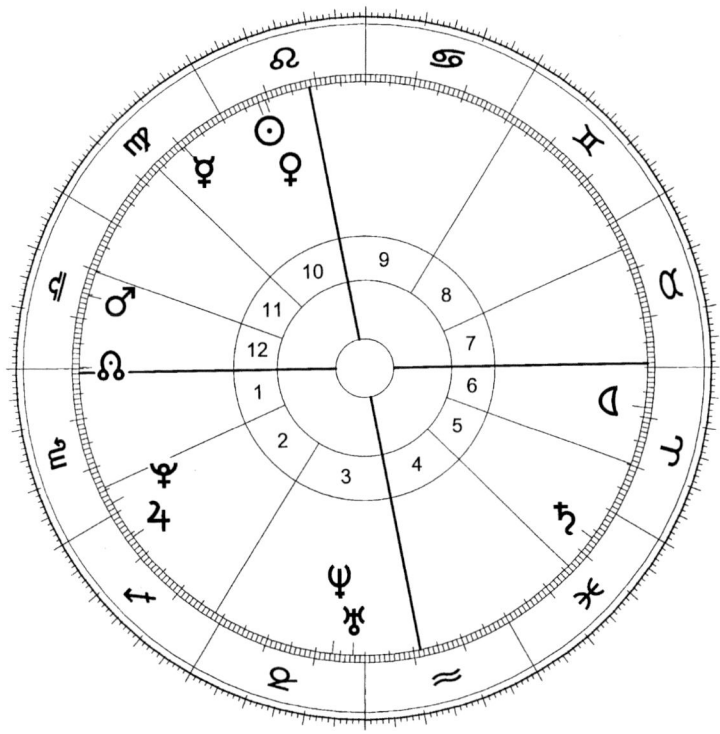

Abb.4: Konsultationshoroskop
Eindhoven (NL), 15. 8. 1995, 13 Uhr MES, Häuser Regiomontanus

Da die Frau im Januar des gleichen Jahres, anläßlich einer schweren Operation, schon reichlich Antibiotikum verabreicht bekommen hatte, wollte sie es lieber über alternative Methoden versuchen. Sie rief unmittelbar nach dem Arztbesuch ihren Homöopathen in Deutschland an, der ihr Nux Vomica C 30 verschrieb. Die Frau nahm dieses Mittel und verzichtete auf das Antibiotikum. Einige Tage später war sie geheilt.

Das Konsultationshoroskop spiegelt die Problematik klar wider: Mars ist nicht nur Herrscher von 1, sondern auch Herrscher von 6: Die Frau ist krank. Der Mond im 6. Haus im Widder weist auf

173

eine Entzündung (Widder) hin. Mars befindet sich in der Waage (seinem Exil) im 12. Haus in schlechter Position.

Venus ist sowohl Herrscher von 7 als auch Herrscher von 8: Der Arzt (7) ist ein traditioneller Schulmediziner, der chemische Medikamente (8) verschreibt. Manchmal kann das notwendig sein, aber in diesem Fall steht Venus schlecht: Sie ist von der Sonne 'verbrannt'. Nach den alten Astrologen ist ein Planet 'verbrannt', wenn er sich innerhalb 8°30' von der Sonne befindet. Wenn diese Konjunktion applikativ ist (= noch exakt werden muß), wirkt diese Verbrennung sich schwerer aus als bei einer separativen Konjunktion. In diesem Horoskop ist die Konjunktion applikativ, weil Venus sich an jenem Tag schneller als die Sonne bewegte. (Übrigens kann Mars als einziger Planet nicht von der Sonne verbrannt werden, weil er nach Ptolemäus die gleiche Natur wie die Sonne hat: heiß und trocken.) Die verbrannte Venus weist darauf hin, daß der Arzt in diesem Fall keinen guten Ratschlag erteilt. Der absteigende Mondknoten an der Spitze des 7. Hauses erzählt uns ähnliches.

Alternative Heiler und Heilmethoden fallen erfahrungsgemäß unter das 9. Haus. Die beiden Herrscher von 9 sind Merkur und Mond (Krebs im 9. Haus eingeschlossen). Merkur steht gut in seinem Domizil Jungfrau. Der Mond bildet ein applikatives Trigon zur im Löwen und in einem Eckhaus sehr stark stehenden Sonne, die in diesem Tageshoroskop Hauptlicht und *Hyleg* (Lebensspender) ist. Zudem befindet sich nach Ptolemäus (siehe TETRABIBLIOS, Buch I) Mars, die Patientin, auf 15° Waage in den Grenzen' von Jupiter, dem Verwandtschaftsplaneten für alternative Heilung, der in diesem Horoskop stark in seinem Domizil Schütze steht. Obwohl Merkur, Mond und Jupiter keine Hauptaspekte zu Mars bilden (nur Merkur bildet ein Halbsextil zu Mars), spricht sehr viel in diesem Horoskop für ein alternatives Heilverfahren, was sich dann auch bewährt hat.

Die Elektion

Oft wenden sich Klienten an Stundenastrologen mit der Bitte, einen für eine Operation geeigneten Termin zu bestimmen. Es geht dann darum, ein Elektionshoroskop zu berechnen. Die Technik ist relativ zeitaufwendig und erst durch die Möglichkeiten der astrologischen Computerprogramme attraktiv geworden.

Wichtig ist es, dem Klienten zu erklären, daß es die hundertprozentige ideale Konstellation nie gibt. Das Bestreben des Astrologen ist vielmehr darauf gerichtet, die ungünstigsten Konstellationen zu vermeiden. Hilfreich ist dabei zu wissen, ob es sich um eine Routineoperation oder um einen sehr schwierigen Eingriff handelt.

Wenn für die Bestimmung eines Operationstermins nur ein paar Möglichkeiten zur Auswahl stehen (was meistens der Fall ist), erleichtert das die Arbeit des Astrologen sehr.

Aufgrund der Erfahrung beachte ich bei der Suche nach einem Operationstermin folgendes:

- Eine uralte Regel besagt, daß man sich besser *nicht bei zunehmendem Mond* operieren lassen soll.

- Wenn möglich, soll im Elektionshoroskop der *Mond nicht im 1. Haus* stehen, weil diese Position das Unternehmen unstabil machen könnte.

- Aus dem gleichen Grund soll der Mond auch nicht im Zeichen stehen, dem das zu operierende Körperteil zugeordnet wird. Das heißt zum Beispiel: Während einer Herzoperation soll der Mond nicht im Zeichen Löwe stehen, während einer Operation im Bereich der Füße nicht im Zeichen Fische usw. Diese Zuordnungen findet man in fast allen stundenastrologischen Büchern aufgelistet.

- Perioden mit schwierigen Transiten über dem Radixhoroskop, insbesondere von Mars (Verwandtschaftsplanet für Operationen) und Saturn, sollen vermieden werden.

Besser wäre es auch, schwierige Aspekte von Uranus, Neptun und Pluto zu vermeiden, da jedoch die Transite dieser Langsamläufer oft sehr lange dauern, müssen sie aus praktischen Gründen meistens außer Betracht bleiben.

Es gibt noch viele anderen Regeln, für die ich auf die Literatur verweise. Das Problem aber ist, daß es fast nie gelingt, *alle* Regeln zu beachten. Fast immer muß der Astrologe beim Erstellen eines Elektionshoroskops Kompromisse eingehen (wie im Leben).

Literaturhinweise

William Lilly. *Christian Astrology,* London 1985.

Claudius Ptolemäus. *Tetrabiblos,* Mössingen 1995.

Erik van Slooten. *Lehrbuch der Stundenastrologie,* Freiburg 1994.

Claudia von Schierstedt. *Astrologische Terminwahl,* Mössingen 1997.

Jupiter und Krebskrankheit

Dr. med. Helmut Wisgrill

Im Horoskop eines jeden Menschen findet sich der Planet Jupiter. Aber nicht jeder Mensch erkrankt an Krebs. Wir können aus einem Radix-Horoskop keine sicheren Hinweise auf die schwersten Krankheiten (Krebs, Schlaganfall, Herzinfarkt) entnehmen. Wir wissen aber *mit Sicherheit*, daß die Angst vor diesen schweren Erkrankungen zu den schwersten psychischen Störungen und Beeinträchtigungen der Lebensqualität führen kann. Deshalb verbietet sich in der Astro-Medizin *ultimativ jeder prognostische Hinweis* auf eine der oben genannten schweren Erkrankungen aus dem Horoskop. Was also soll die Fragestellung des Titels ?

Gibt es wirklich Hinweise aus der Stellung, den Aspekten, also aus der „Konstellation" des Planeten Jupiter auf eine Krebserkrankung – oder gar auf die Lokalisation dieser Erkrankung? Bei genauer metagnostischer Analyse (d. h. nachforschender Betrachtung) vieler schwerer und *gesicherter* Krebserkrankungen, muß man diese Frage in einem hochsignifikanten Prozentsatz mit einem eindeutigen „Ja" beantworten. Es müssen bei diesen astromedizinischen Analysen allerdings eine Vielzahl von Faktoren und S0ichtweisen berücksichtigt werden, die im Einzelnen hier an Fallbeispielen besprochen werden sollen.

Wie kommt man überhaupt dazu, gerade Jupiter mit Krebs in Beziehung zu bringen? Vergegenwärtigen wir uns zunächst einige markante Zuordnungen zum Planeten Jupiter: *Expansion (ohne Bremse), Fülle, Wachstum (ohne Grenzen), Ausdehnung, Wucherung*, aber natürlich auch: Ethik, Würde, Gerechtigkeit, Optimismus, Streben nach dem Bestmöglichen. Die hier kursiv gesetzten Zuordnungen finden sich ebenso bei der Definition für die Krebskrankheit.

Krebs wird beschrieben als ein Zellwachstum, das sich jeder organspezifischen Ordnung entzogen hat und das jetzt „ohne Bremse"(!) und über alle Organgrenzen hinweg wuchert. Ein gutartiger Tumor (z. B. ein Myom der Gebärmutter) wächst wie eine Kartoffel in der Erde, ein bösartiger Tumor (z. B. Plattenepithelcarcinom des Kehlkopfes) wächst wie ein Wurzelgeflecht durch alle (Gewebe)-Schichten.

Hier gelten die allgemeinen Wachstumsgesetze nicht mehr (also Leber bildet nur Leberzellen, Knochen bildet nur Knochenzellen), sondern in einem Muskel können plötzlich Plattenepithelzellen wuchern oder in der Lunge Schilddrüsenzellen usw. Und diese Wucherungen überschreiten nicht nur die Organgrenzen, sondern sie können auch, wenn Teile von ihnen durch Blut oder Lymphe abgeschwemmt und weitertransportiert werden, in anderen Organen Absiedelungen bilden (Metastasen), die ebenso ungesetzlich und „grenzenlos" weiterwuchern.

Bei keinem Planeten können wir so gleichlautende Zuordnungen zur Krebs-Definition finden wie bei Jupiter. Dies ist auch der Grund, warum gerade Jupiter – der jahrhundertelang als fortuna major („das große Glück") galt – in letzter Zeit in den Verdacht kam, mit der Krebskrankheit etwas zu tun zu haben. Schon vor vielen Jahren wurde im HANDBUCH DER ASTROMEDIZIN[1] erwähnt: *„Jupiter bedeutet Wachstum. Wie alles Übermäßige kann auch Wachstum ins Negative umschlagen – man denke nur an das Krebswachstum. (....) Jupiter kann durchaus auch das Symbol für diese Krankheit darstellen."*

Diesen Gedanken von Bernd A. Mertz möchte ich hier weiter entwickeln und präzisieren und das Ergebnis mit eindrucksvollen Ergebnissen von gesicherten Krebserkrankungen aus meiner langjährigen ärztlichen Praxis belegen. Zunächst aber einige grundlegende Gedanken zur astromedizinischen Auswertung des Horoskops und zu den speziellen Sichtweisen, die hier benötigt werden.

Der Substanzpunkt (nach Bernd A. Mertz)

Der Substanzpunkt[2] (SP) ist ein ganz persönlicher Meßpunkt im Horoskop. Dieser arabische Punkt sollte besser „Indikatorpunkt" heißen, weil er zwei Krankheitsanzeiger (Indikatoren) benennt, einen *1. Krankheitsanzeiger* und einen *2. Krankheitsanzeiger,* abgekürzt (KA). Die Bezeichnung „Substanzpunkt" hat sich aber schon so eingeführt, daß moderne astrologische Computerprogramme diesen Punkt schon automatisch mitberechnen und ins

Horoskop einzeichnen. Indikatorpunkt, Substanzpunkt und Krankheitspunkt nach Rhazes[3] sind völlig identisch.

Seit Rhazes diesen Meßpunkt als Krankheitspunkt in der Astromedizin benützt, gilt die Faustregel, daß schwere Erkrankungen bei einem Menschen überwiegend in Organen oder Körperbereichen auftreten, die von diesen Himmelskörpern „beherrscht werden". (In 75% bis 80% aller schweren Erkrankungen habe ich diese Faustregel bestätigt gefunden).

Die Formeln für die Berechnung des Substanzpunktes lauten:

- Bei Tag-Geburt (Sonne über der Achse AC-DC):
- *AC plus Mars minus Saturn*
- Bei Nacht-Geburt (Sonne unter der Achse AC-DC):
- *AC plus Saturn minus Mars*

Das Resultat wird als Gesamtwert des Horoskopkreises angegeben. Um nun die beiden Krankheitsanzeiger (KA) zu ermitteln, stellt man zunächst fest, in welchen Tierkreisabschnitt der Substanzpunkt fällt. Der Herr über diesen Tierkreisabschnitt ist der 1. Krankheitsanzeiger. Zur Ermittlung des 2. Krankheitsanzeigers wird jeder Tierkreisabschnitt noch einmal in zwölf Sektoren (zu je 2°30') eingeteilt. Ein Beispiel für das Auffinden der beiden Krankheitsanzeiger zur Verdeutlichung:

Angenommen, die Berechnung des Substanzpunktes ergibt 6° ♏ 53' oder 216° 53' (des gesamten Horoskopkreises), so ist der 1. Krankheitsanzeiger Pluto, weil dieser der Herr des 8. Tierkreisabschnittes (Skorpion) ist. Der Substanzpunkt steht in diesem Beispiel auf 6° 53' im Skorpion, was bedeutet, daß der zweite Krankheitsanzeiger Merkur ist, weil der Substanzpunkt in den 3. Sektor dieses Tierkreisabschnittes fällt (Die Sektoreneinteilung ist für jedes Tierkreiszeichen gleich und wird vom Beginn des Tierkreisabschnittes fortlaufend im Rhythmus der Tierkreiszeichen zugeordnet, wie die „Herrscher" der zwölf Sternbilder!). Der 3. Sektor ist also jeweils (in allen Tierkreisabschnitten gleich) dem Merkur (analog zum Zeichen Zwillinge) zugeordnet, der 11. Sektor demgemäß dem Uranus (analog zum Wassermann) und der 4. Sektor eben dem Mond (analog zum Krebs).

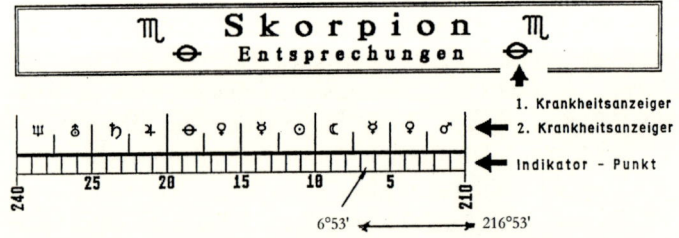

Abb. 1: Auffinden der Krankheitsanzeiger am Beispiel Skorpion

Spezielle Zuordnungen

In der Astromedizin werden jedem Tierkreisabschnitt bestimmte Körperregionen zugeordnet, z.B. dem Widder der Kopf, dem Stier der Hals und so weiter (s. Abb. 2). Je genauer die Kenntnis vom menschlichen Körper wurde, desto öfter mußten gewisse Gewebe oder Organe einem anderen Himmelskörper (als Herr über dieses Gewebe oder Organ) zugeordnet werden.

So stellte sich beispielsweise heraus, daß im Kopf dem „Gesamtherrscher" Mars unmöglich unser Gleichgewichtsorgan des Innenohres unterstellt sein konnte – ebenso wenig der Hypothalamus mit der Hypophyse. Diese Organe oder Gewebe unterstehen dem Harmonie-Planeten Venus.

Im Halsbereich (Gesamtherrscher Venus) werden alle Gewebe, die der Stimmbildung dienen (Stimmbänder, Zunge, Kehlkopf) dem Kommunikationsplaneten Merkur zugeordnet.

Als Gegenbeispiel die Venus, die für die Nierenregion steht. Dort kann die Hormondrüse Nebenniere (glandula adrenalis) mit ihrem Hormon des Nebennierenmarkes, dem Adrenalin, dem stärksten Antriebsstoff unseres Körpers, unmöglich venusbezogen sein. Sowohl das Hormon des Nebennierenmarkes, als auch das der Nebennierenrinde [Cortex=Rinde] werden dem Mars zugeordnet.

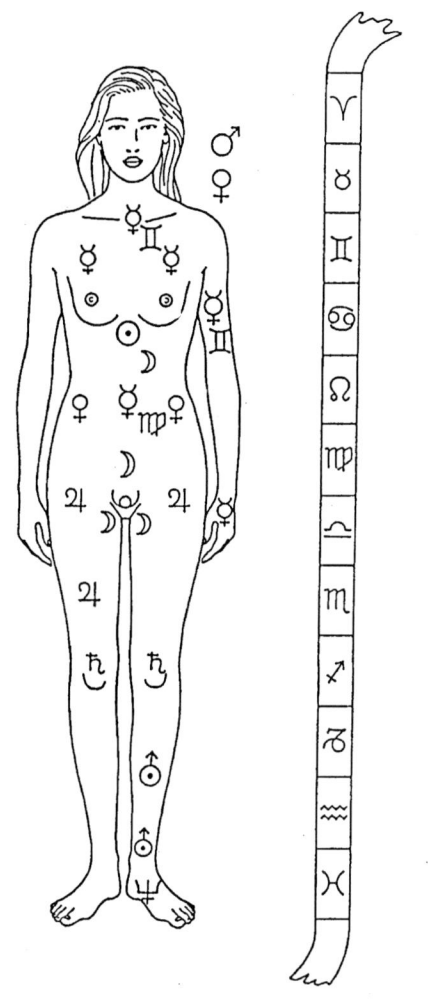

Abb. 2: Planentenzuordnungen

181

Wichtige Aspekte

Zu den für unsere Untersuchung wichtigen Aspekten gehören vor allem die „Spannungsaspekte" Opposition und Quadrat. Die Opposition wird nach Mertz dem Planeten Saturn zugeordnet und das Quadrat dem Mars[4]. Wir werden also vor allem nach den Bezugspunkten von Opposition und Quadrat im Horoskopkreis schauen.

Als nächstes werden wir uns ansehen, welche astromedizinische Bedeutung für den Horoskopgrad angegeben wird[5], auf dem der Substanzpunkt steht: oft kann man schon daraus wichtige Schlüsse (eventuell auf die Lokalisation) ziehen (siehe das nachfolgende Beispiel 1 „Liz").

Dann werden wir uns ansehen, ob in dem zu untersuchenden Horoskop die Sonne in einem Tierkreisabschnitt steht, der einem der beiden Krankheitsanzeiger untersteht. Ist dies der Fall, wird eine schwere Erkrankung (z. B. Krebs) immer wahrscheinlicher – dies scheint insbesondere für den 2. Krankheitsanzeiger zu gelten.

Weiterhin kann man die Personare[6] der beiden Krankheitsanzeiger und des Jupiter zur Abklärung heranziehen.

Und zuletzt sollten wir uns noch einmal daran erinnern, daß schwere Erkrankungen (hier Krebs) nahezu immer in Organen oder Zellstrukturen auftreten, die einem der Krankheitsanzeiger unterstehen (abgesiedelt werden können Metastasen überall).

Fallbeispiele

Bevor wir in die Diskussion spezieller Fallbeispiele eintreten, noch ein wichtiger Hinweis: Alle Daten der hier vorgestellten Patienten – sowohl die Namen als auch besonders die genauen Geburtsdaten unterliegen nicht nur dem Datenschutz ganz allgemein, sondern in diesem speziellen Fall auch noch der ärztlichen Schweigepflicht. Als Namen dienen Pseudonyme, die Geburtsdaten werden nicht mitgeteilt.

***Patientin 1: Liz*.** Eine Frau in den besten Jahren, verheiratet, drei Kinder, ausgebildete Arzthelferin, viele Hobbys (vor allem Tanzsport); lebt gesund, kein Alkohol, Nichtraucherin. In letzter

Zeit zunehmend intensive Beschäftigung mit Esoterik – auch Astrologie.

Betrachten wir kurz das Horoskop dieser Frau (Abb. 3): Pluto als Geburtsherrscher in enger Konjunktion mit dem Aszendenten in Löwe! Scharfe Opposition von Pluto zu Merkur (nur 3 Bogenminuten). Es zeigt sich eine große Drachenfigur mit Pluto am Drachenkopf und Merkur am Drachenschwanz – das ganze genau auf der AC/DC-Achse. Der Substanzpunkt steht auf 26° Krebs, dies ergibt als KA: 1. Mond, 2. Uranus. Die Sonne steht im 6. Haus (Krankheit) im Tierkreisabschnitt Wassermann= Uranus, und somit in dem Zeichen, das vom 2. KA beherrscht wird.

Sie hat in ihrem Leben alles erreicht, was sie sich gewünscht hat, eine Widerrede gegen ihren totalen Machtanspruch gibt es weder im familiären noch im außerfamiliären Bereich. Ein Beispiel: bei dem intensiv betriebenen Tanzsport in einem Club hat immer sie die Führung der Figuren; wenn sie mit einem anderen Partner als ihrem Mann tanzt, übernimmt sie wieder die Führung. Sie erklärt, daß sie sich doch nicht beim Tanzen bevormunden lasse.

Lassen wir sie selbst zu Wort kommen: „Mein Leben hatte ich im Griff! Mit 27 Jahren heiratete ich einen dreifachen Krebs (Sonne, AC und Mond in Krebs). Mein Mann wurde erfolgreich im Beruf. Wir bauten uns ein großes Haus. Ich managte den Haushalt und meine Familie ohne Probleme und war zufrieden. Wenn ich „Lufthunger" bekam (Sonne im Luftzeichen Wassermann) konnte ich jedes Jahr allein in Urlaub fahren und mein Mann übernahm die Fürsorge für die Familie".

Eines Tages bemerkt sie einen kleinen Knoten in der linken Brust, sie verdrängt aber diese Wahrnehmung total (Pluto in Löwe Opposition Merkur). Der Knoten wird größer und hart, nimmt nach etwa einem Jahr bereits die ganze Brust ein. In dieser Zeit blockiert Pluto mit seiner scharfen Opposition (3 Bogenminuten!) das klare Denken (Merkur) der ausgebildeten Arzthelferin.

Ihr damaliger Hausarzt (bei dem sie vorher auch im medizinischen Bereich tätig war), hat bis zu ihrem Arztwechsel keine Ahnung von alledem. Es kommt in der Folge zu rasch zunehmenden

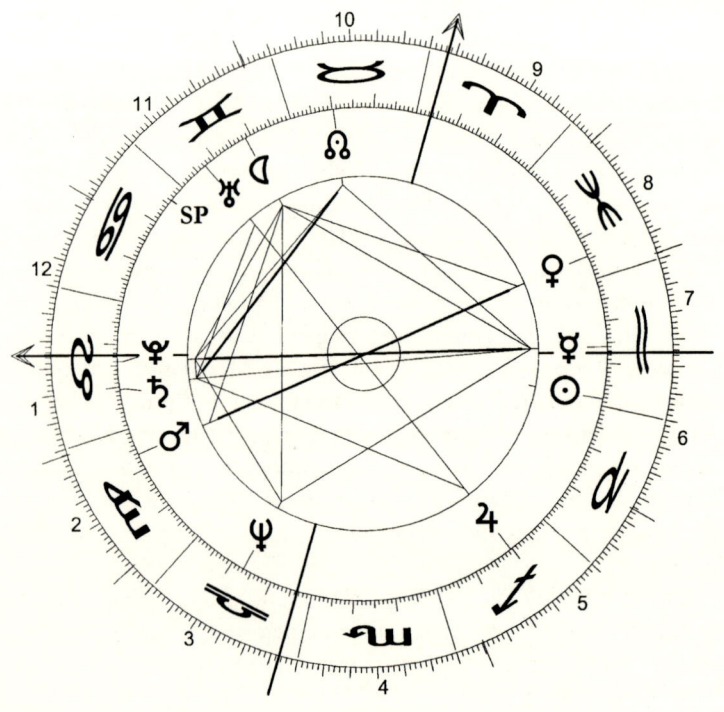

*Abb. 3: Korrigiertes Horoskop von Liz, Substanzpunkt 26 °Krebs,
1.KA Mond und 2.KA Uranus.*

Schmerzen im Rücken (Nierenschmerzen??), die sich bis zu vermeintlichen Nierenkoliken steigern.Der gerufene Notarzt wies sie
mit der Diagnose Nierenkoliken ins Krankenhaus ein. Dort wurde
die Diagnose Brustkrebs mit Wirbelmetastasen gestellt und die
sofortige Operation des Primärtumors gefordert wurde. Sowohl
die Operation als auch Bestrahlung und Chemotherapie wird von
der Patientin kategorisch abgelehnt; sie besteht unbeugsam auf
einer alternativen, naturmedizinischen Behandlung. Entlassung aus
dem Krankenhaus – Weiterbehandlung zu Hause. 4 Monate spä-

ter: die Wirbelmetastasen blockieren den Wirbelkanal mit Querschnittlähmung als Folge. Drei Monate später stirbt die Patientin.

Astromedizinisch zeigen sich folgende Einzelbezüge zu Brustkrebs: Substanzpunkt 26° Krebs; dieser Horoskopgrad wird nach Ebertin[5] der Brustdrüse zugeordnet. Die Brustdrüsen werden seit alters her dem Mond (1. KA) zugerechnet. Beide Krankheitsanzeiger (Mond und Uranus) stehen in Opposition zu Jupiter, die Sonne steht in dem vom 2. KA (Uranus) beherrschten Tierkreisabschnitt Wassermann sowie im 6. Haus (Krankheit).

Patient 2: Charles. Patient ist „primärer Nichtraucher", d. h. er hat nie in seinem Leben eine Zigarette oder sonst etwas geraucht. Er lebt völlig alkoholfrei in geordneten Verhältnissen; verheiratet (seit 47 Jahren), ein Sohn. 2½ Jahre nach Ende der Berufstätigkeit er eine geschwollene Lymphdrüse an der linken Halsseite. Verdacht auf einen Rachenwandinfekt (die Rachenmandeln waren schon entfernt). Als nach einer antibiotischen Therapie dieser geschwollene Lymphknoten nicht nur nicht verschwunden sondern eher eine Spur größer und härter erschien, wurde ein Facharzt eingeschaltet. Bei der eingehenden Spiegelung des Kehlkopfes und der Gewebe hinter dem Kehldeckel (Zungengrund) und dem imponierenden Tastbefund verlangte der HNO-Facharzt eine *sofortige* Abklärung durch eine Probe-Exzision. Am nächsten Tag wurde eine MR-Untersuchung (Magnet-Resonanz) vorgenommen und auf diesen brillant scharfen Bildern erkannte man bereits einen haselnußgroßen Primärtumor im Zungengrund und auch die Solitärmetastase (den geschwollenen, harten Lymphknoten). Die Probe-Exzision bestätigte dann die Krebs-Diagnose (Carcinom im Zungengrund 2 mm neben dem linken Stimmband unmittelbar hinter dem Kehldeckel).[7]

Ein typischer Rauchertumor also an typischer Raucher-Lokalisation bei einem primären Nichtraucher!

Astromedizinische Bezüge: Wie oben ausgeführt, unterstehen alle stimmbildenden Gewebe des Halses (Venus-Bereich) dem Merkur=2. KA. Die Sonne steht in einem Tierkreisabschnitt (Jungfrau), der dem 2. KA (Merkur) zugeordnet ist. Das Horoskop des Patienten ist stark jupiterbetont: AC Schütze (Jupiter), noch dazu im Jupiter-Segment des Schützen. Jupiter ist in die große Figur des Sonnendrachens einbezogen. Jupiter steht auf 14° 10' Skorpion, also ist der Oppositionspunkt des Jupiter 14° 10' Stier.

Dieser Wert liegt zwischen 14° und 15° Stier. Lesen wir nach bei Ebertin[5]: *14° Stier: Stimmbänder, 15° Stier: Kehldeckel.* Da kann selbst ein Astro-Mediziner, der Überraschungen gewöhnt ist nur mehr staunen. Staunen darüber, wieviele sehr genaue (und tragfähige) Beobachtungen wir in unserem Erfahrungswissen schon haben. Staunen aber auch darüber, wie exakt sich manches Krankheitgeschehen schon im Radixhoroskop darstellt (auch wenn es sich erst viele Jahrzehnte später manifestiert). Siehe auch Tumorlokalisation der Patientin 3: Rosa.

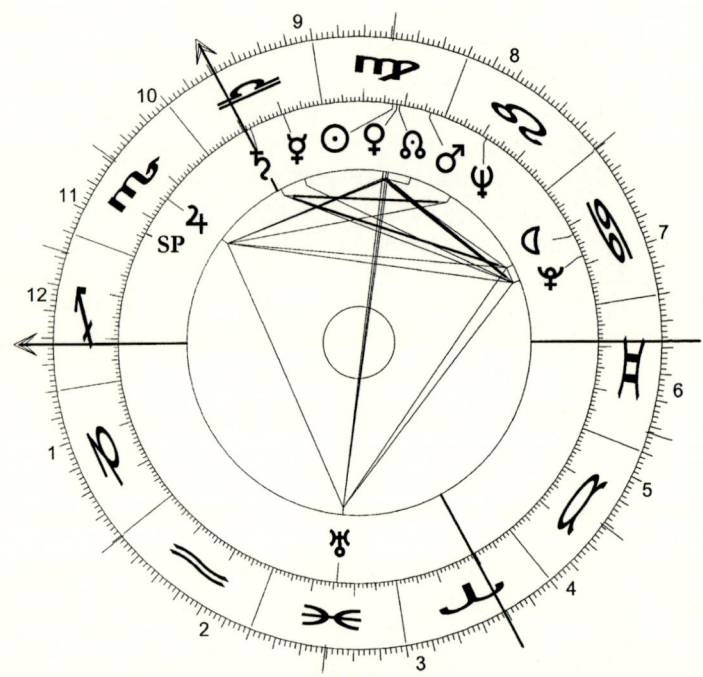

Abb. 4: Horoskop von Charles, Substanzpunkt auf 6° 23' Skorpion, d. h. daß hier der 1. KA Pluto ist, und Merkur der 2. KA

Der Tumor und die Solitärmetastase wurden in einer Spezialklinik für HNO-Tumoren entfernt. Eine Bestrahlung und Chemotherapie, von den Ärzten vehement gefordert, lehnte der Patient kategorisch ab. Intensive naturheilkundliche Nachbehandlung, seit nunmehr drei Jahren. Lokalbefund völlig einwandfrei und unverdächtig. Befinden sehr gut.

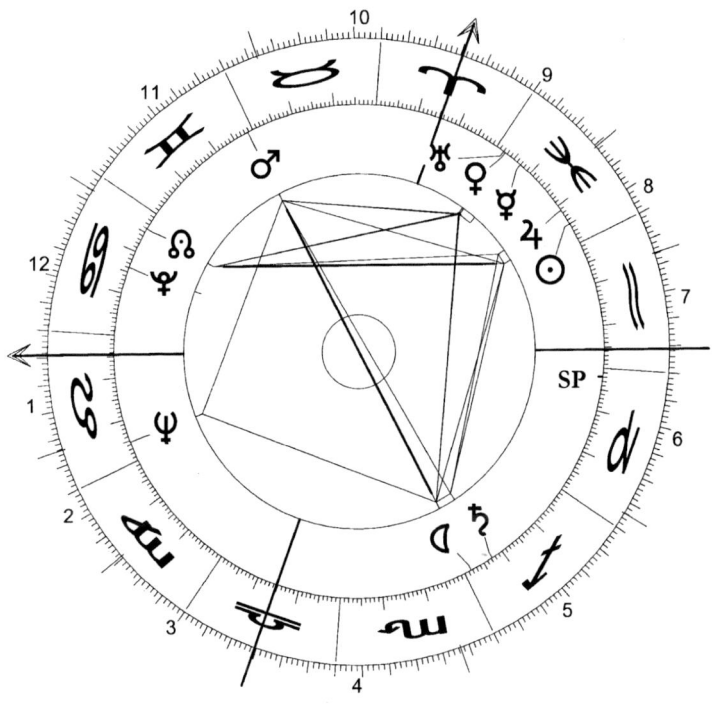

Abb. 5: Radix-Horoskop Rosa

Patientin 3: Rosa. Hausfrau und Mutter von drei Kindern, mit ihrem Mann in verschiedenen Vereinen engagiert. Mit 69 Jahren wiederholt hartnäckige Verstopfung mit leichten Schmerzen im rechten Oberbauch.

Zu dieser Zeit wird ein Internist zugezogen. Dieser kann bei einer Darmspiegelung mit dem Endoskop eine „Engstelle" an der Kurvatur zwischen aufsteigendem und querverlaufendem Dickdarm nicht passieren (von diesem Zeitpunkt an passieren dem Internisten mehrere Fehlleistungen, die der Patientin ein halbes Jahr effektiver Behandlung kosten). Bei einem zweiten Versuch der Endoskopie kann die „Engstelle" wieder nicht passiert werden. Der Internist erklärt der Patientin, daß sie nicht operiert werden müsse: „das kann man mit Medikamenten hinkriegen". Abführmittel: kurze Besserung. Wegen neuer Beschwerden Gastro-Enterologie: mandarinengroßes Carcinom an der Kurvatur zwischen Colon ascendens und Colon transversum – aber bereits massive Lebermetastasen. Operation des Primärtumors im Dickdarm (gut verlaufen), aber die Lebermetastasen wachsen trotz intensiver Chemotherapie rasch weiter. Patientin wird zunehmend schwächer und stirbt 14 Monate nach der ersten Zuweisung zum „Internisten".

Astromedizinische Bezüge: Der Substanzpunkt steht auf 28° 31' Steinbock, d.h. der 1. KA=Saturn, 2. KA=Neptun. Sonne steht in den Fischen, also im Zeichen des 2. KA. Sonne Quadrat Saturn; Sonne Quadrat Mars.

Jupiter Konjunktion Sonne, deshalb muß man auch die Oppositions- und Quadrat-Punkte der Sonne beachten. Sonne auf 4° 28' Fische, Opposition davon 4° und 5° Jungfrau. 4° Jungfrau=colon ascendens , 5° Jungfrau=Colon transversum. Jupiter auf 8° 42' Fische, Opposition davon 9° Jungfrau=rechter Leberlappen (dort waren final die größten Metastasen). Alles nach zitiert Ebertin[5].

Jupiter Quadrat Mars, Jupiter scharfes Quadrat Saturn (=1. KA). Merkur, Venus, Uranus, Jupiter und Sonne alle in Tierkreisabschnitt Fische und im 8. Haus.

Patientin 4: Gilda. Eine einfach strukturierte Arbeiterin, schwer alkohol- und nikotinsüchtig (40-50 Zigaretten täglich). Chron. schwerer Husten, z.T. blutiger Auswurf.

Im Alter von 49 Jahren wird klinisch ein Bronchus-Carcinom erkannt und im Operationspräparat die Diagnose gesichert. Röntgen-Nachbestrahlung. Keine Chemotherapie, weil zu schwach und zu sehr abgemagert. Langsame Erholung und Besserung, raucht und trinkt weiter.

Zwei Jahre nach der Operation zunehmend schmerzhafte Knochenmetastasen im Oberarm und Oberschenkel. 1 Jahr später Lebermetastasen und Leberzirrhose. Fünf Jahre nach der klinischen Diagnose im Leberkoma gestorben.

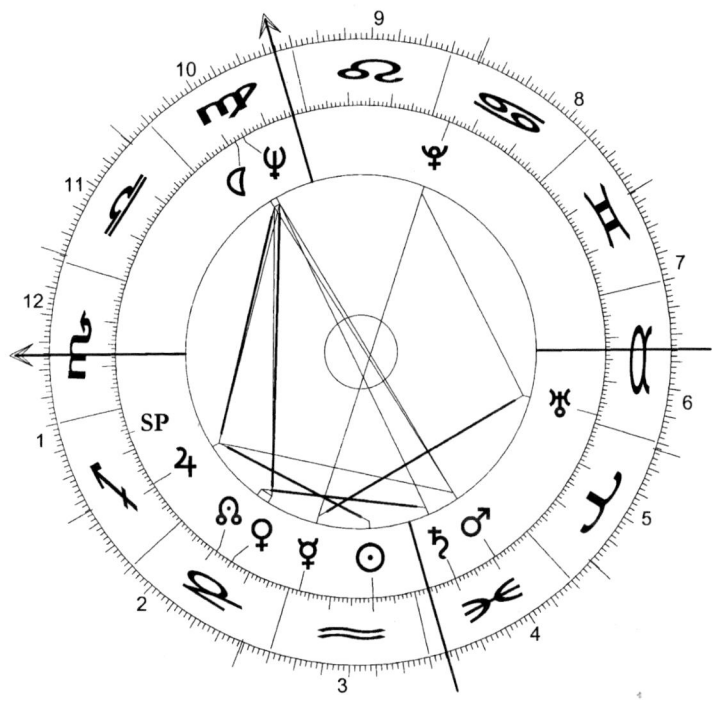

Abb. 6: Horoskop von Gilda

Astromedizinische Bezüge: Der Substanzpunkt steht auf 6° 43' Schütze, d. h. daß der 1. KA Jupiter und der 2. KA Merkur ist. Im 6. Haus (Krankheit) steht Uranus in scharfem Quadrat zu Merkur (2. KA). Neptun ist höchststehender Planet und zeigt drei Spannungsaspekte von Quadrat Jupiter (1. KA) und Opposition Saturn und Mars (Sucht!). Der 1. KA Jupiter hat drei Spannungsaspekte von drei Quadraten zu Neptun, Mond und Mars. Der Jupiter (1. KA) steht in Opposition zum Zeichen Zwillinge (Merkur=2. KA), dessen Hauptbezug die Lunge ist.

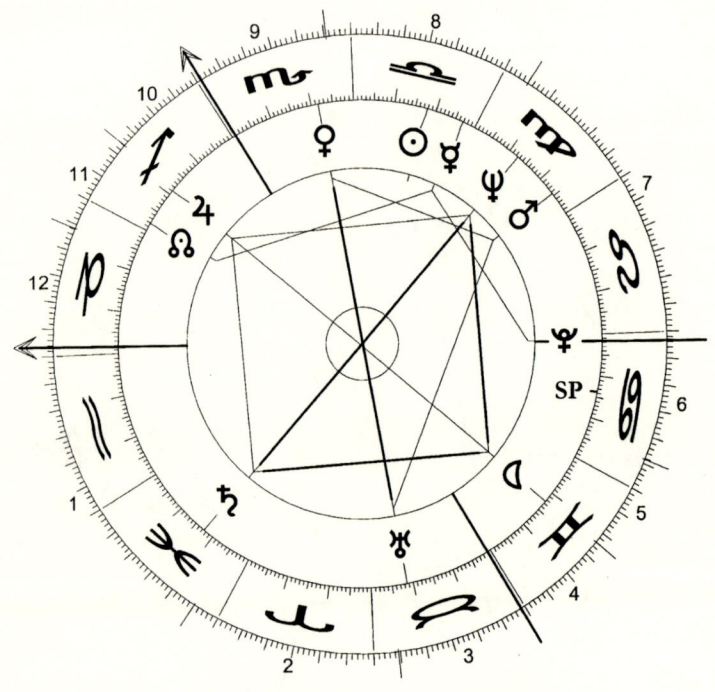

Abb. 7: Das Horoskop von Vaclav Havel

Patient 5: Vaclav Havel. Um nicht den Eindruck zu erwecken, daß hier nur nicht nachprüfbare Krankenhoroskope angeführt werden, möchte ich noch die öffentlich bekannte Krankengeschichte des tschechischen Staatspräsidenten besprechen. Soweit bekannt wurde ihm im Alter von 60 Jahren ein Tumor aus der Lunge entfernt (ein zweiter entfernter Tumor wurde erst später zugegeben). Die Diagnose wurde offiziell mit Lungen-Carcinom angegeben. Havel ist starker Raucher.

Astromedizinische Bezüge: Aus der korrigierten Geburtszeit ergibt sich ein Substanzpunkt auf 16°29' Krebs, d.h. 1. KA Mond, 2. KA Venus. Sonne steht in einem Tierkreisabschnitt, der dem 2. KA zugeordnet ist (Waage). Jupiter hat drei Spannungsaspekte: zwei Quadrate (Neptun, Saturn) und eine Opposition. Der Mond (1. KA) steht in Opposition im Zeichen Zwillinge (Lunge). Der 1. KA (Mond) zeigt auch drei Spannungsaspekte von zwei Quadraten (Neptun, Saturn) sowie einer Opposition zu Jupiter und steht selbst in den Zwillingen (Lunge).

Nikotinmißbrauch: Neptun (Sucht) hat drei Spannungsaspekte von zwei Quadraten (Mond, Jupiter) und einer Opposition zu Saturn, der in den Fischen steht (Neptun).

Zusammenfassend kann man feststellen, daß in einem sehr hohen Prozentsatz (65-70%) der gesicherten Krebsfälle wichtige Bezüge zu Jupiter vorliegen. In den restlichen ca. 35% der Fälle, die von mir untersucht wurden, sind die Zusammenhänge nicht so klar, wie es hier gezeigt werden konnte. Es wird noch weiterer gründlicher Studien bedürfen, um den Bezug dieser Krebsfälle zum jeweiligen Horoskop zu erhellen.

Mit der Untersuchung der Jupiterbezüge von gesicherten Krebsfällen kann man einen entscheidenden Schritt in der metagnostischen Erklärung astromedizinischer Zusammenhänge weiterkommen. Wie schon in den ersten Zeilen dieses Beitrages erklärt, eignet sich diese Betrachtungsweise aber unter gar keinen Umständen dazu, auch nur einen Verdacht auf eine Krebserkrankung in Erwägung zu ziehen oder gar auszusprechen. Dies betrifft das eigene Horoskop, vor allem aber auch Patienten-Horoskope. Gerade bei Krebs kennen wir letztlich den Auslöser für das Geschehen (noch?) nicht. Denn den Lebenslauf eines Menschen bestimmen immer drei Grundfaktoren zusammen:

- Der kosmische Code (Horoskop),
- der genetische Code (Rasse, Geschlecht, Körpergröße etc.) und
- die Umwelteinflüsse (Gesellschaft, Familie, Schule(n), Arbeitswelt).

Anmerkungen

1 Bernd A. Mertz. *Handbuch der Astromedizin*, Genf, München 1991, Seite 52.

2 Im Handbuch der Astromedizin von Bernd A. Mertz findet sich ein eigenes Kapitel über Substanzpunkt und Krankheitsanzeiger (KA) auf S. 139 ff.

3 Die schon damals sehr hochstehende arabische Astrologie hat ein ganzes System solcher arabischen Punkte geschaffen (zeitweise wurden über 300 arabische Punkte verwendet). Den hier angesprochenen Punkt Bezeichnet Al Kindi erstmals als Punkt der Wolken. Doch schon sein Schüler Albumasar (810-855) wird hierbei viel genauer: Punkt der Schwächen und der unüberwindlichen Laster (pars infirmitatum) nennt er diesen Punkt. Die Bezeichnung Krankheitspunkt (= Substanzpunkt = Indikatorpunkt) wird dem genialen persichen Arzt, Philosophen, Mathematiker, Astrologen Rhazes oder Abu Bekr Mohammed ben Zakariya al Rhazi (28. 8. 864 bis 2. 10. 925) zugeschrieben. Dieser galt als der „arabische Paracelsus" (über 230 Schriften) und war einer der größten Ärzte der Muslime. Sein Hauptwerk erschien lateinisch als *Liber almensoris* und umfaßt alle Zweige der Medizin mit ausführlichen astromedizinischen Regeln.

4 Bei Dr. Peter Orban finden wir andere Zuordnungen: für Opposition den Mond und für das Quadrat den Saturn (siehe *Astrologie als Therapie*). In dieser Arbeit hier verwende ich die Zuordnungen nach Mertz..

5 Hierfür eignet sich hervorragend das Buch von Reinhold Ebertin *Anatomische Entsprechungen der Tierkreisgrade* (Ebertin-Verlag 1976).

6 Peter Orban und Ingrid Zinnel. *Personare*, Reinbek 1992.

7 Bei gesicherter Diagnose Carcinom kann man mit Hilfe des Substanzpunktes eine Geburtszeitkorrektur durchführen.

Beziehungsebenen bei Hautkrankheiten

Martha Wieland

Die Ursachen von Hauterkrankungen können sehr vielschichtig sein, entsprechend sind die verschiedensten astrologischen Kombinationen im Horoskop möglich. Krankheiten der Haut gelten in der Medizin als schwer zu therapieren und sind oft zutiefst mit dem seelischen Geschehen verknüpft. Hauterkrankungen nehmen meist einen chronischen Verlauf. Die Betreffenden können, ausgelöst durch die Krankheit (Entstellung, Ansteckungsverdacht usw.), dazu neigen, sich immer mehr zu isolieren. Die Partnerfindung, das Intimleben und die Akzeptanz des eigenen Körpers können durch ein solches Geschehen beeinträchtigt sein. In manchen Fällen kommt es gezwungenermaßen wegen einer Hautkrankheit zu einem Wechsel in der beruflichen Tätigkeit. Es können auch andere tiefgreifende Umstellungen der Lebensgewohnheiten notwendig werden.

Chronische Krankheiten erfordern von den Patienten jahrelange Anpassungsversuche. Wenn der Patient den größten Teil seiner Kräfte für sein Krankheits-Management benötigt, sind häufig kaum mehr spektakuläre Heilungen möglich. Zeigt der Patient aber Bereitschaft, seine Krankheit zu analysieren, ist dies dann ein sehr guter Moment, wo der therapeutische Astrologe hilfreich aktiv werden kann. Eine gründliche Anamnese, medizinisch und astrologisch (Deutung des Grundhoroskopes), bringt mehr Selbsterkenntnis für den Patienten, das bedeutet mehr Autonomie, was sich wiederum positiv auf die Abwehrkraft und den Selbstwert der betroffenen Person auswirken dürfte.

Es ist immer wieder interessant zu sehen, wie Patienten unter spezifischen Transiten, Anhäufungen von Planeten, Durchgängen von Planeten durch die Häusern und bei Auslösungen von Sonnenbogen-Direktionen[1] in der Therapiesuche aktiv werden. Diese astrologischen Auslösungs-Konstellationen, wie sie an den nachfolgenden Fallbeispielen erläutert werden, können durchaus eine Krankheit oder einen erneuten Krankheitsschub, eine Krisis, auslösen. Diese Gelegenheit kann sinnvoll benützt werden, um nach den Hintergründen einer Hauterkrankung zu suchen. Es sind vielfach die oben erwähnten spezifischen Auslösungen im Horoskop, welche die Erkrankten dann in eine astromedizinische Praxis führen. Es ist dann eine dankbare Aufgabe für den Therapeuten, wenn ein Patient einen deutlichen Heilungswillen für sein Leiden zeigt. Die Mitarbeit und der Gesundungswille des Patienten scheinen von grosser Bedeutung zu sein.

In beiden Fallstudien hatten die Erkrankten jahrelang Hautprobleme, um dann aber eines Tages übermäßig allergisch auf eine natürliche Substanz zu reagieren. In der Medizin spricht man in solchen Fällen von einer Atopie. Der Atopiker kann plötzlich mit einem angioneurotischen Ödem, Asthma bronchiale, Ekzem, Heuschnupfen, Urtikaria oder ähnlichen Krankheitszeichen allergisch reagieren. Es ist auch möglich, daß er zwischen diesen Krankheitsbildern hin- und herwechselt. Das Ekzem, welches beide Patientinnen zu Krankheitsbeginn hatten, war einigermaßen zu ertragen. Als dann aber ein anaphylaktischer Schock (Reaktion mit drohendem Kreislaufzusammenbruch) hinzukam, wurde die Angelegenheit um einiges schlimmer. Der Konsum von Medikamenten vergrößerte sich bei beiden Patientinnen zusehends. Vom Arzt wurde dann zusätzlich Psychopharmaka verordnet, um die Überreaktionen des Körpers zu dämpfen. Mit dieser zusätzlichen Medikamenteneinnahme kann auch die Fähigkeit zur Lebensfreude allgemein beeinträchtigt werden, und unter diesem Leidensdruck wird die Situation immer unerträglicher. Beide Personen begannen nach Alternativen für eine Heilung ihres Leidens zu suchen. Die Patienten wissen aber sehr wohl um die lebensrettende Bedeutung der schulmedizinischen Medikamente.

Es gibt zwischen den beiden Fallbeispielen auffallende Parallelen – krankheitsgeschichtlich und astrologisch. Am Schluß dieses Berichtes wird auf diese Zusammenhänge hingewiesen.

Fallbeispiel A

Krankheitsgeschichte

Beim Fall A handelt es sich um ein Mädchen, das im Alter von 10 Jahren an einer großen Warze am Fuß litt. Zur gleichen Zeit musste die Mutter ins Spital, wo ihr die Gebärmutter (welche mit 8 Myomen verwachsen war) entfernt wurde. Die Tochter wurde während des Spitalaufenthaltes der Mutter bei der Grossmutter untergebracht. Gleich zu Beginn des Aufenthaltes entzündete sich die Warze am Fuß und eine sich ausbreitende Blutvergiftung machte eine Hospitalisierung des Kindes notwendig. Zur Blutvergiftung kam noch eine Angina hinzu, was die Verabreichung von starken Medikamenten unumgänglich machte. Mutter und Tochter waren somit zur gleichen Zeit im Spital. Nach dieser Behandlung im Krankenhaus bekam Fall A erstmals einen Hautausschlag. Die Mutter berichtete, das Kind habe damals „wie ein Streuselkuchen" ausgesehen. Nach diesem Vorfall blieb die Haut des Kindes ein Problem, und es kam immer wieder zu massiven Krankheitsschüben. Über die Erkrankung des Kindes führte die Mutter peinlich genau Buch, inklusive fotografischer Dokumentation.

Als die Hauterkrankung immer schlimmer wurde, riet der Hautarzt zu einem Aufenthalt am Meer. Man erhoffte sich durch einen Klimawechsel eine Besserung für das Kind. In den Ferien kam es dann aber zu einer dramatischen Steigerung der Krankheit. Fall A litt zusätzlich an Atemnot, tränenden Augen und bekam beinahe keine Luft mehr: Das Kind musste vom Notfalldienst behandelt werden, um einen allergischen Schock zu vermeiden.

Zurück aus den Ferien wurde das Mädchen am Universitätsspital in der dermatologischen Abteilung auf Allergien untersucht. Man stellte folgendes fest: Reaktionen auf Gewürze, Sellerie, Maggikraut, Karotten, Curry usw., sowie eine Milbenallergie. Daraufhin wurden sämtliche Teppiche, das ganze Bettzeug und weitere milbenverdächtige Gegenstände aus dem Wohnbereich entfernt – es trat jedoch keine Besserung ein.

Inzwischen war das Mädchen 13 Jahre alt geworden und in der körperlichen Entwicklung weiter fortgeschritten, jedoch die

Asthmaanfälle wurden immer häufiger. In einer schlimmen Krankheitsphase verordnete der Hautarzt zusätzlich Psychopharmaka, um die Reaktionsbereitschaft des erkrankten Körpers zu dämpfen. Die Tatsache, daß das Kind Psychopharmaka verordnet bekam, veranlasste die Mutter, mit dem Kind die verschiedensten Ärzte aufzusuchen.

Auf dieser Suche nach Heilung ordnete ein konsultierter Dermatologe einen Klinikaufenthalt an, der eine Woche andauerte, in welcher eine allergologische Spezialdiät durchgeführt wurde. Trotz dieser Diät, welche dann auch im Nachhinein noch privat weitergeführt wurde, trat keine Besserung ein. Die Tatsache, daß dieser Krankenhausaufenthalt nicht zu einer Besserung geführt hatte, trieb die Mutter beinahe an den Rand der Verzweiflung. Es begann eine Zeit, in der sie mit der Tochter die verschiedensten Homöopathen, Natur- und esoterischen Heiler aufzusuchen begann. Im Krankheitsgeschehen trat aber immer noch keine Besserung ein.

Astrologische Bezüge

Dieses gleichzeitige Erkranken von Personen in Beziehungsgemeinschaften ist häufig zu beobachten. Es weist auf eine symbiotische Verbundenheit und Abhängigkeit der betroffenen Personen hin. Produziert ein Kind in einer solchen Situation wie zum Beispiel während des Aufenthalt der Mutter im Hospital eine Erkrankung, so läßt die Sorge der Eltern um das Kind allfällige Probleme der Eltern in den Hintergrund treten. Beiden Teilen ist dann vordergründig geholfen, aber die tiefer liegenden Probleme melden sich möglicherweise beim Kind auf einer anderen Ebene. Es kann zu einer sogenannten Verschiebung von Energien kommen.

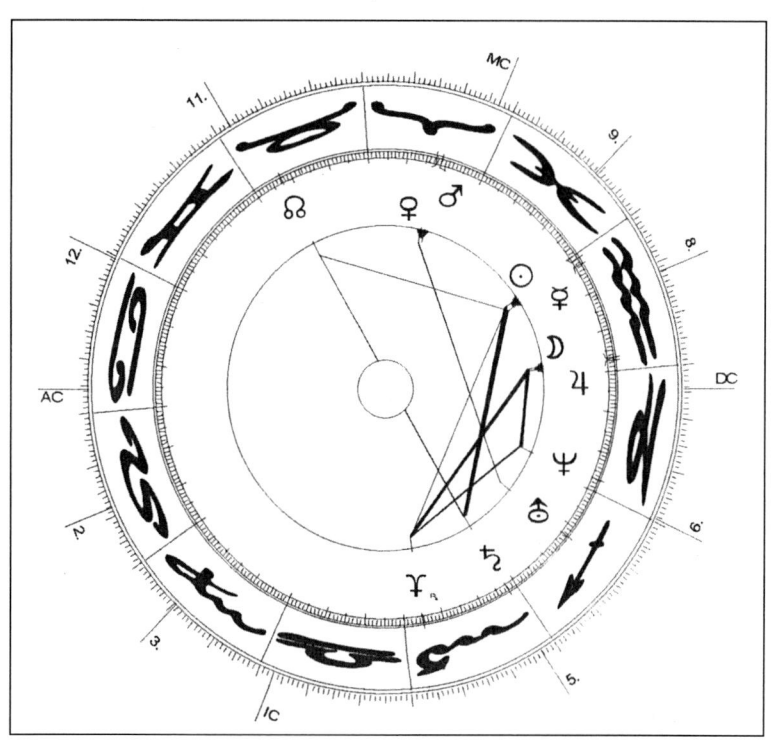

Abb. 1: Radix Fallbeispiel A

Im Radixhoroskop von Fall A weist die Mond/Jupiter-Kon-
junktion im 7. Haus auf eine innige Verbundenheit zwischen Mutter und Tochter hin. Im 7. Haus, im Waage-Haus, wird symbolisch
die partnerschaftliche Verbundenheit gedeutet. Aus der Sicht des
Kindes hat das 7. Haus auch Bezug zur Beziehung der Eltern, und
zwar wie es diese wahrnimmt. Kinder mit den entsprechenden
Konstellationen interessieren sich außerordentlich für die Beziehung der Eltern, insbesondere für das Verhalten der Mutter in
Beziehungsfragen. Mütter mit Kindern, die solche Betonungen im
Horoskop haben, bestätigen immer wieder, daß es schwierig sei,
Geheimnisse vor diesen Kindern zu haben. So war es auch im

197

vorliegenden Fall, was aber von den betreffenden Familienmit-
gliedern nicht als negativ empfunden wurde.

Im obigen Fall empfängt der Mond im 7. Haus zusätzlich ein
Quadrat von Pluto, welches auf eine tiefergehende Problematik in
der Beziehung zwischen Mutter und Kind, zwischen Familien-
strukturen und Kind, hinweisen könnte. Über die Konstellation
Pluto im Quadrat zum Mond und den damit häufig verbundenen
seelisch tiefgründigen Prozessen wurden in der Regel den Beteiligten nicht bewusst. Unter Pluto- und Mondverbindungen im Horoskop ist der Wechsel zwischen Aufopferungs- und Opferrolle
für eine beteiligte Person ein wichtiges Thema. Einerseits ist es die
Mutter, die sich außerordentlich um die Tochter kümmert, was
der Stellung von Mond in der Waage durchaus entspricht, andererseits weist ein Mond im 7. Haus des Radix darauf hin, daß eine
seelische Abhängigkeit zwischen Mutter und Kind bestehen könnte. Solche Kinder interessieren sich intensiv für die Befindlichkeit
der Mutter. Die Tatsache, daß die Tochter zur gleichen Zeit erkrankte wie die Mutter, sollte veranlassen, die Krankengeschichte
der Mutter genauer zu analysieren.

Die Mutter war erst 35 Jahre alt, als sie starke hormonelle Störungen hatte. Dauerblutungen und Beschwerden im Unterleib
plagten sie über längere Zeit. Altersmäßig war sie jedoch noch
weit vom Klimakterium entfernt. Schließlich kam es bei der Mutter zu einer Entfernung der Gebärmutter. Die Mutter des Kindes
beschrieb die damaligen Jahre als sehr harmonisch und gut. Sie
habe jederzeit offen mit ihrer Tochter über alle Probleme sprechen können. Eine derart starke Idealisierung einer für sie damals
sicher schwierigen Zeit ließen aufhorchen. Daß eine gesundheitlich so schwierige Zeit als harmonisch und gut bezeichnet wurde,
kann auf Verdrängungen der betroffenen Person hinweisen. Es
war schwierig zu verstehen, daß die Beziehung zwischen ihr und
dem Ehegatten und zur Familie nicht gestört war in dieser Zeit.

Das Horoskop des Falles A läßt aber vermuten, daß die Tochter sehr wohl eine Dissonanz in der Beziehung der Eltern gespürt
haben muß. Es wäre möglich, daß das Kind wegen der Probleme
der Mutter sehr viel Energie verloren hat, um schlussendlich mit
einer Erschöpfung seines Immunsystems zu reagieren. Die Mutter

betonte, daß sie ihr Kind jederzeit freundschaftlich über „alle Probleme" unterrichtet habe. Die Tochter war altersmäßig zu jenem Zeitpunkt gerade dabei, ihre eigene Geschlechtlichkeit zu entwickeln. In diesen Alter haben die Jugendlichen sonst eher das Bedürfnis, sich eine Zeitlang von den Eltern abzugrenzen, was für das Kind unter diesen Umständen, wegen der äußeren Umstände und der Symbiose mit der Mutter, beinahe unmöglich war.

Vermutlich war hier das Kind das schwächste Glied, das mit körperlichen Symptomen reagierte. Anginen und Viren-Erkrankungen (Warze) sind, medizinisch gesehen, häufig ein Zeichen körperlicher Erschöpfung. Der Mutter war nicht bewußt, daß die Tochter auch die unterschwellig laufenden Prozesse im zwischenmenschlichen Bereich derart stark registrieren könnte. Doch die Familie bildet ein zwischenmenschliches System und das Kind kann zum Symptomträger werden, wenn es entsprechend astrologisch disponiert ist.

Die Tochter war von den gemachten Überlegungen über mögliche Zusammenhänge zwischen Erkrankung und Psyche begeistert und zeigte sich sehr interessiert. In einem solchen Fall wäre es günstig, das Kind alleine sprechen zu können. Ist die Beziehung zwischen Mutter und Kind jedoch so stark ausgeprägt wie im vorliegenden Fall, so wird dies von einer Mutter eher nicht eingesehen. Es wird oft viel getan von den Beteiligten, um aus einer solchen Symbiose nicht ausbrechen zu müssen. Auch im vorliegenden Fall betonte die Mutter ihr ausgezeichnetes Verhältnis zur Tochter und daß es keinerlei Grenzen gebe zwischen ihnen beiden, deshalb könnten sie ruhig zusammen in eine Behandlung gehen.

Eine starke Zusammengehörigkeit zwischen Mutter und Kind kann den Ausschluß des Vaters aus dem Familiensystem zur Folge haben. Der Vater, resp. der Ehemann, kann sich als Störfaktor und als Eindringling zwischen Mutter und Kind fühlen.

Es scheint, als ob sich das Kind schlußendlich die Grenze zur Mutter über die Haut suchte. Saturn wird in der astrologischen Deutung unter anderem mit der äußeren Grenze des Menschen (Hülle=Haut) in Verbindung gebracht. Diese Grenze schien sich nun auf die Haut-Ebene verschoben zu haben. Mit dieser Hauterkrankung kam sie gleichzeitig in den Genuß von Nähe (Mond) und Grenze (Haut/Saturn). Altersmäßig wäre es an der Zeit gewesen, daß sich das Mädchen von der Mutter etwas hätte lösen sollen, was aber mit Mond im 7. Haus äußerst schwierig war.

Wenn man die Familie als System versteht, kann das Kind zum Träger für die laufenden Probleme und aller unterschwelligen Prozesse werden. Es wurde grundsätzlich zwar gut behandelt und hatte keinen Grund sich zu beklagen, konnte aber so nicht lernen, die eigenen Bedenken und Meinungen zu äußern. Die Beteiligten hatten große Angst, ihre innige Beziehung zu verlieren. Das schwächere Glied in dieser Gemeinschaft war das Kind, sein Ventil schien die Haut zu sein.

Es sind natürlich noch andere Faktoren im Horoskop als der Mond im 7. Haus oder in der Waage notwendig, damit es zu einer solchen Erkrankung kommt. Zudem ist zu beachten, daß nicht jeder erkrankt, der solche Konstellationen aufweist. Meistens ist es eine Anhäufung von Widersprüchen im Horoskop, welche zu starken psychischen und physischen Spannungsfeldern führt. Doch auch dann muß eine Person diese nicht als körperliche Beschwerden leben. Es sind aber auch genau diese Widersprüche, welche die Eigenart einer Persönlichkeit ausmachen. Das Ziel einer astrologischen Beratung könnte sein, verschiedene Auslebungsmöglichkeiten für die durch das Horoskop angezeigten Neigungen im täglichen Leben zu suchen. Somit könnte es zu einer Entlastung der betroffenen Person kommen.

Die Herbst- und Winterzeichen, wozu die oben aufgeführte Wassermannsonne gezählt wird, sind in den Untersuchungen über Hautkrankheiten zahlenmäßig etwas stärker vertreten. Eine mögliche Erklärung für solche Zusammenhänge könnte sein, daß die Lichtadaption[2], bedingt durch die Jahreszeit, in der diese Herbst- und Wintergeburten stattfinden, genetisch anders geregelt ist als bei den Frühlings- und Sommergeburten.

Der Krebsaszendent verstärkt die Sensibilität und seelische Empfänglichkeit. Da aber der Mond in diesem Fall Herrscher des Aszendenten ist und seinerseits auf die Beziehungsebene ausgerichtet ist (Stand im 7. Haus), sollte er in der Deutung besonders gewichtet werden.

Mars und Venus befinden sich in einem Eckhaus in nicht allzuweiter Entfernung voneinander. Mars steht im Widderzeichen und somit in seinem Domizil. Gleichzeitig ist Mars im 10. Haus, im Steinbockhaus, wo er stark an Bedeutung gewinnt. Venus ist im Widderzeichen im Exil. Dieses Exil kann eine Schwächung der Venus-Energien zur Folge haben. Zusätzlich erhält die Venus durch das 10. Haus (Saturnhaus) einen saturnischen Einfluss, wodurch sie eher in ihrem Ausdruck gehemmt wird. Dieses Zusammentreffen von gegensätzlichen Kräften (Mars und Venus sind die beiden Geschlechtshormon-Planeten) führt zu einem persönlichen astrologischen Spannungsfeld.

Auslösungen

Sucht man nach altersmäßigen Auslösungspunkten von Mars und Venus im Leben der Betroffenen, so muß man an folgende Lebensstationen denken: Pubertät, Schwangerschaft, Geburt, Klimakterium und alle Ablösungs- und Annäherungssituationen persönlicher Art im Leben. Im angeführten Fall kamen die hormonellen Störungen der Mutter und die Pubertät des Kindes zur gleichen Zeit zusammen. Für das Kind war diese Belastung vermutlich zu groß, worauf es offenbar mit Krankheit reagierte.

Man kann den verschiedenen Funktionen der Haut im Grunde alle Planetenkräfte zuteilen. Die Haut hat mit ihrer äußeren Abgrenzungsfunktion saturnischen Charakter, betrachtet man aber die Haut in Bezug auf Zuwendung, Nähe, Streicheleinheiten, erotische Zonen usw., so kann man ohne Mühe die venusischen Seiten der Hautfunktionen erkennen. Die äußere Hülle des Menschen, die Haut, ist das größte Organ des Körpers und hat anatomisch und physiologisch gesehen die verschiedensten Aufgaben zu erfüllen, deshalb auch die symbolische Beziehung zu mehreren Planeten und Häusern.

Mars hat mit der direkten Abwehr des Körpers zu tun. Aggressoren wie: Bakterien, Fremdstoffe, Eiweiße usw., werden analog den Marskräften unmittelbar abgewehrt und bekämpft. Unter einem starken Marseinfluß im Horoskop kann diese direkte Abwehr über Jahre hinweg (im angeführten Fall besonders deutlich zu sehen) funktionieren. Kommen jedoch zusätzliche Belastungen im Leben der Betroffenen hinzu, so kann diese direkte Abwehr nicht mehr ausreichend den Körper schützen.

Betrachtet man das Immunsystem auf der Symbolebene, so können Verbindungen zu Mars- und Plutoanalogien gefunden werden. Normalerweise verteidigt sich der Körper gegen körperfremde Substanzen, entsprechend den Marskräften, mit einer direkten Abwehr. Der Körper ist fähig, sich über Jahre hin auf diese Art zu verteidigen, ohne daß es zu nennenswerten Krankheiten kommen muß.

Wenn der Körper nun zusätzlichen Belastungen ausgesetzt wird, scheint er zu Notmaßnahmen in seinem Abwehrsystem zu greifen (Plutoanalogie), und dann kommt es zu einer indirekten Abwehr. Der Körper merkt sich nun die Aggressoren der Vergangenheit (sehr vereinfacht ausgedrückt), um dann bei einer zusätzlichen körperlichen oder seelischen Belastung auf diese Erinnerungen zurückzugreifen. Gezielte Antigen-Antikörper-Reaktionen sind dann die Folge, bei der Abwehr von gesundheitsschädlichen Einflüssen. Dieselben krankmachenden Stoffe können aber für einen anderen Menschen ganz harmlos sein. Allergene werden persönlich erkannt und über eine gezielte immunologische Abwehr bekämpft. Die Eigenschaft des indirekten Abwehrsystemes, vorangegangene Kontakte mit Aggressoren speichern zu können, korrespondiert auf der Symbolebene mit den Plutoeigenschaften. Solche immunologische Merkprozesse des Körpers können sich über Jahre erstrecken.

Wenn Sonnen- und Neptunthemen im Horoskop miteinander verbunden sind, erhöhen sie zusätzlich die Sensibilität der betreffenden Person. Im Radix von Fall A befindet sich die Sonne auf 28° 51' im Wassermannzeichen. Teilt man ein Tierkreiszeichen in zwölf gleichmäßige Teile auf (wie das die Inder tun), so ergibt sich für die letzten 2½° des jeweiligen Zeichens eine Fische-Zone. Die Sonne bekommt somit im genannten Beispiel eine Fischeprägung. Es handelt sich hier um die altbekannten Mikro-Makrokosmos Regeln, wonach das Große im Kleinen enthalten ist und umgekehrt.

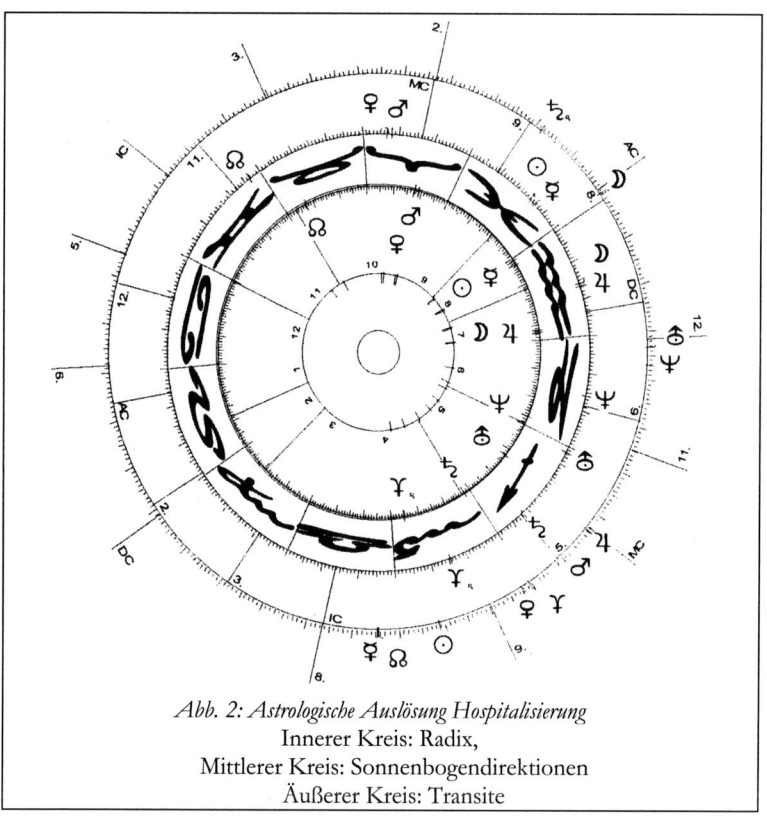

Abb. 2: Astrologische Auslösung Hospitalisierung
Innerer Kreis: Radix,
Mittlerer Kreis: Sonnenbogendirektionen
Äußerer Kreis: Transite

Neptun steht im Horoskop im Anfangsbereich des 6. Hauses.
Dieses Haus korrespondiert mit dem Dünndarm, welcher die
Aufgabe hat, die zugeführte Nahrung auf ihren Gesundheitswert
hin zu prüfen. Bei der Zuordnung der durch den Darm aufzu-
nehmenden Partikel spielt deren Größe eine entscheidende Rolle.
Bei einer Nahrungsmittelallergie ist es möglich, daß dem Körper
über den Darm zu grosse oder unpassende Partikel zugeführt
werden, auf die er dann mit einer verstärkten Abwehr reagiert. Es
ist unschwer hier das Jungfrau-Prinzip zu erkennen, denn das 6.
Haus entspricht dem 6. Tierkreiszeichen, der Jungfrau. Schon immer wurde dieses Haus mit Gesundheit, Krankheit und der Ernährung in Verbindung gebracht. Nach neueren medizinischen

Erkenntnissen hat ein Teil des Immunsystems seinen Sitz im Darm. Das Immunsystem ist sehr wichtig für die Gesundheit des Menschen.

Steht Neptun im Anfangsbereich des 6. Hauses und dirigiert man ihn in der Sonnenbogendirektion weiter, so erreicht er nach ungefähr 20 bis 30 Jahren die Spitze des 7. Hauses (je nach Häusergröße). Das heißt, daß diese Person während diesem Lebensabschnitt immer eine Direktion von Neptun durch das 6. Haus hatte. Wechselt dann Neptun nach dem Ablauf dieser Durchwanderung vom 6. in das 7. Haus, so kann es zu einer Aktivierung des Krankheitsthemas kommen. Langjährige unterschwellige Allergien, die nie richtig zum Ausbruch kamen, können dann plötzlich zu einem akuten Thema werden. Dasselbe gilt auch für die Transite des Saturns. Saturn verweilt aufgrund seiner Laufgeschwindigkeit ungefähr 2½ Jahre im 6. Haus, um dann nach abgelaufener Zeit an den Deszendenten zu wechseln. Dieser Zeitpunkt des Häuserwechsels bringt dann mit ziemlicher Sicherheit eine Wende im Krankheitsverlauf.

Beim erstmaligen Ausbruch der Krankheit erreichten Neptun und Uranus im Transit die Spitze des 7. Hauses. Zum ersten Mal im Leben des Kindes war ein erster Transit dieser beiden Langsamläufer fällig. Verlustängste unbekannter Größe in Bezug auf ihre Eltern, insbesondere der Mutter, wurden nun zu einem Thema. Die vorangegangene Symbiose mit der Mutter wurde ab dieser Zeit verunsichert. Unter einem solchen Transit werden verstärkt zwischenmenschliche Interaktionen wahrgenommen, bei gleichzeitigem Gefühl von Entfremdung.

Gleichzeitige Hospitalisierung von Mutter und Kind, erster Krankheitsausbruch an der Haut des Kindes

Für Fall A hieß es ab dieser Zeit, Ablösung zu lernen, Distanz zu den Eltern, vor allem zur Mutter zu üben. Dies dürfte zur Zeit der Krankheitsauslösung die entscheidende Konstellation gewesen sein.

Saturn transitierte einige Zeit vor diesem Ereignis über die Sonnenbogen-Direktionssonne, dies könnte für Fall A eine Phase persönlicher und konstitutioneller Schwächung gewesen sein. Das Saturn/Sonne-Thema könnte in diesem Alter eine Vaterthematik beinhaltet haben. Der Vater wurde aber im Beratungsgespräch in keiner Weise erwähnt, weder von der Mutter noch von der Tochter. Er scheint rollenmässig in der Familie gar nicht zu existieren, vermutlich hatte er gar keinen Platz in dieser symbiotischen Beziehung von Mutter und Tochter.

Der transitierende Pluto über den Radixsaturn ist eher eine Generationstransit und wurde deshalb nur beschränkt in die Deutung einbezogen. Thematisch zeigt er eine Zeit des Aufbrechens von Grenzen an.

Klimakur am Meer

Beim Aufenthalt am Meer kam es zu einer massiven Verschlechterung des Gesundheitszustandes bei Fall A. Die Verordnung von Klimakuren kann, wenn der Körper schon geschwächt ist, kontraproduktiv sein. Heilreize, wie sie vom Meeresklima ausgehen können, werden vom Körper nur verkraftet, wenn das Immunsystem nicht schon ganz erschöpft ist.

Die Tatsache, daß Fall A so stark auf diese Luftveränderung (der Jodgehalt in der Luft und im Wasser wurde als eventueller Auslöser vermutet), mit Atemnot und Erstickungssymptomen reagierte, zeigt, daß schon einige Zeit vorher die körperliche Belastungsgrenze erreicht wurde.

Der transitierende Uranus erreichte die Mond/Jupiter-Konjunktion im 7. Haus. Eine solche Konstellation könnte ein Hinweis darauf gewesen sein, daß die Pubertät vermehrt zu einem Thema wurde, psychisch und physisch. Zur Zeit dieser Verbindung litt das Kind vermutlich unter den eigenen nicht ausgelebten persönlichen Bedürfnissen, und fand sich selber bestimmt nicht so attraktiv. Sie konnte die Frage nach dem Empfinden des damaligen Zustandes nicht beschreiben. Was das Aussehen betrifft sei die Haut in jener Zeit sehr schlimm gewesen. Das hat das Wohlbefinden sicher beeinträchtigt.

Es ist auch möglich, daß bei einer Saturn/Venus-Verbindung im Transit oder bei den Sonnenbogendirektionen ein

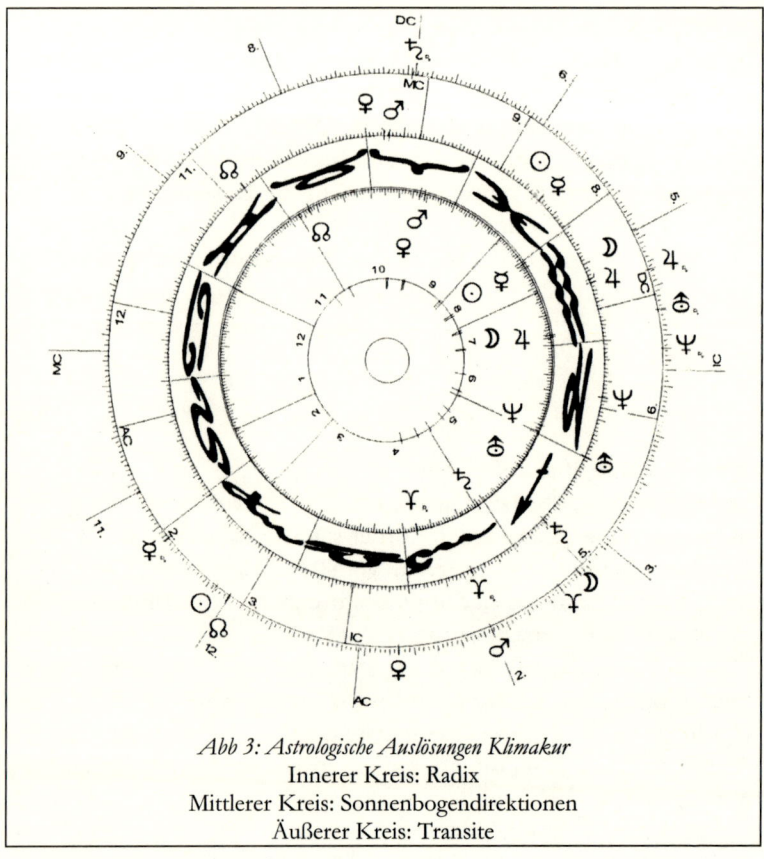

Abb 3: Astrologische Auslösungen Klimakur
Innerer Kreis: Radix
Mittlerer Kreis: Sonnenbogendirektionen
Äußerer Kreis: Transite

pubertierendes Mädchen mit einer leichten Depression reagieren kann. Diese Depression ist dann hormonell bedingt und zeitlich begrenzt.

Fallbeispiel B

Krankheitsgeschichte

Bei Fall B handelt es sich um eine junge Frau. Die Verhütung mittels Pille bereitete ihr Mühe, denn sie bekam nach deren Einnahme Probleme mit der Haut und den Schleimhäuten, worauf der Frauenarzt ihr von einer weiteren Verschreibung abriet.

Mit 25 Jahren bekam Fall B ihr erstes Kind. Gleich im Anschluß an die Geburt bekam sie sehr starke Probleme mit der Haut. Es breitete sich ein hartnäckiges Ekzem aus, was eine Behandlung mit Cortison notwendig machte.

Zwei Jahre später erfolgte die Geburt des zweiten Kindes. Wiederum wurde die Haut zu einem Problem, allerdings etwas weniger stark als bei der ersten Geburt. Es folgten Jahre, in denen sie immer wieder an Störungen der Haut litt, diese wurden dann jeweils mit Cortison behandelt.

29-jährig erlitt sie nach dem Genuß von Fisch einen anaphylaktischen Schock. Sie mußte als Notfall hospitalisiert werden. Aus der Klinik entlassen wurde sie von einem Dermatologen allergologisch untersucht und getestet. Man teilte ihr mit, daß sie auf Gewürze und Jod allergisch sei. Die Allergie auf den Fischgenuß war möglicherweise eine Reaktion auf darin enthaltene Jodspuren.

Die lebensbedrohliche Situation und notfallmäßige Einlieferung ins Spital nach dem Genuß des Fischs erschreckte sie zutiefst. Sie begann daraufhin erneut, ihr Krankheitsgeschehen zu hinterfragen. Sie wendete sich verschiedensten Therapeuten zu und befaßte sich schlußendlich mit der Astrologie, um eine Antwort auf eventuelle Zusammenhänge zu suchen.

Astrologische Bezüge

Der Krebsaszendent mit dem Aszendentenherrscher Mond in der Waage zeigt die gleiche Sensibilität an wie im Fall A. Der Mond ist im 4. Haus in seinem Domizil und gewinnt somit zusätzlich an Bedeutung und Stärke, zusätzlich empfängt er ein Quadrat von Mars, was eine Irritation im Gefühls-, Mutterschafts- und Gebor

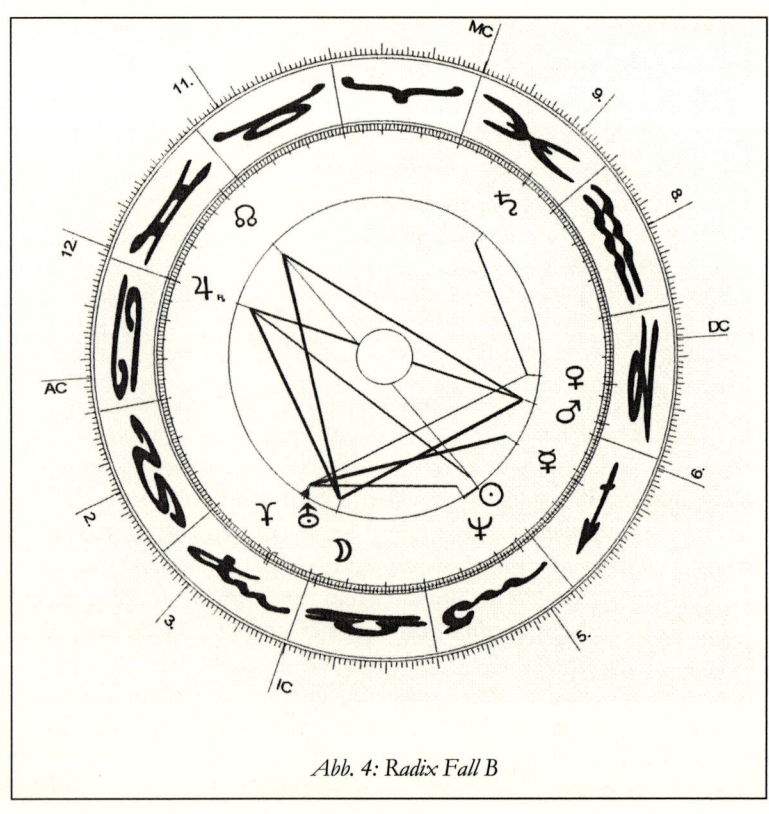

Abb. 4: Radix Fall B

genheitsbereich anzeigen kann. Dieses Spannungsfeld, das Zusammentreffen von widersprüchlichen seelischen Themen, bildet
einen wichtigen Teil ihrer Persönlichkeit.

Über ihre Kindheit war nicht viel in Erfahrung zu bringen. Sie
bezeichnete diese Zeit eher als harmonisch und problemlos. Mit
Mond im 4. Haus in der Waage hat sie sich vermutlich als Kind
eher angepaßt verhalten und spielte bevorzugt die Vermittlerrolle.
Die eigenen Bedürfnisse standen während der Kindheit und Jugend vermutlich im Hintergrund. Mit dieser Konstellation ist eine
große Fürsorglichkeit verbunden, die sie nun in der eigenen Familie auslebt.

Sonne und Neptun bilden eine Konjunktion, was häufig mit einer persönlichen Unsicherheit korrespondiert. Bezeichnenderweise hatte ihr der Ehemann von einer astrologischen Analyse abgeraten, sie hatte es dann aber trotzdem getan. Sonne-Neptun zeigt auf der symbolischen Ebene den unsicheren Ehemann. Dieses Durchsetzen gegen den Ehemann und das gleichzeitige Überwinden der eigenen Unsicherheit hatte ihr gutgetan.

Mars und Venus sind im Steinbockzeichen in nicht allzuweiter Entfernung im 6. Haus positioniert. Mars ist im Steinbockzeichen erhöht und man könnte aus dieser Konstellation eher auf ein übersteigertes Abwehrsystem bei Fall B schliessen, welches eines Tages (wie es oben beschrieben wurde) mobil machen kann. Die beiden Geschlechtsplaneten haben auch eine Analogie zur Haut. Der Fettgehalt der Haut ist sehr stark abhängig von den Talgdrüsen, diese sind wiederum mit dem männlichen Prinzip (Mars) verbunden. Venus verkörpert symbolisch bei der Haut die Geruchs- und Empfindungsebene.

Geburt des ersten Kindes

Der transitierende Planet Saturn erreichte im Radix von Fall B zu diesem Zeitpunkt die Spitze des 7. Hauses. Bei einem solchen Transit ist häufig zu beobachten, daß die Ehe und alle näheren Beziehungen durch die betroffene Person auf ihre tiefere Qualität hin geprüft werden. Daß eine solche Konstellation bei Fall B gerade mit einer Geburt zusammenfiel, war sicher nicht so einfach zu ertragen. Alte, nicht bewußte Beziehungsängste wurden vermutlich aktiviert. Die Ängste könnten auch in der Kindheit ihre Wurzeln haben, aber diese Zeit wurde von ihr als glücklich und problemlos bezeichnet. Hinter solchen Äußerungen, bei denen die Erinnerungsbilder allerdings fehlen, können sich auch Verdrängungen verstecken.

Die Geburt des ersten Kindes kann für eine noch junge Liebe einen ersten Prüfstein darstellen. Wenn die Familie sich vergrößert, muß auch die Beziehung zwischen den Eltern neu definiert werden. Es ist möglich, daß das Neugeborene in ein vorhandenes Rollenverhalten zwischen den Partnern einbricht. Mit solchen Ver

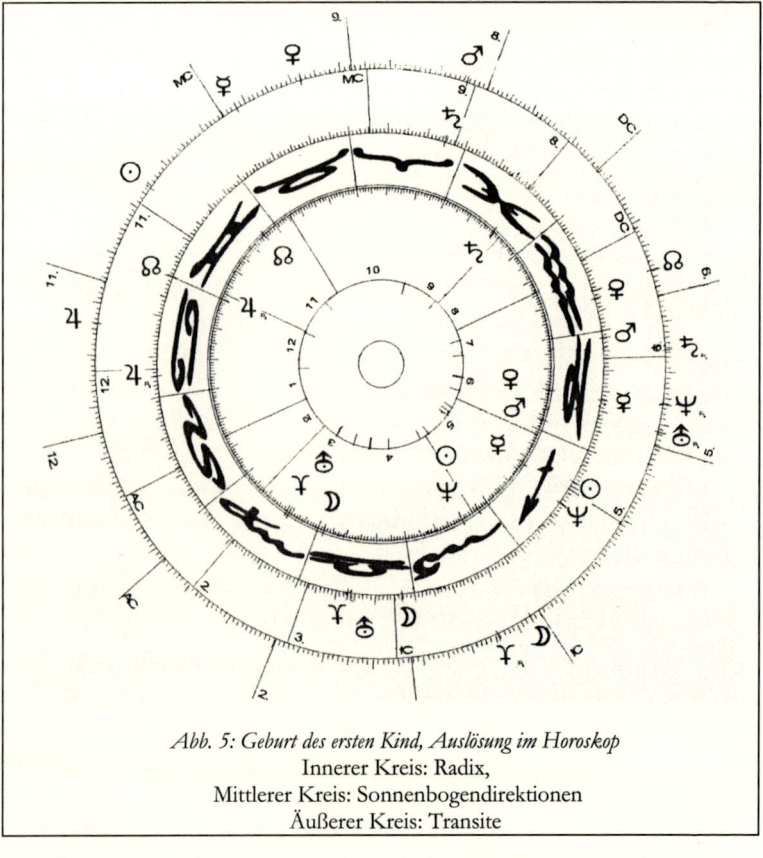

Abb. 5: Geburt des ersten Kind, Auslösung im Horoskop
Innerer Kreis: Radix,
Mittlerer Kreis: Sonnenbogendirektionen
Äußerer Kreis: Transite

änderungen müssen alle Beteiligten lernen umzugehen. Beziehungsprobleme, die in die Zeit von einer Geburt fallen, sind dann häufig zu beobachten. Das Neugeborene fordert derart viel Aufmerksamkeit von den Beteiligten, daß die Partnerschaft zwischen den Eltern gerne vernachlässigt wird.

Der transitierende Neptun erreichte die Radix-Venus, was durchaus von der Symbolik her einen Bezug zur Haut aufzeigt. Unter Venus- und Neptunverbindungen, im Transit oder bei Sonnenbogendirektionen, sind häufig Hormonprobleme zu beobachten. Mit einer solchen Konstellation kann auch das Sexualleben betroffen sein. So waren es auch bei Fall B die Geburten,

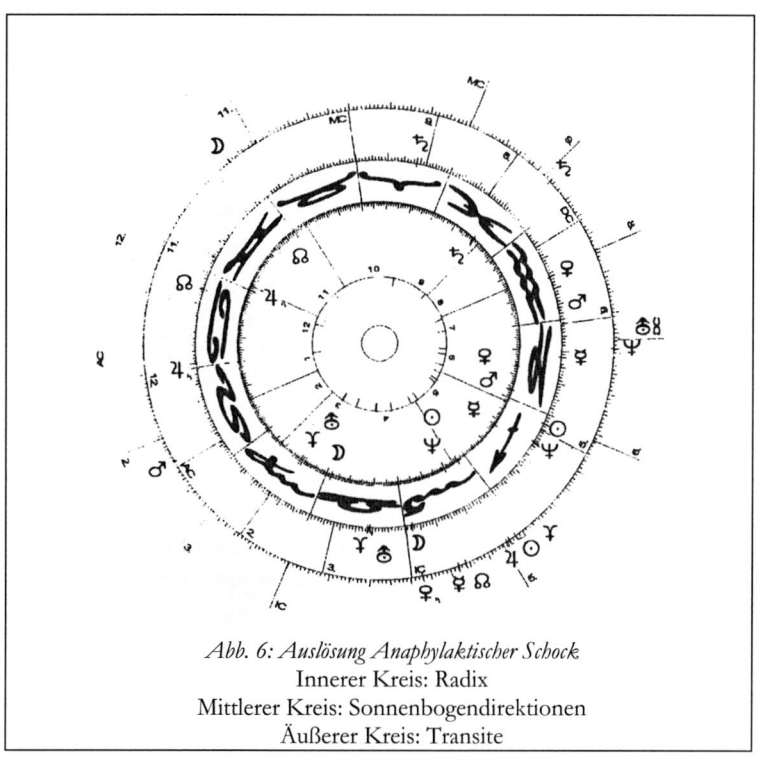

Abb. 6: Auslösung Anaphylaktischer Schock
Innerer Kreis: Radix
Mittlerer Kreis: Sonnenbogendirektionen
Äußerer Kreis: Transite

die jeweils eine verstärkte Hauterkrankung hervorbrachten. Nach einer Geburt muß sich der Körper jeweils hormonell wieder neu regulieren.

Anaphylaktischer Schock

Was die Transite von Fall B zur Zeit des anaphylaktischen Schocks betrifft, so fällt in der Sonnenbogendirektion Neptun an der Spitze des 7. Hauses auf. Weiter bewegt sich der Jupiter-Transit auf die Radixsonne zu, was mit einer persönlichen Entfaltung in Zusammenhang gebracht werden könnte. Es scheint hier wie im vorangegangenen Fall, daß die Beziehungsebene zur Zeit der Krankheitssteigerungen und astrologischen Auslösungen im Vordergrund standen. Da die Frau bei der Auslösung dieser

211

Konstellation selber verheiratet war, kam die Beziehung der Eltern nur sekundär als Thema in Frage. Es war vielmehr die eigene Mutterrolle, die bei Fall B eine Rolle spielte.

Parallelen zwischen Fall A und B

In beiden Fällen wurde nach vorangegangener Hauterkrankung eine Nahrungsmittelallergie diagnostiziert. Bei beiden Patientinnen ist zusätzlich eine Jodallergie vorhanden. Beide Frauen hatten zuerst eine Hauterkrankung und im Nachhinein machte sich ein allergisches Asthma bemerkbar. Dieses Asthma trat bei beiden Personen erstmals bei Auslösungen im 7. Haus auf.

Mars und Venus stehen in beiden Horoskopen relativ nahe beieinander. Beide Male ist Mars zudem entweder vom Zeichen oder vom Haus her erhöht, was mit einem sehr stark arbeitenden Immunsystem astrologisch in Zusammenhang gebracht werden könnte. Hormonumstellungen waren bei beiden Personen zur Zeit der astrologischen Auslösungen, in einem Fall während der Pubertät, im anderen Fall nach den Geburten, beteiligt.

Fall A hat seine Sonne in den Endgraden (Fischezone) des Wassermannzeichens, Fall B hat eine Sonnen/Neptun-Konjunktion im Radix, womit beide einer persönlichen Sensibilität unterworfen sind. Ein Waagemond, bzw. eine 7. Hausbesetzung durch den Mond, rundet die astrologischen Gemeinsamkeiten ab.

Heilungsaussichten

Beruflich wird beim Fall A eine medizinische Ausbildung diskutiert. Die vielen Untersuchungen und Spitalaufenthalte haben Fall A diesbezüglich geprägt. Sie ist schon zu einer kleinen Fachfrau geworden und ist medizinisch sehr interessiert.

Fall B hatte einen medizinischen Beruf erlernt, und ist dabei, wieder ins Berufsleben einzusteigen.

Erfahrungen zeigen, daß Personen mit krankheitsspezifischen Konstellationen im 6. Haus zwar erkranken können, aber nicht erkranken müssen. Üben Menschen mit solchen Konstellationen einen der Symbolik entsprechenden Beruf aus, kann sich dies gesundheitlich sehr günstig auswirken. Das 6. Haus ist auch ein „Berufshaus", weshalb eine solcher Zusammenhang gesehen werden könnte.

Dies könnte einen Hinweis darauf geben, daß eine Tätigkeit auf der Helferseite eine Entspannung der Problematik bringen würde. Es sieht aus, als ob diese Energien (Konstellationen) verlagert werden können. Eine solche Verlagerung würde bedeuten, daß die Konstellationen jetzt aktiv ausgelebt werden und somit ihre krankmachende Bedeutung verlieren können.

Anmerkungen

1   Individuelle Sonnenbogendirektionen, gemessen an der Ekliptik. (Die Tagesbewegung der Sonne am Geburtstag, in Länge).

2   Dr.med. Jacob Lieberman, *Die heilende Kraft des Lichtes*, Bern/München 1993. Dr. med. Zane R. Kime, *Sonnenlicht und Gesundheit*, Ritterhude 1989. Dr. John Ott, *Risikofaktor Kunstlicht*, München 1989.

Handlung als Weg zur Heilung

Ulrike Voltmer

Streben nach Grenzerfahrung

Ein Kosmogramm sinnvoll zu deuten, beinhaltet, die wesentlichen Eigentümlichkeiten, Besonderheiten, Einseitigkeiten oder Schwerpunkte eines Menschen klar herauszuarbeiten. Das Individuelle und Einmalige soll benannt werden, das, was den einen Menschen vom anderen unterscheidet. Dabei setzen wir im Grunde – meist unausgesprochen – die Konflikthaftigkeit des Menschen voraus. Wir vermuten immer irgendwelche uneingelösten Bedürfnisse, Spannungen und Beschränkungen. Was wäre aber, wenn wir es mit einem Menschen zu tun hätten, der in seiner 'Vollkommenheit' lebte? „Das gibt es nicht" ist an dieser Stelle wahrscheinlich die Antwort. Ist die Vermutung der „Unvollkommenheit" somit ein universales, allgemein akzeptiertes Konzept? Wenn dies wirklich so ist, sollte überdacht werden, was damit eigentlich gemeint ist und was dies an Konsequenzen beinhaltet.

Das Gefühl der Unvollkommenheit mag jeder kennen. Alltagssprachlich meinen wir damit meist, daß Fehler gemacht werden: Fehler im Denken, Handeln, Reagieren, Einschätzen einer Situation; kurz gesagt: man könnte vieles besser machen.

Was wäre aber Vollkommenheit, ein vollkommen richtiges Handeln, Denken, Reagieren, Beurteilen? Stellen wir uns darunter etwas vor, was mehr Übersicht über die Dinge voraussetzt, mehr Wissen, Voraussicht, größere Einsicht in das Innere der anderen Menschen, mehr Maß und Ziel? In fast allen Kulturen schreibt man solches Vermögen nur höheren Wesen zu, vielleicht einem allwissenden gerechten Gott? Offensichtlich scheint der Mensch eine Erkenntnis davon zu haben, daß er in all seinem Erleben und Verhalten, Denken, Fühlen, Wollen und Handeln 'besser' sein könnte. Ist mit jeder Äußerung des Menschen die Erkenntnis verbunden, daß 'alles' bei der Wiederholung desselben verbessert werden könnte?

Auf der anderen Seite wird davon berichtet, daß es die großen Glücksmomente gebe, etwa die einer Liebesvereinigung, in denen ein Optimum an 'Vollkommenheit' und Ganzheit zu erfahren sei, oder daß einem Musiker eine nicht zu steigernde Darstellung gelungen sei, daß eine Mutter mit ihrem kleinen Kind Gefühle höchster Verzückung erleben könne, 'suchende' Menschen mitunter Momente tiefster Einsicht erreichten oder daß religiöse Versenkung zur Erfahrung eines vollkommenen Zustandes führen könne.

Die Menschheit scheint von Zuständen zu wissen, in denen etwas Besonderes geschieht, wo Momente von Einheit, Verschmelzung, Teilhaftigwerden am Wunder der durch nichts zu begründenden Existenz der Welt erlebt werden. Ist das die Ursache, warum wir Menschen in unseren Kulturen ein Konzept von Vollkommenheit kennen, ohne daß wir diese recht schildern könnten und an der unsere Vorstellungskraft und sprachlichen Mittel an ihre Grenzen stoßen? Obwohl wir eigentlich keine rechte Vorstellung davon haben, wie etwas in seiner Vollkommenheit sein müßte, meinen doch viele, sie könnten danach streben.

Weiter oben habe ich einige Momente aufgezählt, mit denen Menschen eine Ahnung, ein Gefühl oder ein Erleben von einer Art Ganzheit verbinden, Momente vollkommener Glückseligkeit. Das muß wohl dem Begriff Vollkommenheit zu Grunde liegen — wie könnten wir sonst in unserer Sprache ein Wort wie das der 'Vollkommenheit' benutzen, wenn es zu diesem Begriff überhaupt keinen Erlebnisinhalt gäbe?

Vollkommenheitsgefühle, mit denen wir Glück und Ausgeglichenheit verbinden, scheinen jedoch paradoxerweise gerade in Extremsituationen erlebt zu werden, bei der Geburt, Liebe, in künstlerischen, forschenden oder körperlichen Höchstleistungsmomenten, in der Meditation und der religiösen Versenkung. Ausgerechnet bei eher 'einseitigen Tätigkeiten' ist offenbar ein Teilhaftigwerden an der Ganzheit möglich.

Richten wir unseren Blick auf die äußerlichen Umstände, in denen sich Menschen befinden, die über Erlebnisse von Glück,

Vollkommenheit oder Ganzheit berichten, dann können wir bemerken, daß die äußeren Bedingungen und Zustände, die zu solcher Erlebnisfähigkeit führen, offenbar nicht unbedingt die besten und angenehmsten sein müssen. Weder soziale Achtung, wirtschaftliche Absicherung, glückliche Partnerverhältnisse noch Gesundheit sind die notwendigen Bedingungen dafür, daß sich Vollkommenheitsgefühle einstellen. So mag andererseits beispielsweise einem körperlich und psychisch gesunden Menschen das Erleben solcher Ganzheitserfahrungen fremd bleiben. Vielleicht lebt er sogar in einer gewissen körperlichen Vollkommenheit, ohne daß ihm dieses bewußt ist, er 'lebt' darin, aber er 'erlebt' es eben nicht. Ein von schwerer Krankheit Genesener oder noch Leidender mag zu Momenten intensiver körperlicher schmerzfreier Vollkommenheitserfahrungen fähig sein.

Wir erleben uns selbst und die eigene Situation offenbar nur durch die Polarität, wir benötigen gegenteilige Erfahrungen zur Erkenntnis, das mag die Antwort sein darauf, dass zum Erlebnis der Vollkommenheit offenbar dasjenige von Unvollkommenheit oder besser Unvollkommenheiten Voraussetzung ist. Das bewußte Erleben der Ganzheit setzt bewußte Erfahrungen von Einzelaspekten voraus und diese können mitunter schmerzhaft sein. Vielleicht ist es die menschliche Sehnsucht nach vollkommener Glückseligkeit – was dies auch immer für den einzelnen bedeuten mag – der die Suchenden zu immer wieder neuen Erfahrungen von Unzulänglichkeiten, Schadhaftigkeiten sowie körperlichen und seelischen Schmerzen führt.

Mit dem Begriff 'Unvollkommenheit' können wir auch einfacher umgehen; damit werden Krankheit, Unzulänglichkeit, Behinderung, Sucht, Sündhaftigkeit, Schwäche, Zweifel, Einsamkeit – je nach Weltanschauung – in Zusammenhang gebracht. Dies ist um so erstaunlicher, als mit deren jeweils positivem Gegenteil – wie oben erörtert – nicht unbedingt ein Erlebnis oder Erlebnismomente von Vollkommenheit einhergehen. Wenn dies aber so ist, warum sollte der Mensch dann primär Gesundheit, Stärke, Sicherheit, Gemeinschaft, Fehlerlosigkeit anstreben, wenn doch damit nicht zwangsläufig eine Erfahrung von Vollkommenheit und

216

Glückserleben verbunden ist? Warum die Krankheit nicht hinnehmen und dennoch das Glück erstreben?

Eine Antwort kann meines Erachtens nur darin liegen, daß sich der betreffende Mensch durch seine Krankheit an der Erreichbarkeit seines individuellen Glücks behindert sieht; derjenige fühlt die Krankheit in ihrer ganzen Bitternis und Schmerzhaftigkeit, leidet auch im Herzen und im Geiste, der das unbestimmte Gefühl hat, vom Weg zu möglichen Momenten eines ersehnten Glücks oder Vollkommenheitsgefühls abgeschnitten zu sein – und sei dies noch so unbewußt. Dies impliziert ein unbestimmtes Wissen davon, wie ein 'Besser' aussehen könnte – als trage der Kranke ein Wissen von Besserung in sich. Wenn er das Weh, die Behinderung und den Schmerz nicht hätte – ja dann, dann könnte er und würde er etwas anderes tun. – Genau dieses Andere gilt es zu entdecken.

Für eine astrologische Beratung muß dieser individuelle Ansatz, das gemeinsame Suchen nach der Bedeutung eines Besseren, des 'Etwas-Anderes-Tun', leitend sein. Denn wie könnte die Linderung eines Schmerzes möglich sein oder was könnte sie bringen, wenn ein Kranker nicht die Lücke des einstigen Schmerzerlebnisses mit dem Erleben einer bereichernderen Ich- und Welterfahrung füllen könnte? Im leidenden Menschen kann das innere Wissen um sein 'Besser' aufgerichtet werden. Es genügt dabei jedoch nicht, über das 'weniger schmerzhaft' Besserung einleiten zu wollen. Sie gelingt nur über eine positive Alternative oder Perspektive zum bisherigen Schmerz.

Der Begriff 'Krankheit' suggeriert im Vergleich zu den anderen oben genannten Begriffen der Unvollkommenheit und des Leidens wie Sucht, Sündhaftigkeit, Behinderung unter anderem am stärksten die Seite der Therapiebedürftigkeit. Die eigene Sucht liebt man mitunter und verleugnet sie zuweilen. Die eigene Einsamkeit mag man ursächlich den anderen zuschreiben, den nagenden Selbst- und Welt-Zweifel möchte man kultivieren, in geschliffene Ironie und Sarkasmus verpacken, die Schwäche und Hilfsbedürftigkeit erkennt man vielleicht als eigenes Machtinstrument, die Sündhaftigkeit ruft nach Reue und Buße, vielleicht arbeitet der eine oder andere an seinen Unzulänglichkeiten, mit einigen Behinderungen muß man sich vielleicht abfinden und sucht nach unter-

stützenden kompensatorischen Hilfsmitteln. Doch Krankheit –
das ist der Begriff, der an helfende Medizin denken läßt, der eine
Hilfsmaßnahme einfordert.

Persönliches Krankheitserleben

Medikamente sollen gesund machen, verändern, Schmerzen lindern, denn aus eigener Kraft scheint die Heilung nicht erreichbar
zu sein. Auf weite Bereiche der Krankheitsfälle trifft dies auch tatsächlich genau so zu. Unfälle, akute Infizierungen, Zahnfäule – sie
erfordern Maßnahmen, im Grunde sofortige Symptombehebun-
gen, Hilfsmaßnahmen, nachdem „das Kind in den Brunnen gefallen ist". Solche können nur noch die bereits eingetretene und vorhandene Zerstörung kitten oder lindern. Durch Astrologie mögen
wir in solchen Akutfällen erkennen, welche Prinzipien da im Ungleichgewicht waren, als es zum Beinbruch kam, daß es durch unsere mehr oder weniger große Zuckersucht zur Karies kam.

Wo die Infektion lebensbedrohlich ist, da wird sie wahrscheinlich durch Antibiotika bekämpft, die Erreger zerstört und hoffent-
lich auch die Abwehrkraft gestärkt. Doch wann ist der Zeitpunkt
erreicht, da die Zerstörungen und Bedrohungen unumkehrbar
sind, daß Besserung nur noch durch harte Maßnahmen zu erzielen
ist? Ärzte tendieren dazu, kein Risiko einzugehen – man könnte
sie verklagen, wiese man ihnen nach, daß sie eine lebenserhaltende
Maßnahme unterlassen haben. Manchen Patienten dauert eine
sanfte Behandlung ohnehin zu lang. Sie akzeptieren mitunter den
eingetretenen körperlichen Schaden und suchen Schadhaftigkeit
schnell zu beheben. Diese Fälle sind auch durchaus astrologisch
nachvollziehbar. So wird im einen Fall beispielsweise ein Knielei-
den recht gut behoben durch das Einsetzen eines künstlichen
Kniegelenks – dies etwa unter Begleitung harmonischer Plutowin-
kel – das alte Leiden wird endlich abgeschlossen und neue Pläne
können in Angriff genommen werden.

Chronisch krank sein oder werden oder seit der Geburt an einer
Krankheit leiden, die akute Schübe mit sich bringt, die Pläne zu-
nichte macht und durch Schmerzen an freudigem Erlebnis behindert, das sind die Fälle, wo der Ruf nach Veränderung und wirkli-

cher Heilung groß ist, wo die Frage nach dem „warum ich?" quält. Krankheiten, die nicht über irgendwelche Eingriffe zu beheben sind, die aber die nicht auszuschließende Möglichkeit zur Besserung in sich tragen, treiben auf den Weg der Suche nach Heilung. Es sind häufig Krankheiten, die nicht permanent quälen, die dem Kranken Zeiten von Gesundheitserfahrungen und der Ahnung des 'Besser' erlauben: Allergien, Hautkrankheiten, Asthma, Rheuma, Arthritis, Kolliken, Magengeschwüre, Migräne, Krämpfe, Herzbeschwerden, immer wiederkehrende Entzündungsherde – die Liste ließe sich beliebig fortsetzen – und es fallen oftmals die psychischen Krankheiten darunter, wie etwa Schübe von Depressionen, Zwängen u. a.

Die akuten Zustände solcher Krankheitsneigungen werden oft extrem lebensbedrohlich, einengend, beängstigend erfahren. Wird es mit der Zeit schlimmer? Wann kommt es wieder und warum? Unter welchen Umständen, Bedingungen und Zusammenhängen treten die als bedrohlich erlebten Schübe und Anfälle auf? Unweigerlich führen solche Krankheiten in einen Selbsterfahrungsprozess. Es schließt sich zudem oft ein nicht enden wollender Weg durch Arztpraxen, Kliniken oder Sanatorien und Konsultationen bei medizinischen Spezialisten, Heilpraktikern und Geistheilern an.

Regelrechte Krankheitskarrieren lassen sich beobachten. Wem hat der homöopathische Weg, die alternative Methode, Akupunktur oder geistige Heilweise letztendlich geholfen? Es gibt Menschen, die Genesung erfahren, und es gibt andere, die die Krankheit bis zum Tode durchs Leben schleppen müssen. Zur zweiten Gruppe will man nicht gehören, man empfindet es als Makel, nicht zu bewältigen, was potentiell zu bewältigen sein müßte. Beschämend erleben sogenannte Kranke mitunter die Erklärungen der angeblich Gesunden, Besserwisser und mancher Esoteriker, die ein Leiden als persönliches Scheitern hinstellen. Doch mit welchem Recht? Gibt es nicht genügend Beispiele großer Persönlichkeiten und kreativer Menschen, die ihr Leben lang gelitten und dennoch Wertvolles erarbeitet haben, die gedichtet, komponiert oder geschrieben haben, die soziale Werke aufgebaut haben? Was ist daran so 'schlimm', ein Leiden ertragen zu müssen, wenn es doch die persönliche Sinnfindung im Leben nicht verhindert und tiefe Erlebnisse der Befriedigung erlaubt hat?

Wozu alles Augenmerk auf eine umfassende Heilung legen, da wir doch ohnehin alle dem Tode entgegengehen? Wollen wir gesund sterben? Wozu die beste naturbelassene Ernährung, wozu die Selbstbespiegelung, ein Weg über langwierige zeitraubende Therapien, wenn sie uns durch den damit verbundenen Zeitaufwand an der Erfüllung unserer Lebensaufgabe hindern?

Was gibt man als Astrologe/in manchen Klienten – ob mehr oder weniger gesund – zuweilen auf den Weg, wenn diese meinen: „*Das* würde ich gerne tun – doch das kann ich erst tun, wenn ...“ Dem einen fehlt die partnerschaftliche Unterstützung, dem anderen der Mut, das Selbstwertgefühl, Geld, Ausbildung, unterstützende Eltern. Sollte man nicht Mut machen, es dennoch zu beginnen, das subjektiv 'Bessere' zu versuchen? Selbst wenn der Betreffende irren oder scheitern sollte – hat der Mensch nicht ein Recht auf seine persönlichen Erfahrungen, das Recht zu versuchen, wozu er sich gedrängt fühlt? Schlimmer würde es für manchen sein, an seinem Lebensende der Erkenntnis nicht ausweichen zu können, 'es' nie versucht zu haben.

Dies kann auch für die an einer Krankheit Leidenden gelten. Auf Gesundheit zu warten, ohne eine neue Perspektive zu entwerfen, behindert den Weg zur Besserung. Auch als kranker Mensch – selbst unter Schmerzen – läßt sich manches versuchen. Vielleicht hilft die Krankheit sogar in Entscheidungszwängen. Vielleicht sagt sie 'nein' zu dem einen Weg und weist nur allzu deutlich den anderen? Es gibt keine pauschal geltenden Gesetze, die der Krankheit von vornherein eine bestimmte Rolle und Bedeutung im individuellen Leben zuweisen könnten. Krankheit ist weder immer Folge von emotionalen oder seelischen Problemen, noch ist sie immer durch Fehlhaltung hervorgerufen oder hat irgendwie mit Schuld zu tun, was manche Vertreter einer gewissen 'Karmalehre' behaupten. Jeder Fall ist individuell zu sehen, Gründe und Ursachen sind so unterschiedlich und komplex, wie die Menschen selber. Und das Warum mancher Krankheit werden wir vielleicht nie ganz begreifen können.

Selbstreflektion

Wer sich gedrängt fühlt, über Krankheit zu schreiben, verfügt sicherlich über persönliche Erfahrung, sei es über Erfahrungen am eigenen Leib oder mit (an-)vertrauten Menschen. Diese Erfahrung wird die Sichtweise prägen. Wer helfen will, hat eine Affinität zur Hilfsbedürftigkeit. Warum interessiert es uns als astrologisch Interessierte, welche Rolle die Astrologie in der Medizin, bei Diagnose und Therapie, im Krankheitsverlauf und bei Heilung spielen könnte? Es steht eine Affinität dahinter – und nicht selten ist es der eigene Krankheitsweg. Wie die Besserung gelang – von Heilung kann bei chronischen und frühen lebensbiographisch prägenden Krankheiten nur selten die Rede sein – das kann in diesem Zusammenhang interessieren. Und der gegangene Weg muß auch wieder zum Betreffenden passen, im Weg wird sich letztendlich das persönliche Kosmogramm widerspiegeln.

Auch meine eigene Krankheitsgeschichte fließt in meine Auffassung von Krankheit ein, meine Bemühungen um ein Verstehen meiner gesundheitlichen Schwierigkeiten und mein Suchen nach einer hilfreichen Therapie. Was hat geholfen, daß es mir heute besser denn je geht, daß ich von erlangter Gesundheit sprechen wollte, die es jedoch nicht gänzlich ist? Vielleicht ist der hier geschilderte Weg ein typischer Mars/Merkur/Pluto-Weg mit seinen entsprechenden Analogien zum Widder und Skorpion, zum 3. und 8. Haus, der sich durch Saturn-Blockaden und Feuer-Übersteigerungen, hindurchwinden mußte, wie es das weiter unten abgebildete Horoskop vermuten läßt? Vielleicht hat der Weg dennoch nicht nur persönliche Züge, sondern ist von allgemeinerer Bedeutung, weil die Radix auch viele überpersönliche Qualitäten erkennen läßt?

Was haben Menschen getan, verändert und erlebt, daß sie von Besserung sprechen? Zu was hat diese geführt? Diese zwei Fragen haben zwei unterschiedliche Richtungen. Die erste geht davon aus, daß der Mensch etwas unternimmt oder etwas erlebt, das ihn zur Besserung führt. Die zweite fragt danach, was sich an die Besserung anschließt. Diese Sichtweise stellt Heilung oder Linderung in einen dynamischen Prozess. Nicht erst das merkliche Sich-Bessern

221

wird prozeßhaft aufgefaßt, sondern auch Denken, Fühlen, Handeln im Krankheitsgeschehen selbst und im Leben nach der belastenden Krankheitsphase, als ob eine überwundene Krankheits-Etappe auch zu etwas Neuem geführt habe. Wenn wir Besserung als konsequent individualistisch ansehen, dann werden wir diese ohne die Bemühung um Selbsterkenntnis nicht definieren können. Denn nur der Betreffende selbst kann ein Wohin und die gewollte Perspektive finden, kann wissen, worin die Besserung des Lebens bestehen könnte. Dies kommt einer Erkundung des eigenen Willens gleich.

Wer spürt, was an Hürden auf dem Weg zur Umsetzung eigener Willensimpulse stört, mag schon den ersten Schritt gegangen sein. Wer weiß, daß es Ängste, Erwartungen von Familienangehörigen, Geldmangel, Kontaktschwierigkeiten oder Krankheiten sind, die ihn hindern, sollte eigentlich um seine Zielrichtung wissen. Doch dies ist nicht immer der Fall. Das Hindernde wird oft erkannt, ohne daß damit ein Wissen um das verbunden wäre, was eigentlich erstrebt wird. Oftmals könnte das Ziel trotz Krankheit angegangen werden, weil diese nicht vorrangig die Funktionen behindert, die wir für unsere Selbstverwirklichung benötigen. Und wo doch, könnte oft trotzdem in kleinsten Schritten – sofort – und in geduldigem Arbeiten mit der gewollten Sache begonnen werden.

Bei der selbsterkennenden Klärung unserer Ziele ist eines jedoch sehr wichtig: Das Ziel muß in der Durchführung bestimmter Handlungen selbst liegen, darf nicht ausschließlich in erhofften Ergebnissen vorgestellt werden – wie solchen der Belohnung oder des Besitzes, der guten Kritik oder des Ordens. Das Gewollte muß prozeßhaft und dynamisch formuliert werden, denn ein glückhaftes Erleben setzt ein dynamisches Geschehen voraus. Besitz als solcher bleibt erlebnislos, wenn nicht formuliert werden kann, wie man mit ihm umgehen möchte und welche Erlebnismomente für einen selbst damit verbunden sind – und wenn dies nur die damit verbundenen Sicherheitsgefühle beinhaltet oder die Lust an der Spekulation mit dem erhofften Besitz ist.

Schwieriger ist es für das Individuum, das nicht spürt und fühlt, was es eigentlich will, das nicht sagen kann, was es gerne machen oder erleben möchte, das weder im Erleben von Natur oder Technik, sportlicher Betätigung oder Kunst, noch in der Zärtlichkeit oder dem Mitteilen seiner Selbst eine Erlebnisqualität erkennt. Stumpfsinn würde man dies nennen.

Vielleicht müßte ein Therapeut dort mit der Sensibilisierung und Bewußtwerdung der Sinneserfahrungen beginnen. Schwäche, Depression, Egoismus – in Gestalt vieler Symptome kann die Stumpfsinnigkeit auftreten. Kann dieser Mensch nicht spüren, ob jemand mit ihm hart oder verständnisvoll redet, ob ihm die versalzene Suppe oder ein würziges Mahl vorgesetzt wird? Am Erleben des Gegensatzes kann auch dieser Mensch erwachen. Auch er wird vielleicht die menschliche Zuwendung wollen. Dann beginne man genau hier mit der Therapie: am Erlernen und Ausüben von Kontaktfähigkeit. Durch die astrologischen Mittel könnten wir gerade hier individuelle verschüttete unbewußte Willensrichtungen auffinden. Denn im Horoskop werden unsere unbewußten Motivationen deutlich.

Wo beispielsweise ein ausgeprägtes Kontaktbedürfnis astrologisch erkannt wird – etwa durch eine starke Besetzung der Häuser um den Deszendenten – dort kann auch eine Willenskraft in dieser Richtung vermutet werden. Allerdings ist mit dieser Stellung nicht selten eine Neigung vorhanden, sich fremd bestimmen zu lassen, was die Formulierung eigener Willensrichtungen und sozialer Ziele erschwert. Das Wollen von Kontakt darf aber nicht nur das pure 'Habenwollen' eines Menschen zum Inhalt haben, sondern muß sich auf das Ausleben und Erleben von Kontakt richten, auf das Verstehen, auf das Teilen der Freude und des gemeinsamen Welterlebens; dies ist bei pädagogischen, pflegerischen, beratenden oder therapeutischen Tätigkeiten durchaus der Fall.

Dynamische Ziele

Das Wollen muß sich immer auf den Prozeß, die Ausführung des Erstrebten richten, anders ist ein Erstrebtes nicht zu verwirklichen. Wo ein Willensziel statisch vorgestellt und ausgedrückt wird, da ist bereits der Todeskeim enthalten, der Stillstand; mit einer solchen Haltung ist immer auch ein nicht vorgestelltes 'Danach' verbunden, als ob das Ziel etwas Punktuelles sei. Doch sein Kontaktbedürfnis zu leben, beinhaltet die konkreten Lebensvollzüge.

Zudem gelingt es wohl nur den wenigsten Menschen, den Weg zum vorgestellten Ziel durchzuhalten, wenn die Tätigkeit selbst auf dem Weg dahin nicht gewollt wird. Schwerlich ist möglich, daß die reine statische Zielvorstellung einen Kranken dauerhaft in die Besserung seiner Lebensqualität oder auf den Weg der Heilung führen könnte. Denn zunächst muß der Weg dahin in Angriff genommen werden und mit diesem muß schon ein gewisser Vorgeschmack oder ein Erahnen des erhofften Erlebnis-Ziels verbunden sein, in diesem muß ein Erüben der Zielhandlungen enthalten sein.

Es kann sich nur darum handeln, mit kleinen Handlungsschritten zu beginnen. Meiner Erfahrung nach kann solches Tun enorme Regenerationskräfte mobilisieren. Nicht selten werden zwar im weiteren Verlauf die ursprünglichen Zielhandlungen umformuliert oder anders vorgestellt als zu Beginn des Weges. Doch dies schadet dem Gesundungsprozeß nicht, wenn die Beweggründe der Veränderung dem eigenen Wollen entsprechen, wenn es sich nicht um Schutzbehauptungen für Ängste und Mühen handelt. Wirkliche Willensveränderungen und Änderungen der Ziele können Ausdruck eines überlebten Persönlichkeitsmusters sein.

Wer solche Wege astrologisch mitzuvollziehen sucht und sie mit dem dynamischen Geschehen im Kosmogramm und seinen aktuell wirksamen rhythmischen Konstellationen vergleicht, erkennt, wie sich mehr und mehr die verschiedenen Konstellationen auf anderen Ebenen auszuleben beginnen als nur auf der des (kranken) Körperlichen. Absichtlich steht hier ein „nur", denn keinesfalls ist damit gesagt, daß eine Krankheit vollständig verschwindet. Aber sie muß vielleicht nicht mehr derart behindern,

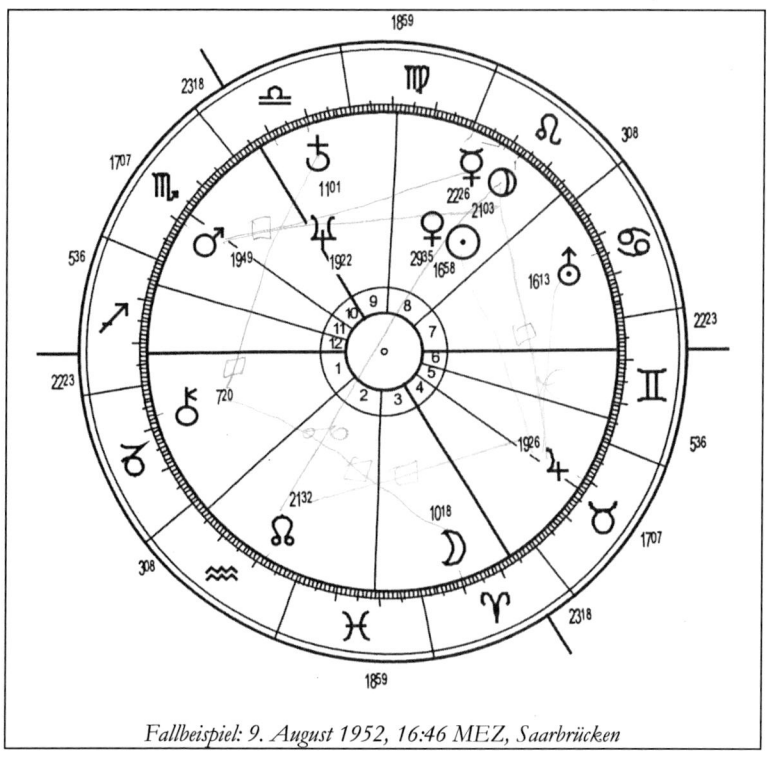

Fallbeispiel: 9. August 1952, 16:46 MEZ, Saarbrücken

daß sie die authentische Selbstverwirklichung verhindert. Wenn ein Handeln trotz Krankheit ermöglicht wird, dann hat sich damit der Leidensdruck enorm vermindert.

Hierzu mein eigenes Beispiel: Im Alter von 14 Tagen als Säugling an einer schlimmen Hautkrankheit erkrankt, die Hände ans Bettchen gebunden, um sich nicht blutig zu kratzen; später Allergien, Asthma, mit verbundenen Händen zur Schule gegangen, dazu die Mutter mit zwölf Jahren verloren – es folgt ein suchender Krankheitsweg. Anstatt im Sand zu spielen, wird Klavier gespielt. Als die Kranke akzeptiert, daß sie nicht putzen, wischen, backen kann, daß sie keine modrigen Wände, keine Haustiere und und und ... vertragen kann, als sie endlich alle besserwisserischen Ratschläge über Bord wirft, das Therapiertwerden beendet, die

Krankheit als zum eigenen Leben gehörig akzeptiert, sich darauf einstellt und tut, was ihr Lebensanliegen ist – da wird es besser.

Allmählich tritt eine Änderung ein. Ich fange an, mich nach außen zu meinen Auffassungen zu bekennen, zu meinen politischen Ansichten, zur Astrologie, zu meinen außenseiterischen Wegen, was man mir des öfteren vorwirft – ich setze mich darüber hinweg. Blinddarmdurchbruch, Schmerzen, Todesnähe – all das nimmt mir die Angst. Sterben werde ich müssen, wie alle anderen auch, darum will ich zu verwirklichen suchen, was mir sinnvoll erscheint. Die Krankheit wird mir gleichgültig, anderes fesselt mehr. Ich habe aufgehört, nach dem Warum zu fragen; vielleicht frage ich mehr nach dem Wozu, nach der Transformation der schwierigen Konstellationen. Vieles habe ich erfahren, so daß ich es weitersagen möchte; doch ich weiß, es ist manches zu subjektiv, was ich erfahren und erkannt habe, als daß es für jeden das Richtige sein könnte.

Interessant ist auch, daß einem bisweilen durch Krankheit geplagten Menschen andere belastende Erfahrungen erspart bleiben, ja sogar Vorteile entstehen. Manchem wird gar eine frühzeitige Rente zuteil, und diese könnte sogar Chance sein, den eigentlichen Lebenswunsch zu verwirklichen. Die Vorteile durch Krankheiten sind längst unter dem Begriff 'sekundärer Krankheitsgewinn' in die einschlägige Literatur eingegangen und dieser ist mitunter Grund einer gewissen Therapie-Resistenz. Doch könnten andererseits dadurch Krankheiten sogar als Chancen oder Aufforderungen des Schicksals zu verstehen sein. Warum sollte sie ganz verschwinden, wenn sie das „Tu was!" nicht verhindert, sondern sogar ermöglicht? Laßt uns die Vorteile auch als Vorteile erkennen, genießen und nutzen – für die eigenen großen erträumten Lebenstaten. Und vielleicht verschwindet die Krankheit ja dann, wenn man den Vorteil richtig – vielleicht als Sprungbrett – genutzt hat.

Meine Beobachtungen haben mir gezeigt, daß Generalisierungen bezüglich hilfreicher Therapiemethoden und Genesungswege nicht gemacht werden können. Die Bewältigungsweisen von Krankheit sind so zahlreich, wie es individuelle Lebenswege gibt. So mag der hier dargestellte Weg des sinnvollen Handelns nicht für jeden gangbar sein. Es ist allerdings ein Weg, den ich vielen

Menschen schon geraten habe, wobei ich versucht habe, aus dem Horoskop den Sinn der Krankheit zu finden. Die Krankheit weist den Weg zu den entsprechenden Konstellationen – gemäß den Analogieregeln der Astrologie. Doch nicht unbedingt liegt auch genau in diesen der Weg zur Heilung begründet. Unter Umständen sind es nicht die wesentlichen oder dominanten Planeten-Konstellationen in einem Kosmogramm, die durch ihre Achsenaspekte oder Eckhausbindung als dominant anzusehen sind, mit denen die Krankheit in Zusammenhang gebracht werden kann. Es ist möglich, daß das Dominante und somit das Lebensanliegen der Radix überhaupt nicht adäquat gelebt und umgesetzt wird, und die Krankheit mit einer anderen Konstellation eher in Verbindung zu bringen ist.

Mein Rat geht allerdings meist dahin, zunächst im Sinne der dominanten Strukturen des Grundhoroskops zu handeln – die erfahrungsgemäß 'erfüllt' werden wollen. Die persönliche Einseitigkeit in ihrer Chance zu begreifen, das ist teilweise für den Betreffenden nicht einfach – allein schon wegen der sozialen Beziehungen, in denen der einzelne steht und die mitunter 'Normgerechtheit' oder 'Normalität' von dem Betreffenden einfordern. Viel Mut ist für den Weg der eigenen Willensimpulse nötig.

Die krankmachende und schwierige – manchmal nicht dominante, Symptome betreffende – Aspektstruktur verliert nicht selten im Bemühen nach eigener Authentizität ihre krankmachende Seite und dies unter der Akzeptanz der persönlichen Einseitigkeit. Letztere ist manchmal gerade erst dann überwindbar, wenn dem allzu stark drängenden Dominanten eines Kosmogramms zuvor gebührend Rechnung getragen wurde. Dann wird plötzlich auch der Blick für die andersartigen unterschwelligen Bestrebungen der eigenen Persönlichkeit frei.

In meiner bisherigen astrologischen Praxis konnte ich niemanden finden, der gegen eine dominante Struktur auf direktem Weg das Gegenteile hätte entwickeln können – dies obgleich ich die in letztgenannte Richtung gehenden Ratschläge kenne, die einige Astrologen ihren Klienten geben, jene begründen dies damit, daß der Mensch zu seiner Ganzheit das ihm Fehlende entwickeln müsse.

Den Mut zu dem, was in der Persönlichkeit vorrangig angelegt ist, halte ich für den Schlüssel einer Gesundung auf lange Sicht. Dies zu finden, beinhaltet für den Betreffenden eine zukunfts- und handlungsorientierte Selbsterkenntnis.

Ein „höhen-medizinischer" Ansatz

Mein Zweifel an vielen selbstbespiegelnden tiefenpsychologisch fundierten Therapien ist im Laufe der Jahre größer geworden. Das mögliche und vergangene 'Leid der Kindheit' muß meiner Auffassung nach nicht unbedingt bis ins Detail ans Tageslicht gehoben werden. Eher versuche ich, dem Sinn oder der gewollten Aufgabe eines Menschen mit diesem gemeinsam nachzuspüren – durch alle vergangenen Lebenswidrigkeiten hindurch.

Diese Art der Therapie kennzeichnet im Grunde einen soge- nannten 'höhenspychologischen' Ansatz, wie er von Viktor E. Frankl entworfen worden ist. Den Blick von sich wegrichten, sich in der Welt und ihren Herausforderungen finden, diesen Ansatz beschreibt auch Elisabeth Lukas in ihrem Buch VON DER TIEFEN- ZUR HÖHENPSYCHOLOGIE, die sich als Schülerin Frankls versteht. Zu Beginn ihres Buches zitiert sie Frankl, der bereits 1938 eine neue Psychologie eingefordert hat, was man heu- te durchaus auch in bezug auf die Medizin tun kann. Denn nicht selten stellt sich die heutige Apparate-Medizin wie eine Tätigkeit in einer Reparaturwerkstatt dar, die das Auto 'Mensch' zu warten hat und gegebenenfalls wieder flott zu machen versucht. Ersetzt man das Wort 'Psychologie' durch 'Medizin' in der folgenden zitierten Frage, dann trifft es das, was ich mit dem vorliegenden Beitrag anvisiert haben möchte:

„Wo ist jene therapeutisch interessierte Psychologie, welche die höheren Schichten menschlicher Existenz in ihren Aufriß einbeziehen würde und in diesem Sinn – und im Gegensatz zum Worte von der Tiefenpsychologie – den Namen Höhenpsychologie verdienen würde?" [2]

Hier ist die Rede von 'höheren Schichten' der menschlichen Existenz; Sinnsuche und –findung sind dazu die lebensbiographi- schen Äquivalente. Frankl meint: *„Das Wissen um eine Lebensaufgabe hat einen eminent psychotherapeutischen und psychohygienischen Wert. Wer* *um einen Sinn seines Lebens weiß, dem verhilft dieses Bewußtsein mehr als alles andere dazu, äußere Schwierigkeiten und innere Beschwerden zu überwinden".[3]*

Dieser Ansatz ist nicht nur dem psychisch Leidenden möglich, sondern auch dem körperlich Erkrankten hilfreich – man könnte ihn 'höhen-medizinisch' nennen. Das Forschen an den vergangenen Verletzungen, den Konflikten und Versagungen, den Mängeln und auch Zerstörungen, Wunden und Schmerzen hält den Menschen an der Vergangenheit fest – und dies obwohl die Dinge meist nicht mehr rückgängig gemacht werden können. Wo die körperlichen Deformationen und Fehlregulationen zu groß sind, da kann mitunter auch eine 'sanfte Medizin' ein Dahinschleppen der in der Vergangenheit gemachten 'Fehler' bedeuten. Das 'ewige' homöopathische Herumprobieren oder In-sich-Hineinhören, können den Menschen, der stark zur Verwirklichung seiner Kreativität drängt, geradezu lähmen. Das gilt nicht für die Menschen, die ihre Zielhandlungen etwa in die Erkenntnis von Wirkmechanismen homöopathisch verdünnter Substanzen legen, die im Erleben subtiler Prozesse einen Erlebniswert sehen und die damit „etwas anfangen". Doch dort, wo das Interesse an der subtilen Welt der inneren psychischen und körperlichen Prozesse nicht besteht, wo nur zum Selbstzweck der Beschwerdefreiheit Homöopathika über Jahre genommen werden, da tritt Stillstand ein, wenn keine Perspektive vor Augen steht, da wäre es meiner Beurteilung nach manchmal eher angebracht, zu einem motivierenden Hobby zu greifen.

Die Fälle, in denen unter einem Plutotransit endlich die Operation stattfand, die von den Magenbeschwerden befreite, wo das künstliche Kniegelenk wieder Bewegungsmöglichkeit gab, wo die dritten Zähne neue Kontaktaufnahme ermöglichte, wo Kortison Zeiten von Beschwerdefreiheit gibt, in denen neuer Lebensmut gefunden werden kann, sprechen dafür, den Blick vorrangig auf sinngebende Ziele zu richten und nicht dogmatisch nur ganz bestimmte alternative Therapiewege zuzulassen. Die Astrologie ist jedenfalls keine Lehre, die von sich aus das Feld der Therapiemethoden einengen würde. Sie kann von ihrem Selbstverständnis her und aufgrund ihrer Methodik des Stützens auf das persönliche

Kosmogramm nur individualistisch an Krankheitsprobleme herangehen.

Ohne das Ergründen der Richtung des eigenen Wollens, der eigenen Bedürfnisse und Zukunftshoffnungen, werden die Ziele, die die Hemmungen und vergangenen Versagungen und Wunden vergessen lassen, nicht gefunden. Frankl meint: *„Ignorieren kann ich etwas letzten Endes nur, wenn ich daran vorbei auf etwas Positives hin agiere⁴.“* Zum einen beinhaltet dies durchaus das Wissen darum, an was vorbei ich agiere; das bedeutet nicht Verdrängung, sondern Akzeptanz des 'So-Seins', wie es nun einmal ist. Zum zweiten benötigt diese Vorstellung das Fühlen und Erkennen der eigenen Willensrichtung. Der Kranke, der diese allerdings nicht spüren, suchen und finden kann, für den mag ein anderer Heilungsweg (zusätzlich) in Betracht kommen. Dogmatisch will ich auch 'meinen Weg' nicht verstanden wissen.

Bedeutet der dargestellte höhen-medizinische oder höhen-psychologische Ansatz etwa, all die vielen sanften Therapien wie Homöopathie, künstlerische Therapie, Psychoanalyse zu vergessen? Soll man vor lauter Ausleben und Tun den Körper und seine Bedürfnisse hintanstellen und ignorieren? Was aber, wenn ich etwas will, was körperliche Mängel nicht zulassen? Wird man den körperlichen Mangel ignorieren können? Meiner Erfahrung nach geht das nicht. Die hier dargestellte Richtung einer 'höhen-medizinischen Therapie' wird unter Umständen vom Betreffenden auch Zieländerungen fordern. Astrologie kann bei dem eventuell anstehenden Problem einer notwendigen Zielumorientierung Hilfestellung geben. Dies ist möglich, wenn man den langfristigen Themenstellungen, wie sie etwa in der Entwicklung der langsamlaufenden Sekundärkonstellationen zu erspüren sind, nachgeht.

Astrologisch gesehen könnte eine Krankheit durchaus auch anzeigen, wo neue Willensorientierungen nötig sind. Es kann sein, daß das bisher Gewollte nicht ganz authentisch war, daß es unbewußt Ersatz war für etwas, das sich dahinter als eigentliches Ziel verbirgt. Da will jemand beispielsweise nur deshalb einen bestimmten Beruf ausüben, weil er glaubt, damit die Anerkennung und Zuwendung eines bestimmten Menschen erringen zu können.

Ein/e Astrologe/in kann nur mit dem Betreffenden gemeinsam versuchen, in der Krankheits-Biographie zu lesen – und dies im Hinblick auf ein 'Wozu', nicht auf das rückwärtsgerichtete 'Warum' der Krankheit. Selbsterkenntnis ist damit allemal verbunden, aber eben nicht im Sinne einer allein tiefenpsychologischen Analyse und Aufarbeitung, sondern in Richtung eines sinnstiftenden, auf Zukunft gerichteten Handelns. Solches Handeln und auch Geben nach außen beinhaltet immer auch die Arbeit an sich selbst.

Die Persönlichkeit eines Menschen ist astrologisch gesehen nicht allein in seinen Konstellationen zu suchen, sie ist vielmehr handelnd und erlebend mitten im Kleid des Kosmogramms zu finden. Der Mensch steht in der Mitte seines Horoskops, er muß als selbst bestimmender Mensch die Balance halten zwischen seinen veranlagten privaten Innenbezügen (untere Hälfte) und seinen nach außen gerichteten Impulsen (obere Hälfte), zwischen Ich-Darstellung (Aszendent/linke Hälfte) und Du-Austausch (Deszendent/rechte Hälfte). Zu geben beinhaltet, an sich selbst arbeiten zu müssen, denn nur so eignet er sich an, was er zu geben hat. Aber wie sein individueller Zugang zu dieser Balance ist, das zeigen eben die Einseitigkeiten in einem Horoskop an.

Das nach außen agierende Ich benötigt auch die eigene Körpererfahrung, die Liebe zu den körperlichen Mitteln, die zur Verfügung stehen, und auch zu deren Grenzen. Wo etwas nicht erfahrbar ist, weil das Organ zerstört und krank ist, weil es in seiner Unwillkürlichkeit nicht in der Weise reagiert, wie dies bei anderen Menschen vielleicht der Fall ist, da erwacht die Grenzerfahrung und damit auch das Bewußtsein. Und vielleicht bedeutet dann ein 'über die Grenzen hinauskommen können' auch eine neue Erlebnisqualität, neue Ganzheitserfahrungen.

Saturn in seinen analytischen Aspekten zeigt sich oftmals als Blockade, Starre und Krampf. Er zwingt oft in eine ungeliebte Realität, läßt den Betreffenden aber auch aus Dumpfheiten und vermeintlichen Selbstverständlichkeiten erwachen. Astrologisch ist auszumachen, ob und wo der Wille, die Energierichtung und das zweckorientierte Streben, also die aktiven Impulse Sonne, Mars und Jupiter, revidiert werden müssen, und wo die Hoffnung auf

231

die Befriedigung von Bedürfnissen (vor allem Mond und Venus in der Radix) versagt bleibt – gerade durch die Aspekte von Saturn. Dann gilt es, Saturn selbst zu leben, sich den Problemen des Beschränkenden – wie der Krankheit oder Armut – auf dieser Welt selbst zu widmen, den höheren Saturn zu finden. Uranus, Neptun, Pluto und (der schwächere Chiron) ordnen den Menschen auf etwas Überpersönliches hin, wenn jene gesundend gelebt werden sollen. An dieser Stelle kann verstanden werden, was Frankl so formulierte: *„Zum Wesen des Menschen gehört das Hingeordnet- und Ausgerichtetsein, sei es auf etwas, sei es auf jemanden, sei es auf ein Werk oder auf einen Menschen, auf eine Idee oder auf eine Person. Nur in dem Maße, in dem der Mensch geistig bei etwas oder bei jemanden ist – nur im Maße solchen Beiseins ist der Mensch bei sich".*[5]

Menschen, die eine bestimmte Entwicklungshöhe erreicht haben, für die ist der 'Weg des Geistes', der Weg des selbstvergessenen Handelns und des sich darin wiederfindenden Selbst gangbar. Darin begründet liegt auch die Überwindung hemmender Krankheit, zumindest die Überwindung ihrer hemmenden Anteile. So kann ich mich Frankl anschließen, wenn er die menschliche Erfahrung des eigenen Ichs mit allen seinen Möglichkeiten und seiner Sinnhaftigkeit gerade in das Erleben des Anderen und ins Handeln am Anderen verlegt.

Der Mensch wird sich erst durch das Erleben der Polarität bewußt, d. h. er kann sich des eigenen Selbst nur durch den Umgang mit der Welt bewußt werden; Selbsterkenntnis entsteht somit erst durch den Spiegel, den das Andere uns vorhält. Auch in Betätigungen des reinen Selbstausdrucks wie etwa bei manchen künstlerischen Formen, die astrologisch z. B. durch starke Konstellationen um den Aszendenten angezeigt sein können, wird Welt verarbeitet – wenn auch direkt durch das eigene Ich – und es wird das eigene Werk in die Welt gesetzt, damit diese darauf reagiere.

Durch Handlung am Außen – sei es im Denken und Tun – lernen wir im Grunde unser eigenes Sein kennen und erfahren. Über diese Polaritätserfahrung hinaus kann man vielleicht auch zu Ganzheits- und Vollkommenheitserlebnissen gelangen, wenn das eigene Selbst mit der Welt oder dem Anderen verschmilzt. Das Gefühl, in seiner Sache aufzugehen, eins zu sein mit dem, womit man umgeht, mit seinem Tun zu verschmelzen, in seinem Tun zu leben, geistesgegenwärtig zu sein – das ist es vielleicht, was Ganzheitserfahrung und Momente von Glückseligkeit ermöglicht.

So könnte Krankheit und Schmerz, das heftige Fühlen des unvollkommenen schadhaften körperhaften Ichs, vielleicht über die innere Verbindung mit einem überpersönlichen Ziel überwunden werden. Vielleicht stellt aber auch – im Gegensatz dazu – die Krankheit einen unbewußt gesuchten Ausgleich zur bisher gelebten Verleugnung des eigenen Selbst oder der inneren Ich-Impulse dar, vielleicht weil der Mensch bisher nicht sein inneres Anliegen 'selbstvergessen', sondern angepaßt und fremdbestimmt gelebt hat, vielleicht aber auch, weil er nicht akzeptiert und erkannt hat, daß das, was er bisher tat, eigentlich zu ihm gehört.

Oder ist die Krankheit ein Signal dafür, daß es an der Zeit ist, offen für Veränderungen zu sein. Vielleicht ist die bisherige Aufgabe erfüllt, vielleicht hat sie sich auch verflüchtigt, vielleicht sogar als Irrtum herausgestellt. Wie hilfreich könnte es sein, darüber Aufschlüsse zu bekommen, daß jetzt Umorientierung angesagt ist, daß das Vergangene überholt ist und – selbst wenn es ein Irrtum (Neptun) war – zum Leben gehört hat. Es kann einen Kranken beruhigen und ihm Mut machen, wenn man mit ihm gemeinsam eine neue Denk- und Handlungsperspektive zu finden sucht und wenn sich die Überzeugung durchsetzt, daß das Leben in Bewegung bleiben muß, eine Grundüberzeugung der Astrologie. Denn wo man etwas festhalten will, wo Statik droht, da lehren uns kosmische Rhythmen, daß 'alles fließt' (griechisch *panta rhei*), und führen uns in die Veränderung. Auch das kann durch Krankheit geschehen, deren individuelle Rolle immer wieder neu gesucht werden muß. Doch bleiben wir in diesem Prozeß nicht bei uns stehen, nicht bei der Selbstbespiegelung, spiegeln wir nicht immer wieder das Selbst durch das eigene Selbst, sondern suchen wir die Erprobung an der Welt! Zunächst geschieht dies vielleicht in Gedanken, im gedanklichen Probehandeln, dann im Handeln – oder umgekehrt: zuerst im versuchenden Handeln und dann reflektierenden Überdenken – entsprechend der persönlichen Eigenart.

Wir stehen im Dialog mit der Welt. Wenn wir darauf achten, was uns die Geschehnisse um uns herum antworten und zurückspiegeln und wie wir uns dabei fühlen und erleben, dann kann uns dies zu uns selbst führen und den Weg weisen – immer wieder aufs Neue: wir fühlen uns bestätigt oder enttäuscht, revidieren zuweilen Selbstbild und Weltvorstellung, freuen uns an unseren Taten oder ändern sie und hören nicht auf, in Bewegung zu bleiben. Die Bewegung scheint mir die einzige Konstante in unserer Welt zu sein; ihre Gesetze, Rhythmen und Krisenpunkte zu erkennen, das ist Aufgabe der Astrologie. Und zu den entsprechenden Zeiten werden wir vielleicht auch in der Welt unseren Heiler oder unsere ganz spezielle 'Medizin' finden, wenn nicht draußen, dann vielleicht in uns selbst.

Die Überwindung von Krankheit erfordert eine phantasievolle und kreative Transformation der bisherigen quälenden Gefühle in neue Erlebnisqualitäten hinein. Diese zu finden, heißt sonstwo zu suchen. Sie sollen das alte schmerzensreiche Erleben schließlich ersetzen. Mit Frankl schließe ich meine Überlegungen zum heilenden Handeln und damit sozialen dialogischen Selbstverständnis des Menschen, der seine eigenen Fähigkeiten, auch seine Selbstheilungskräfte, über den Umgang mit der Welt entwickeln kann.

„Erst die Selbstvergessenheit führt zur Sensitivität, und erst die Selbsthingabe zur Kreativität".[6] Vielleicht auch, so möchte man hinzufügen, zu Erlebnissen vollkommener Lebensäußerung. Offen bleibt dabei, ob Krankheit und Behinderung gänzlich verschwinden oder ob sie nur vergessen werden.

Anmerkungen

1 Elisabeth Lukas. *Von der Tiefen- zur Höhenpsychologie – Logotherapie in der Beratungspraxis',* Freiburg 1983.

2 Viktor E. Frankl, *Zentralblatt für Psychologie,* 1938, zitiert nach Lukas , S. 7

3 Lukas, S. 236

4 Frankl zitiert nach Lukas , S. 380

5 Lukas, S. 232

6 Frankl, zitiert nach Lukas, S. 266

Über die Autoren

Uwe Alt, geboren am 3.10.1954, 4:30 in Pforzheim. Seit der Jugend Beschäftigung mit dem Sternenhimmel. Nach dem Abitur Studium der Sozialwissenschaften in Freiburg. Ab 1982 Astrologieausbildung in München bei Lutz Rathke und gleichzeitige Beschäftigung mit der klassischen Homöopathie. Mitarbeit beim Arbeitskreis Harmonik in München. Seit 1991 freiberuflich als Astrologe mit Schwerpunkt Medizinische Astrologie in der Nähe von Pforzheim tätig. Veröffentlichung eines Beitrages „Kosmische Maßzahlen als Ausdruck musikalischer Intervalle" in: Peter Neubäcker (Hrsg.) *Harmonik und Glasperlenspiel – Beiträge 1993*, (München 1994). Kontaktadresse: Wagenweg 12, D-75305 Neuenbürg.

Detlef Hover, Jahrgang 1955, Diplompsychologe und Psychotherapeut. Seit 1977 Beschäftigung mit der Astrologie, in den Jahren 1979 bis 1983 Ausbildung bei der Huberschule API. Seit 1986 Geprüfter Astrologe DAV und ab 1992 Leiter des DAV Ausbildungszentrums. Ab 1996 ist er 1. Vorsitzender des Deutschen Astrologenverbandes DAV. Neben der astrologischen Tätigkeit Beschäftigung mit Meditation, Tarot und Transpersonaler Psychotherapie. Kontaktadresse: Schloßstraße 94, D-70176 Stuttgart.

Ulla Janascheck, geboren 1961 in Karlsruhe, studierte Graphik-Design und war in Irland als Lehrerin tätig. Langjährige Mitarbeiterin am Institute for Astroenergetic Studies (IAS) unter der Leitung von Hans Hinrich Taeger. Sie war maßgeblich an der Herausgabe der ersten drei Bände des *Internationalen Horoskope-Lexikon (IHL)* beteiligt. Ausbildung zur Focusing Therapeutin und derzeit als Aura Soma Beraterin und Astrologin in Mainz tätig.

Dr. med Harald Kinadeter, Jahrgang 1950, lebt und arbeitet derzeit als Buchautor, Astrologe, Maler und Arzt in freier

Praxis in München. Nach einer Universitätstätigkeit als Forschungsstipendiat Ausbildung zum Facharzt für Allgemeinmedizin und langjährige schulmedizinische Tätigkeit. Parallel dazu Weiterbildung in den Bereichen Astrologie, energetische heilweisen, Informationstherapie, Kristalltherapie, Orgontherapie, sowie Ausbildung in den Kampfkünsten mit Meistergrad. Harald Kinadeter ist ein Pionier und Lehrer der neuen Medizin, über die er grundlegende Bücher veröffentlicht hat: *Bausteine für ein positives Mikroklima* (1988), *Aktiv gegen Herzinfarkt und Schlaganfall* (München, 1992), *Gesund mit Vitaminen* (München, 1995), *Heilung: Dimension einer neuen Medizin* (München, 1992), *Diener des Lebens: der Weg zum wahren Erfolg* (1995), *Bachblüten und Planetenkräfte* (Freiburg, 1997). Darüber hinaus stellt er heilenergetisch wirksame Erzeugnisse her und hält Vorträge und Seminare. Kontaktadresse: Postfach 60 04 30, D-81204 München.

Dr. Larissa Kolessova wurde 1951 in Moskau geboren. Absolvierte ein Studium der arabischen Sprachen und Geschichte und promovierte 1989 in Fach Philosophie. Seit 1979 beschäftigt sie sich mit Homöopathie und seit 1985 mit der Astrologie. 1992 begann sie mit Vorträgen über eine *Astro-Homöopathische Systemologie* für Ärzte, Astrologen und Heilpraktiker in Moskau. Zwei Jahre später eröffnete sie ihre Praxis als astropsychologische Beraterin am Pädiatrischen und Neurologischen Zentrum in Moskau. Kontaktadresse: Begowaja 13-97, 125284 Moskau.

Drs. Erik van Slooten, geboren am 28. Juni 1942, 18:10 MES in Eindhoven (NL). Studierte Niederländisch, Italienisch und Kunstgeschichte an den Universitäten von Utrecht und Nimegen. In München tätig als Lehrer für Niederländisch und Philosophie. Seit 1993 2. Vorsitzender des Deutschen Astrologenverbandes DAV. Als Spezialist für Stundenastrologie gibt er Seminare und hält Vorträge in Deutschland, Österreich, der Schweiz, Benelux und Italien. Er schreibt regelmäßig in astrologischen Fachzeitschriften und ist u.a. Verfasser des *Lehrbuch der klassischen Stundenastrologie* (Tübingen 2008). Kontaktadresse: Walkürestr. 6d, D-85579 Neubiberg.

Dr. Francisco Tomás Verdú Vicente, geboren am 24. Februar 1954. Absolvierte 1989 das Staatsexamen in Medizin und Chirurgie an der Universität Valencia und ist seitdem als Allgemeinarzt und Heilpraktiker tätig. Seine Spezialgebiete sind Naturheilkunde und Iridologie. 1996-1998 Gastprofessur an der Medizinischen Fakultät in Zaragoza zum Thema Chronobiologie. Herausgeber der Zeitschrift *Cuadernos de simbología y naturismo.* 1998 Promotion an der Universität in Valencia über Astrologie in der Renaissance. Neben Beiträgen in zahlreichen Fachzeitschriften Mit-Herausgeber einer Übersetzung des *El libro complido en los iudizios de las estrellas* von Ali Aben Ragel aus dem Jahre 1254. Verfasser der Bücher *Iridología Practica: Astroiridología* (Valencia, 1989) und *Astrologia y Hermetismo en Miguel Servet* (Valencia, 1998). Kontaktadresse: G.V. Fernando el Católico 36-3ª, E-46008 Valencia.

Ulrike Voltmer, absolvierte ein künstlerisches (Klavier und Gesang) sowie ein wissenschaftliches Studium (Musikwissenschaft, Philosophie, Psychologie). Postgraduate-Stipendium für vergleichende Kulturwissenschaften an der Universität Gent/Belgien.Von 1991 bis 1995 1.Vorsitzende des Deutschen Astrologen-Verbandes e.V., zuvor zehn Jahre Mitglied der Prüfungskommission des DAV. Sie arbeitet als Psychotherapeutin in der Klinik Badenweiler. Autorin der Bücher *Rhythmische Astrologie – Johannes Keplers Prognosemethode,* 1998; *Gestaltastrologie – Die zwölf Tierkreisprinzipien in der Natur,* 1992²; *Lebendige Astrologie: Raum und Umwelt in den zwölf Horoskopfeldern,* 1990 sowie des Films *Bildhafte Astrologie,* der in mehrere Sprachen übersetzt und von verschiedenen Fernsehanstalten gesendet wurde. Kontaktadresse: 56, rue des hauteurs, F-57350 Spichern.

Martha Wieland, geb. am 24. Mai 1947 in Luzern. Ausbildung zur Innendekorateurin. Sprachaufenthalte in Paris, London und New York. 10 Jahre Leitung eines Dekorationsateliers mit internationaler Kundschaft. 1979 Einstieg in die Astrologie. Während zehn Jahren Ausbildung an den verschiedensten astrologischen Schulen: Thomas Ring, Ebertin, API, SAF, Hamburger Schule, esoterische Astrologie usw., um sich schließlich wieder ganz der klassischen Astrologie zuzuwenden. 1987-1992 Heilpraktikerausbildung, 1989 Eröffnung einer Astrologieschule. Astrologisch und naturheilkundlich ausgerichtete Beratungstätigkeit. Regelmäßig Seminare zu den Themen: Naturmedizin und medizinische Astrologie. Zum persönlichen Ausgleich Beschäftigung mit der Malerei. Kontaktadresse: Brunnengasse 1, CH-5424 Unterehrendingen.

Dr. med Helmut Wisgrill, Jahrgang 1923, Studium der Chemie und der Medizin. 1952 Promotion zum Dr. universae medicinae. 1954-1964 Tätigkeit in der pharmazeutischen Großindustrie. 1965 Approbation als Allgemeinarzt in Österreich. 1973 Approbation als Allgemeinarzt in der BRD, Landarzt im Landkreis Passau. Ausbilder im Bayrischen Roten Kreuz für alle Leistungsstufen. Ab 1962 Beginn einer wechselnd intensiven Beschäftigung mit Astrologie, insbesondere mit astro-medizinischen Grenzfragen. Seminare im In- und Ausland über Astrologie und Astro-Medizin, individuelle Beratung und astrologische Analysen. Kontaktadresse: Flenklweg 8, D-94139 Breitemberg.

Georg Maria Wilke, am 21. Juli 1951 in Eutin geboren, Vater einer Tochter. Nach dem Abitur Studium der Kunstgeschichte und Kunstwissenschaft, Philosophie und Pädagogik. Seit 1978 Beschäftigung mit der Astrologie und der Anthroposophie und durch die Begegnung mit Frau Dr. Olga von Ungern-Sternberg und Dr. Wolff motiviert, beide Bereiche zu verbinden. Seit zehn Jahren als freischaffender Astrologe mit Beratungen, Vorrägen und Seminaren tätig. Mitarbeit im Therapeutikum in Dortmund. Ab 1997 Lehrbeauftragter des Instituts Wickert für Naturmedizin. 1998 astro-wissenschaftlicher Leiter der medizinischen Studien der „Energoskopie". Ziel dieser Studien ist die Verbindung der Astromedizin mit der Traditionellen Chinesischen Medizin, der Homöopathie und der anthroposophischen Medizin. Kontaktadresse: Kopernikusstr. 43, D-44309 Dortmund.

Astrid Zekul ist am 23. 12. 1947 in Berlin geboren. Von 1969 bis 1978 Studium der Physik, Mathematik und Philosophie an der FH Berlin. Während des Studiums Beschäftigung mit Grenzwissenschaften. Mitbegründerin des ehemaligen Forschungsinstituts für Parapsychologie e.V. in Berlin und dort in den Jahren 1971 bis 1974 Vorstandsmitglied. Ab 1978 intensive Beschäftigung mit der Astrologie, seit 1983 Geprüfte Astrologin (DAV) mit eigener Praxis in Berlin. Kontaktadresse: Sonnenscheinpfad 58, D-12277 Berlin.

Weitere Bücher aus dem Chiron Verlag

Wilfried Schütz
Ganzheitliche Astromedizin
Eine astrologische Gesundheitslehre
199 Seiten, Hardcover, zahlreiche Abbildungen
ISBN 978-3-89997-143-9

„Wer sich sowohl aus astrologischer als auch aus medizinischer Sicht mit Fragen der Astro-Medizin ernsthaft und verantwortlich auseinandersetzen möchte, sollte das Buch nicht nur lesen, sondern verinnerlichen."
Astrologie Heute Nr. 128

Roswitha Broszath
Astrologische Erfahrungsheilkunde
Ganzheitliches Wohlbefinden im Horoskop
225 Seiten, Hardcover,
ISBN 978-3-89997-184-4
„Insgesamt bietet das Buch, besonders für Astrologen, eine sehr gute Grundlage zum Einstieg in die Astromedizin, aber auch in die BAsiscs der Homöoathie, der Pythotherapie und der Bachblüten Besonders gefallen hat mir der Stil, der sich offensichtlich auf persönliche Erfahrungswerte stützt."
Astrolog 173

Bernd A. Mertz
Astro-Medizin
in psycho-somatischer Sicht
Das Horoskop als Schlüssel zur Gesundheit
226 Seiten, Hardcover, zahlreiche Abbildungen
ISBN 978-3-89997-127-2
„Geeignet ist das Buch sowohl für Einsteiger (…), da grundlegende astro-medizinische Zuordnungen ausführlich geschildert werden, als auch für erfahrene Astromediziner, da es im Detail mit einer Fülle an Einsichten und Impulsen aufwartet."
Merdian 5/2007